भोपाल
गैस
त्रासदी
का
सच

भोपाल गैस त्रासदी का सच

मोती सिंह

प्रतिभा प्रतिष्ठान, नई दिल्ली

प्रकाशक : प्रतिभा प्रतिष्ठान,
१६६१ दखनीराय स्ट्रीट, नेताजी सुभाष मार्ग, नई दिल्ली-११०००२
 / संस्करण : २०१८ / मूल्य : चार सौ रुपए
मुद्रक : नरुला प्रिंटर्स, दिल्ली ISBN 978-93-86001-76-4

BHOPAL GAS TRASADI KA SACH (The Truth of Bhopal Gas Tragedy)
by Moti Singh ₹ 400.00
Published by Pratibha Pratishthan, 1661 Dakhni Rai Street, Netaji Subhash Marg, New Delhi-110002

मेरे प्रेरणास्त्रोत, आदर्श,
पथ–प्रदर्शक एवं गुरु
पूज्य पिता श्री पद्मनाभ सिंह
को
सादर समर्पित

क्षमा

मैं क्षमाप्रार्थी हूँ उन सब लोगों के प्रति, जिन्हें मेरी यह डायरी पढ़ने में थोड़ा भी कष्ट पहुँचे। वैसे मैंने प्रयास किया है कि लोगों के नाम यथासंभव इस डायरी में न आ पाएँ। कहीं-कहीं तो पद-नाम तक छिपाने का प्रयास किया गया है। घटना पाठकों की समझ में आ जाए, इसलिए अधिकांश स्थानों पर पद-नाम का उल्लेख करना तो आवश्यक रहा है, अन्यथा पूरा प्रयास ही अर्थहीन हो जाता। वैसे भी पाठक समय के प्रवाह के कारण बहुत से ऐसे लोगों का अनुमान अब सरलता से नहीं लगा सकेंगे। यदि सभी संबंधित पात्रों के नाम एवं पद-नाम अंकित होते तो पाठकों को पढ़ने और समझने में अच्छा लगता; किंतु संबंधित कुछ पात्रों को संभवतया अच्छा नहीं लगता। इसलिए सहज रूप से बोधगम्य न होने के खतरे को भी मोल लेकर उनके नाम अंकित नहीं किए गए हैं।

प्रजातंत्र में असली मालिक जनता होती है। चुने हुए जनप्रतिनिधि एवं नौकरशाही—दोनों जनता के लिए होते हैं; किंतु आम जनता के सामने जो वास्तविकता आती है, उसमें जो सेवक हैं वे मालिक जैसे दिखते हैं और मालिक की स्थिति सेवक से भी बदतर हो जाती है। अपने इन हालात के लिए मालिक स्वयं जिम्मेदार हैं; किंतु अब धीरे-धीरे ये मालिक अपना हक पहचानना प्रारंभ कर रहे हैं।

यह डायरी सार्वजनिक करने का एक उद्‌देश्य यह भी है कि मालिक समझें कि उनके सेवक गफलत करने में किस सीमा तक जा सकते हैं और आम जनता के सुख-दु:ख के प्रति कभी-कभी कितने संवेदनशून्य हो जाते हैं; सेवक लोग अपारदर्शिता के नकाब के पीछे से यह सब करते हैं। उनका यह नकाब उठने पर दिखे कि उनका असली चेहरा कैसा है। अपने असली चेहरे को आईने में देखकर शायद वे धीरे-धीरे शर्मिंदगी महसूस करें और अपने सेवक-धर्म का निर्वाह ठीक से कर सकें। मालिक और सेवक, दोनों जब चिंतन करेंगे और मंथन होगा, तब कुछ-न-कुछ बेहतर जरूर होगा। इसी आशा के साथ यह निजी डायरी प्रकाशित की जा रही है।

ऐसा भी नहीं है कि सब गलत हुआ हो। अधिकांश कार्य तो अच्छा ही हुआ

है। जिस तेज गति से शवों को हटाकर उनका निराकरण हुआ है, मृत पशुओं को हटाकर शहर की सफाई कराई गई, जिस व्यापक स्तर पर बचाव व राहत-कार्य लोगों ने किया है, उसके उदाहरण भी दुनिया में ज्यादा नहीं मिलेंगे। म.प्र. शासन ने बहुत ही सहृदयता एवं उदारतापूर्वक, बिना किसी संकोच के आर्थिक सहायता दी। यदि वरिष्ठ नौकरशाहों में और ज्यादा संवेदनशीलता व सेवा भावना होती तो पूरे बचाव एवं राहत-कार्य में चार चाँद लग गए होते। बचाव, राहत एवं पुनर्वास हजारों/लाखों लोगों की जीवन-रक्षा एवं कल्याण से जुड़े हैं। उनसे संबंधित सभी कार्य-कलापों में खुलापन होना चाहिए। राष्ट्र की सुरक्षा आदि से उनका कोई संबंध नहीं है। व्यापक जनहित के ऐसे मामलों में गोपनीयता के नाम पर बरती जानेवाली अपारदर्शिता की आड़ में अकर्मण्यता एवं कदाचरण को प्रश्रय नहीं मिलना चाहिए।

जो भी हो, वह पूरा चिट्ठा जनता के सामने है। लोग इसे देखें और विचार करें कि क्या अच्छा हुआ, क्या गलत? और जब भी कभी भविष्य में विपदा आए तो प्रयास किया जाए कि बचाव एवं राहत-कार्य में कम-से-कम त्रुटियाँ हों, अधिक-से-अधिक अच्छा कार्य हो। इनसान से चूक कहाँ नहीं होती! उनका उल्लेख इस उद्देश्य से भी किया गया है कि भविष्य में ऐसी परिस्थितियाँ आने पर उन्हें ध्यान में रखा जाए और पुनरावृत्ति न की जाए। भगवान् करे कि ऐसी गैस त्रासदी फिर कभी न हो; किंतु अब कोई त्रासदी ही न होगी, ऐसा मानने का तो कोई आधार नहीं है : कोई-न-कोई त्रासदी तो होती ही रहती है और बचाव एवं राहत-कार्य करने के सामान्य सिद्धांत तो लगभग एक जैसे ही होते हैं, केवल उनका स्वरूप बदल जाता है। हर प्रकार की त्रासदी में आम जनता प्रभावित होती है। कितनी जल्दी, कितनी अच्छी और किस सीमा तक उन्हें राहत दी जाए, इसी पर पूरी सफलता निर्भर है।

मेरा यह दावा कदापि नहीं है कि गैस त्रासदी व उसके बाद की घटनाओं का पूरा विवरण इस डायरी में सन्निहित है। यह दुनिया की एक भीषणतम औद्योगिक दुर्घटना थी और मध्य प्रदेश शासन के साथ-साथ केंद्रीय सरकार ने भी इसमें अपनी भूमिका निभाई। अनेक लोग इसमें कार्य कर रहे थे। कलेक्टर एवं जिला मजिस्ट्रेट होने के नाते मैं अपने कर्तव्यों का निर्वहन कर रहा था। जिला स्तर पर समन्वय करने के अलावा ऊपरवालों के संपर्क में आता था। इस दौरान मेरी जानकारी में जो बातें आईं, उन्हीं का संक्षिप्त लेखा-जोखा इस डायरी में है। अनेक महत्त्वपूर्ण घटनाएँ हुई होंगी, जो मेरे सामने नहीं आ सकीं। अत: उनका उल्लेख इसमें नहीं है। ऐसी भी घटनाएँ हो सकती हैं जिनका नोट मैं नहीं रख पाया और वे मेरी डायरी से ओझल हो गईं। कई जगह छोटी-छोटी बातों का भी उल्लेख आया है। कुछ पाठक कह सकते

हैं कि इनकी क्या आवश्यकता थी। वास्तव में ये छोटी-छोटी बातें देखने में तो छोटी लगती हैं, किंतु उन्होंने जनहित को व्यापक पैमाने पर प्रभावित किया है। अतः उनका उल्लेख परिस्थिति को देखते हुए जरूरी था।

भावी पीढ़ी के प्रति मेरा यह कर्तव्य भी है कि एक महत्त्वपूर्ण सार्वजनिक पद पर होते हुए मुझे जो अनुभव हुए, उन्हें मैं उनके सामने रखूँ।

अंत में मैं पुनः उन सभी से क्षमायाचना करता हूँ जो इसे पढ़कर प्रसन्न न हों। अंततः मेरा उद्देश्य किसी को पीड़ा पहुँचाना नहीं, बल्कि जनहित में ऐतिहासिक तथ्यों को ओझल होने से बचाना भी है।

—मोती सिंह

आभार

मैं आभारी हूँ भोपाल के उन हजारों लोगों का, जिन्होंने गैस त्रासदी होने पर स्वयमेव आगे आकर पीड़ित मानवता को सभी तरह से राहत उपलब्ध कराई। मैं आभारी हूँ उन स्वयंसेवी संस्थाओं का, जिन्होंने न केवल भोपाल या मध्य प्रदेश, बल्कि पूरे भारत से आकर बचाव एवं राहत-कार्य में अपना अमूल्य योगदान दिया। मैं आभारी हूँ भोपाल जिले के उन कर्मचारियों, लिपिकों, पटवारियों, राजस्व निरीक्षकों, नायब तहसीलदारों, तहसीलदारों, डिप्टी कलेक्टरों, एडीशनल कलेक्टरों एवं अन्य विभागों के अधिकारियों व कर्मचारियों का, जिन्होंने अपार लगन एवं निष्ठा के साथ दिन-रात लगकर कार्य किया। और मैं आभारी हूँ मध्य प्रदेश शासन का भी, जिसने हमारे द्वारा माँगी गई हर सहायता बहुत ही उदारतापूर्वक प्रदान की और वास्तव में पूरे सचिवालय को ही एक प्रकार से राहत-कार्य में लगा दिया।

मेरे अनुज जवाहर सिंह का विवाह 27 जून, 1985 को होना निश्चित था। इसके पहले ही कलेक्टर (भोपाल) के पद से स्थानांतरित होने के कारण मैं 6 जून को भार-मुक्त हुआ। गैस से गंभीर रूप से प्रभावित होने के वावजूद कलेक्टर रहते हुए मैं न तो अपना उपचार करा पाया और न ही आराम के लिए समय मिला। अतः कलेक्टर के पद से स्थानांतरिक होते ही परिवार में हो रहे इस मांगलिक कार्य तथा स्वयं के उपचार के लिए मैंने आवश्यक अवकाश ले लिया। उसके बाद सचिवालय में खाद्य एवं सहकारिता विभाग में अपर सचिव के रूप में कार्यभार ग्रहण किया। यद्यपि गैस त्रासदी के राहत-कार्य से मेरा सीधा संबंध नहीं रह गया था, तथापि सचिवालय में मुझे यह देखने को मिलता था कि संयुक्त राज्य अमेरिका में चल रहे मुकदमे में हमारे वरिष्ठ अधिकारी किस प्रकार गफलत कर रहे थे। और भी बहुत सी बातें सूचना के रूप में आती थीं। धीरे-धीरे गैस-पीड़ितों को वास्तविक राहत देने की बजाय प्रचार पर ज्यादा फोकस होता गया और जिन्होंने कोई महत्त्वपूर्ण योगदान नहीं दिया था, वे पुरस्कृत होने तथा अन्य प्रकार के लाभ लेने के प्रयास में जुट गए थे। कुरसी पर बैठे लोगों के लिए गैस-राहत खैरात बाँटने, मौज-मस्ती करने ओर सस्ती

लोकप्रियता पाने का साधन मात्र बनकर रह गया। गैस-पीड़ितों को वास्तविक राहत देने के प्रति गंभीरता बड़ी तेजी के साथ भाप बनकर उड़ती गई। इसी दौरान मुझे लगा कि भोपाल गैस त्रासदी के बचाव एवं राहत-कार्य में जो भी मेरे संस्मरण थे उन्हें कहीं लिखूँ; किंतु कार्यभार अधिक होने और इस कार्य के लिए उचित अवसर न होने के कारण यह विचार, विचार ही रह गया।

24 दिसंबर, 1985 को मैंने महानिरीक्षक पंजीयन एवं मुद्रांक अधीक्षक का दायित्व ग्रहण किया। यहाँ कार्यभार अधिक नहीं था, हमारा कार्यालय नॉर्थ टी.टी. नगर के पी.डब्ल्यू.डी. शेड नं.-5, जवाहर चौक में था। वहाँ का वातावरण बड़ा शांत था। वहीं पर मैंने अपनी स्टेनो मधु गोयल को थोड़ा-थोड़ा डिक्टेशन देना शुरू किया। प्रात:काल कार्यालय जल्दी पहुँचकर कुछ डिक्टेशन देता था। उसके बाद अन्य कार्यों में लग जाता था। किंतु वह कार्य नियमित नहीं हुआ। फिर भी लगभग सवा सौ पेज की सामग्री तैयार हो गई। इसके बाद शासकीय कार्य एवं भ्रमण इत्यादि में ज्यादा व्यस्त हो गया। फलत: लेखन-कार्य पर मैं ज्यादा ध्यान नहीं दे पाया। मधु ने मुझे जरूर कई बार स्मरण कराया कि 'इसको पूरा कर लीजिए, अन्यथा कहीं अधूरा न रह जाए।' किंतु यह काम अधूरा ही रह गया।

19 सितंबर, 1994 को अप्रत्याशित रूप से मैंने पुन: पंजीयन महानिरीक्षक (मध्य प्रदेश) का कार्यभार ग्रहण किया। जनवरी '95 के उत्तरार्द्ध से जब-जब समय मिलता, मैंने मधु को पुन: डिक्टेशन देना शुरू किया। बीच-बीच में गतिरोध आते रहे, किंतु रुक-रुककर यह कार्य निरंतर चलता रहा। अंतत: अप्रैल 1995 में डिक्टेशन एवं टाइपिंग कार्य का प्रथम चरण पूरा हुआ। इसके लिए मैं मधु का विशेष रूप से आभारी हूँ। अन्य व्यस्तताओं के कारण टंकित सामग्री को पढ़कर मैं आवश्यक संशोधन न कर पाया। भोपाल गैस त्रासदी से संबंधित विवाद न्यायालयों में लंबित थे और मैं नहीं चाहता था कि मेरी इस डायरी के प्रकाशन के कारण लोगों को उलझनें पैदा करने का अवसर मिले। अत: मैं पूरी सामग्री को सँभालकर बैंक लॉकर में रख आया।

चूँकि अब सभी विवादास्पद गंभीर मामले अंतिम रूप से निर्णीत हो चुके हैं और अधिकतर लोग सेवानिवृत्त भी हो चुके हैं, अत: पांडुलिपि को पढ़कर कुछ संशोधन करने के साथ जो बातें डिक्टेशन देते समय छूट गई थीं, उनका समावेश मैंने इसमें किया है। कहीं-कहीं तारतम्यता का अभाव अथवा मामूली पुनरावृत्ति हो सकती है। यद्यपि लिखा तो विषयवार ही गया है, किंतु अनेक घटनाएँ एक साथ घट रही थीं, अत: विषय को बोधगम्य बनाने के उद्देश्य कहीं-कहीं कुछ विषयों का

जिक्र एक से ज्यादा बार हो सकता है। यह आवश्यक था।

भोपाल गैस त्रासदी के बाद अन्य प्रकार की कई त्रासदियाँ हुईं। जनवरी 2001 में गणतंत्र-दिवस के अवसर पर गुजरात में जो भीषण भूकंप आया, उसमें किए गए बचाव तथा राहत-कार्य का विवरण मैं बारीकी से पढ़ता रहा हूँ। मुझे ऐसा लगा कि किसी भी त्रासदी से लोग कोई नसीहत नहीं लेते हैं और इतिहास बार-बार दोहराया जाता है। यदि सरकार सभी के अनुभवों का संकलन करके आपदा-प्रबंधन की कोई व्यावहारिक योजना बनाए, तब शायद भविष्य में होनेवाली आपदाओं के प्रबंधन में कुछ सुधार आए। इसी उद्‍देश्य से आपदा-प्रबंधन के लिए कुछ बिंदुओं को मैंने अंत में एक अध्याय में जोड़ा है।

चूँकि यह उपन्यास नहीं है, अतः पाठकों को इसमें मनोरंजन नहीं मिल पाएगा। हाँ, विनम्रतापूर्वक एक छोटा सा दावा जरूर करता हूँ कि एक प्रशासक के रूप में मैंने सदैव आम लोगों के हितों को सर्वोच्च प्राथमिकता देने का प्रयास किया है। सच खोजने की चाह जिसमें हो, गैस-पीड़ितों के साथ क्या हो रहा था, इसपर जानने-समझने की उत्सुकता जिसमें हो, अनगिनत पात्र अपनी-अपनी भूमिका किस प्रकार निभा रहे थे अथवा अपना-अपना खेल किस प्रकार खेल रहे थे, इसमें झाँकने का मन जिसका हो, वह जरूर इसे पढ़े। अपनी-अपनी भूमिका निभानेवाले अनगिनत पात्रों में एक छोटा, किंतु महत्त्वपूर्ण पात्र मैं भी था। मेरी सूचना में जो तथ्य आए, उन्हें जितनी सरल व स्पष्ट भाषा में व्यक्त करना मुझसे संभव हुआ, मैंने किया है। बहुत सी महत्त्वपूर्ण घटनाओं के ये तथ्य संकेत मात्र थे। उनपर मेरी अपनी जानकारी, मेरे अपने विचार व अनुमान हैं; किंतु उन्हें व्यक्त करने से बचने का प्रयास मैंने किया है, ताकि शोधकर्ता स्वतंत्र रूप से तथ्यों का पता लगाकर उन घटनाओं पर और विस्तार से प्रकाश डाल सकें।

सभी सहयोगियों के प्रति हार्दिक आभार सहित!

—मोती सिंह

अनुक्रमणिका

अद्वितीय घटनाओं से परिपूर्ण वर्ष 1984-85

दिसंबर 1984 में लोकसभा तथा मार्च 1985 में विधानसभाओं के आम चुनाव होने वाले थे। उसके साल-डेढ़ साल पहले से ही हमेशा की तरह सभी राजनीतिक दल सक्रिय थे। सत्तारूढ़ दल मतदाताओं को अधिक-से-अधिक सुविधाएँ उपलब्ध कराकर उन्हें अपनी ओर आकर्षित करने का प्रयास कर रहा था, वहीं विरोधी दल शासक दल की कमियों को उजागर करने में लगे थे। छोटी-छोटी बातों पर जुलूस, प्रदर्शन, हड़ताल इत्यादि के आयोजन होते थे। पूरा वातावरण तनावपूर्ण बनता जा रहा था और जिला प्रशासन के लिए हर क्षण चुनौतीपूर्ण होता जा रहा था।

सामाजिक न्याय के लिए एक और महत्त्वपूर्ण कदम उठाते हुए मध्य प्रदेश शासन ने अप्रैल 1984 में निर्णय लिया था कि शहरी क्षेत्र में अतिक्रमण करके झुग्गियों में रहनेवाले गरीबों को उन भूखंडों/झुग्गियों पर मालिकाना हक दिया जाए। इसके पट्टे उन्हें दिए जाने थे (सार्वजनिक उपयोग के लिए आवश्यक भूमि पर केवल अस्थायी पट्टे और बाद में उन्हें अन्यत्र बसाकर स्थायी पट्टे)। 4 जून, 1984 को जब मैंने भोपाल के कलेक्टर का कार्यभार सँभाला, तब तक इस क्षेत्र में बहुत कम काम हुआ था। शासन शीघ्रता चाह रहा था, अतः डिप्टी कलेक्टरों के नेतृत्व में मैंने कई दलों का गठन किया और निर्देश दिया कि अपने कमरे में बैठे-बैठे रिपोर्ट देखकर पट्टे देने की बजाय वे स्वयं मौके पर जाएँ, जाँच करें तथा सही व्यक्ति को उसकी झुग्गी में पट्टा सौंपें। हमारे जिले में तो मुश्किल से आठ-दस डिप्टी कलेक्टर्स थे। अतः कार्यभार को देखते हुए अन्य जिलों के दस-पंद्रह परिवीक्षाधीन डिप्टी कलेक्टर्स शासन की ओर से मुझे मिले। शासन चाहता था कि स्वतंत्रता-दिवस (15 अगस्त) तक झुग्गीवालों को पट्टे दे दिए जाएँ, अतः वर्षा काल में भी यह अभियान चलता रहा। कुछेक विवादास्पद प्रकरणों को छोड़कर मैंने 10 अगस्त तक ही यह कार्य पूरा करा लिया।

उसी वर्ष जून माह के प्रारंभ में पंजाब में ऑपरेशन ब्लू-स्टार की घटना हुई,

जिसने पूरे देश को हिलाकर रख दिया। उससे उपजे सांप्रदायिक तनाव को देखते हुए कानून व व्यवस्था की स्थिति उस समय सबसे अधिक चुनौतीपूर्ण थी। केवल पुलिस की ही गोपनीय रिपोर्ट पर निर्भर न रहकर अपने स्वयं के निजी संपर्कों का उपयोग करके मैंने महत्त्वपूर्ण सूचनाएँ प्राप्त कीं और अपनी बातें भी संबंधित लोगों तक पहुँचाईं। पुलिस की गुप्त वार्त्ता के प्रभारी अधिकारी ही मुख्यमंत्री व मुख्य सचिव को नित्य प्रात: राज्य की स्थिति के बारे में ब्रीफ करते थे। एक दिन मुख्य सचिव के कक्ष में राज्य स्तर की इस समीक्षार्थ बैठक में मुझे और पुलिस अधीक्षक को भी बुलाया गया। पुलिस अधीक्षक बैठक में नहीं आए, जबकि विषय का संबंध मुख्यतया उन्हीं से था। मैंने बैठक में भाग लिया। राज्य की समीक्षा करते-करते मुख्य सचिव ने पुलिस महानिदेशक से कहा कि 'दिक्कत केवल भोपाल में हो रही है, क्योंकि यहाँ पूर्णत: ब्लैक आउट है और कुछ पता ही नहीं चल रहा है।' इसपर मैंने हस्तक्षेप किया और वहाँ चल रही गतिविधियों की जानकारी स्वेच्छा से दी। तब पता चला कि पुलिस की गुप्त वार्त्ता की ओर से ब्लैक आउटवाली जानकारी शासन को दी जा रही थी। मुझे बड़ा आश्चर्य हुआ कि पुलिस की गुप्त वार्त्ता शाखा ने सही-सही जानकारी एकत्रित करके क्यों नहीं दी तथा ऐसी गलत जानकारी क्यों दी। इस बैठक के बाद मुझे लगा कि मुख्यमंत्री को भी ऐसी ही ब्लैक आउटवाली जानकारी दी गई होगी। अत: वहाँ से मैं सीधा मुख्यमंत्री निवास गया और मुख्यमंत्रीजी को मुख्य सचिव के कक्ष में हुई चर्चा का विवरण दिया। तब पुष्टि हुई कि उन्हें भी अँधेरे में रखा गया था। स्थितियों के बारे में मेरा मूल्यांकन और किए जा रहे प्रयासों का विवरण सुनकर मुख्यमंत्री काफी संतुष्ट दिखे।

उसी वर्ष 31 अक्तूबर को प्रात: लगभग दस बजे जैसे ही मैं अपने कार्यालय पहुँचा, मेरे एक परिचित ने फोन पर तत्कालीन प्रधानमंत्री श्रीमती इंदिरा गांधी पर हुए जानलेवा हमले तथा उनकी हत्या की अफवाह का जिक्र किया। उन दिनों भोपाल के आस-पास के गाँवों में सुनियोजित ढंग से डकैतियाँ पड़ रही थीं, कई हत्याएँ भी हो गई थीं, किंतु एक भी डकैत नहीं पकड़ा गया था। अत: बाहर से आया अतिरिक्त पुलिस बल हमारे जिले के पुलिस बल सहित वायरलेस सेट लेकर गाँव-गाँव में फैला हुआ था। प्रधानमंत्री की हत्या की अफवाह सुनते ही उसका सत्यापन इत्यादि किए बिना ही मैंने पुलिस अधिकारियों को कहा कि गाँवों में फैला पूरा पुलिस बल तत्काल भोपाल शहर में एकत्रित किया जाए। वैसा ही हुआ। हत्या की पुष्टि कुछ घंटे बाद हो गई।

1 नवंबर, 1984 परीक्षा का दिन था। मुख्यमंत्रीजी दिल्ली से रवाना होकर

राज्य की कानून-व्यवस्था का जायजा लेने के लिए वायुयान से संभागीय मुख्यालयों में जा रहे थे। भोपाल के हवाई अड्डे पर दोपहर में मुख्य सचिव इत्यादि उनसे चर्चा कर रहे थे और पुलिस अधीक्षक सहित मैं उनसे चर्चा करने की प्रतीक्षा कर रहा था। इतने में भोपाल शहर में भिन्न-भिन्न स्थानों से कई जुलूस निकलने की सूचना हमें मिली। तब हम दोनों मुख्यमंत्री से चर्चा किए बिना ही शहर में कानून-व्यवस्था सँभालने के लिए तुरंत वापस आए। भोपाल शहर में स्थिति बद से बदतर होती जा रही थी। वास्तव में हमें जितने जुलूस निकलने की सूचना पुलिस द्वारा दी गई थी, उससे बहुत ज्यादा तथा बताए गए समय से बहुत पहले जुलूस निकल पड़े थे। दुकानों से फर्नीचर एवं अन्य सामान सड़कों पर निकालकर लोग होली जला रहे थे और हमीदिया रोड पर एक वर्ग विशेष के होटलों इत्यादि में आग लगा रहे थे। हमीदिया रोड लोगों से भरा पड़ा था, वहाँ भीड़ को तितर-बितर करना एवं लोगों की जान-माल की रक्षा करना एक दुष्कर कार्य था। परिस्थितियों को देखते हुए बल प्रयोग किए बिना भीड़ को हम भगाते थे और वह बार-बार नए स्थानों पर धावा बोलती थी। कई घंटे तक यह सब चलता रहा।

स्थिति की गंभीरता को देखकर शाम पाँच बजे मैंने अपने वाहन में बैठे-बैठे वायरलेस पर घोषणा की कि पुराने भोपाल के सभी थाना क्षेत्रों में सात बजे से कर्फ्यू लगाया जा रहा है। तदनुसार लाउडस्पीकरों से पुराने भोपाल में घोषणाएँ हुईं। सात बजे से भीड़ का छँटना प्रारंभ हुआ। लगभग नौ बजे तक वहाँ स्थिति पर पूरा नियंत्रण हो गया। कंट्रोल रूम में स्थिति का जायजा लेकर नए भोपाल के भी कई थाना क्षेत्रों में रात दस बजे से कर्फ्यू लागू कर दिया गया। तत्पश्चात् रात एक और दो बजे के बीच में सभी मजिस्ट्रेट्स व पुलिस अधिकारियों की मीटिंग में उन्हें स्पष्ट निर्देश दिए गए कि कर्फ्यू का पालन दृढ़ता से कराया जाए। वही हुआ। दूसरे दिन प्रात: तक करीब आठ-सौ लोग कर्फ्यू-उल्लंघन के आरोप में गिरफ्तार हुए। उच्चस्तरीय अपेक्षा के बावजूद मैंने कर्फ्यू में ढील नहीं दी तथा मुख्य सचिव का कोपभाजन बना। हमारी मुस्तैदी लगातार जारी रही। भोपाल में एक भी जान नहीं गई, बल्कि बाहरी लोगों ने चुपके-चुपके आकर यहाँ शरण ली। मुख्यमंत्री ने भी दौरा कर कर्फ्यूवाले सन्नाटे का अवलोकन किया। महामहिम राज्यपाल ने भी बाद में हमारी प्रशंसा की। पीड़ित लोगों को तत्परतापूर्वक राहत पहुँचाई गई।

इन सबसे हम अभी पूरी तरह उबर भी नहीं पाए थे कि एक माह बाद, यानी 2-3 दिसंबर की रात में भोपाल गैस त्रासदी की भीषणतम औद्योगिक दुर्घटना घट गई। 27 दिसंबर, 1984 को लोकसभा के आम चुनाव होने थे। उसका अपना

समयबद्ध कार्यक्रम था। अतः बचाव एवं राहत के साथ-साथ चुनाव से संबंधित सभी कार्य भी हमें करने पड़े थे। 'आस्था अभियान' के समय पुराना शहर तो खाली हो गया था, नए शहर में भी इसका भारी असर हुआ था। तब भी मैंने पीठासीन तथा मतदान अधिकारियों के प्रशिक्षण का कार्यक्रम नए भोपाल में रखा। एक साथ कई प्रशिक्षण कार्यक्रम भिन्न-भिन्न स्थानों पर चलते थे। प्रत्येक प्रशिक्षण क्लास में मैं भी दस-पंद्रह मिनट के लिए जरूर जाता था तथा चुनाव अधिकारियों की ड्यूटी के कुछ महत्त्वपूर्ण बिंदुओं पर प्रकाश डालता था। यह मेरी पुरानी आदत थी। मेरा अनुभव था कि कलेक्टर की बातों को लोग ज्यादा गंभीरता से लेते थे। निष्पक्ष व स्वतंत्र चुनाव संपन्न कराने के लिए वह उपयोगी था। इसी दौरान मैं आस्था अभियानवाले शिविरों को भी समय देता था।

किंतु मतदान के लिए नियत तिथि 27 दिसंबर, 1984 के तीन-चार दिन पूर्व भोपाल लोकसभा निर्वाचन क्षेत्र के चुनाव स्थगित करने की घोषणा हुई, जिससे हमारी पूरी तैयारी धरी-की-धरी रह गई। बाद में भोपाल में मतदान 28 जनवरी, 1985 को हुआ। तब हमें नए सिरे से सारी व्यवस्थाएँ करनी पड़ीं। उसके तत्काल बाद हमें विधानसभाओं के आम चुनाव कराने के लिए तैयारियाँ करनी पड़ी थीं। भोपाल जिले में उसके लिए 2 मार्च, 1985 को मतदान हुआ।

गैस त्रासदी तथा दो-दो आम चुनावों के सिलसिले में बहुत सारे महानुभाव भोपाल दौरे पर आए। प्रधानमंत्रीजी तीन-चार बार आए।

राज्य शासन ने पिछड़ी जातियों के लिए 'महाजन आयोग' गठित किया था। उसकी अनुशंसा पर मध्य प्रदेश शासन द्वारा पिछड़ी जातियों के लिए 25 प्रतिशत और कुछ अन्य शर्तों के अधीन गरीबी रेखा से नीचे रहनेवाले लोगों को शासकीय सेवाओं एवं व्यावसायिक पाठ्यक्रमों में प्रवेश पर 4 प्रतिशत का आरक्षण दिया गया। इस आरक्षण के विरोध में भोपाल में छात्रों ने फरवरी के दूसरे सप्ताह से आंदोलन शुरू किया। प्रारंभ में उन्होंने शहर में कई जगह चक्का जाम किया।

चक्का जाम और छात्रों की गतिविधियों की तीव्रता दिन-प्रतिदिन बढ़ती गई। 19 फरवरी को तत्कालीन प्रधानमंत्री श्री राजीव गांधी ओबेदुल्लागंज से सड़क मार्ग से भोपाल आकर लाल परेड ग्राउंड में आमसभा को संबोधित करनेवाले थे। तत्पश्चात् बैरागढ़ हवाई अड्डा जानेवाले थे। अतः 18 फरवरी, 1985 को अपराह्न में इस विषय पर छात्र प्रतिनिधियों की एक बैठक आंदोलन समाप्त करने के लिए बुलाई गई; किंतु इसके पहले ही गृह सचिव का टेलीफोन हमारे पास आया कि शासन ने भोपाल और जबलपुर में आगामी आदेश तक सभी शैक्षणिक संस्थाओं को

बंद करने और छात्रावास खाली कराने का निर्णय लिया है, अतः तदनुसार काररवाई की जाए।

18 फरवरी को रात्रि ग्यारह बजे मजिस्ट्रेटों एवं पुलिस अधिकारियों की एक बैठक बुलाई गई और फिर उसमें बनाई गई रणनीति के अनुसार काररवाई की गई। फलतः 19 फरवरी को कहीं भी चक्का जाम नहीं होने दिया गया।

छात्रों ने 28 फरवरी को मध्य प्रदेश बंद का आह्वान किया था। भोपाल में बंद का असर रहा; किंतु इसका सबसे अधिक प्रभाव भेल व नए भोपाल में रहा। यद्यपि पुराना भोपाल पूर्ण रूप से बंद था, तथापि इक्का-दुक्का गाड़ियाँ निकल जाती थीं। शाम तक चक्का जाम लगभग समाप्त हो गया था, फिर भी नए भोपाल में बहुत कम आवा-जाही देखी गई।

□

गैस त्रासदी बाबत दो शब्द

नमक-मिर्च लगाने और बातों को बढ़ा-चढ़ाकर बताने की अधिकतर लोगों की प्रवृत्ति के कारण कभी-कभी घटना के तत्काल पश्चात् भी घटना स्वयं के बारे में असली तथ्य परस्पर विरोधी विवरणों में इतने अधिक लिपट जाती हैं कि हकीकत का पता लगाना एक खोज का कार्य बन जाता है। जहरीली गैस निकलने के बारे में यूनियन कार्बाइड के अधिकारी तो गुमराह कर ही रहे थे, अन्य लोगों द्वारा भी अपने द्वारा तथाकथित किए गए कार्य को बढ़ा-चढ़ाकर बताने एवं विघ्न संतोषियों की निंदा की प्रवृत्ति के कारण कुछ महत्त्वपूर्ण तथ्यों को ढकने जैसा कार्य किया।

यूनियन कार्बाइड फैक्टरी से बहुत दूर बी.एच.ई.एल. क्षेत्र में स्थित एक अस्पताल के रिटायर्ड अधीक्षक ने एक महत्त्वपूर्ण समारोह में मार्च 2000 में अपनी प्रशंसा के पुल बाँधते हुए यहाँ तक कह दिया कि बारह बजे रात से ही वे सेवा-कार्य में जुट गए थे। हकीकत यह है कि बारह बजे रात लोगों को गैस रिसन का कटु अनुभव ही नहीं हुआ था और बी.एच.ई.एल. क्षेत्र में लोग चैन से सो रहे थे। सार्वजनिक क्षेत्र के कई लोगों ने दावा किया है कि उन्होंने गैस से बचने के लिए लोगों को निकालने के वास्ते अनेक वाहन यूनियन कार्बाइड फैक्टरी के पासवाले गंभीर रूप से प्रभावित क्षेत्र में भेजे। इन दावों के स्वरूप से ऐसा एहसास होता है मानो उन्हें पहले से मालूम था कि 2 दिसंबर की सर्द रात में अमुक बजे जानलेवा जहरीली गैस निकलनेवाली थी और ड्राइवरों व वाहनों को उन्होंने पहले से तैयार खड़ा कर रखा था तथा गैस निकलते ही लोगों को हटाने का कार्य युद्ध स्तर पर उन्होंने शुरू करा दिया। यह सब सर्वथा असत्य है। हकीकत यह है कि शुरू के क्षणों में घंटा-डेढ़ घंटा जो कुछ हुआ, सब स्वयमेव (अपने आप) हुआ। जहरीली गैस का धीरे-धीरे रिसन यद्यपि आधी रात के पहले ही शुरू हो गया था, तथापि उसका प्रभाव मामूली होने और लोगों के सोए होने के कारण उस स्टेज में पता ही नहीं चला। रात एक बजे के आस-पास चालीस-पैंतालीस टन जहरीली गैस स्टोरेज टैंक

से एकदम विस्फोट की तरह निकली व क्षेत्र में एकाएक कहर ढा दिया। उस क्षेत्र में जहाँ जो वाहन था उसमें अन्यथा पैदल ही लोग अपनी-अपनी जान बचाने भागे। आग की लपट जैसी जलन उत्पन्न करने एवं दमघोटू गैस ऐसी थी कि वहाँ बिना मास्क कोई टिक ही नहीं सकता था (मास्क किसी के पास था नहीं)। ए.डी.एम. प्रजापति के निर्देश पर नगर निगम की एक फायर ब्रिगेड ने यूनियन कार्बाइड कारखाने के पासवाले क्षेत्र में जाने का प्रयास किया था, किंतु वह न जा सकी, उसे वापस आना पड़ा। जो लोग सोते हुए इस गैस को धीरे-धीरे सूँघते रहे, वे सोते-के-सोते ही रह गए, पुनः कभी जागे नहीं; किंतु जो लोग खिड़की-दरवाजे बंद करके पक्के मकानों में सोते रहे, उन्हें कुछ नहीं हुआ। भागते हुए लोगों के लिए स्थिति अधिक घातक थी, विशेषकर उनके लिए, जिन्होंने इस जहरीली गैस में अधिक साँस ली थी। इस जहरीली गैस से दूषित वायु में अधिक साँस लेनेवाले अनेक लोग मार्ग में ही धराशायी होकर काल-कवलित हो गए। अन्य गैस पीड़ित, गैस के प्रभाव के अनुपात में धीरे-धीरे मरते गए। इस दाहक एवं दमघोटू गैस से ओत-प्रोत क्षेत्र में तो किसी का रुकना असंभव था, किंतु भागने के बजाय गीले कपड़े से यदि वे पूरा मुँह (आँख व नाक खासतौर से) ढककर रुके रहते तो उनकी जानें नहीं जातीं। जहरीली गैस का असह्य प्रभाव लगभग घंटा या डेढ़ घंटा रहा होगा, बाद में हवा से वह पतली होती गई। इतनी कम अवधि में एकाएक सर्द रात में जब कुछ पता भी न हो, ड्राइवरों व वाहनों को जुटाकर मास्क के बिना वहाँ जाकर लोगों को बाहर ले जाना संभव नहीं दिखता, विशेष तौर से जबकि इस दमघोटू क्षेत्र के लोग अफरा-तफरी के माहौल में वहाँ से बाहर भाग रहे थे। जैसा कि मैंने यथा स्थान उल्लेख किया है कि जब डेढ़ से पौने दो बजे के आस-पास पुलिस कंट्रोल-रूम कोतवाली थाना से मेरी फोन पर बात हुई थी तब वहाँ के सहायक पुलिस उपनिरीक्षक ने बताया था कि वहाँ पर कोई नहीं था, जिसे पेट्रोलिंग (गश्त लगाने) के लिए कहा जाता। बाद में डिस्ट्रिक्ट मजिस्ट्रेट होने के नाते मुझे पुलिस की रिपोर्ट प्राप्त हुई थी कि इसी अफरा-तफरी के दरम्यान तलैया थाने के संतरी की रायफल खो गई थी। ऐसा लगता है कि पूरा थाना खाली हो गया था और संतरी भी अपनी बंदूक छोड़कर चला गया था। बाद में बड़े रहस्यमय ढंग से यह फाइल ही मेरे कार्यालय से गायब हो गई। ऐसा भी ज्ञात हुआ था कि प्रभावित क्षेत्र के कुछ थानों के लॉक-अप में बंद मुलजिमों को भी जान बचाने के लिए खोल दिया गया था, यह उचित ही था। ये घटनाएँ इस बात की गवाह हैं कि पूरा माहौल दमघोटू था और वहाँ कोई टिक नहीं पा रहा था। हाँ, जो लोग उस दमघोटू क्षेत्र में थे, उनके वहाँ से भागते समय अन्य लोग स्वयं ही

उनके वाहनों में चढ़ गए थे, चाहे वह बस हो, कार हो, जीप हो, ट्रैक्टर हो या स्कूटर हो या अन्य कोई वाहन हो। रात में लगभग एक बजे जैसे ही राज्य परिवहन निगम की एक बस किसी अन्य कार्य से रेलवे स्टेशन के पास पहुँची, देखते-ही-देखते लोगों की भीड़ उसपर टूट पड़ी, लगभग डेढ़ सौ लोग उसपर सवार हो गए तथा ड्राइवर को कहा कि वह उन्हें तुरंत कहीं सुरक्षित स्थान पर ले जाए। तत्काल ऐसा ही हुआ और उन्हें काफी दूर पुलिस वायरलेस स्टेशन के पास छोड़ा गया। गैस प्रभावित क्षेत्रों में बस स्टैंड तथा अन्यत्र जहाँ-जहाँ बसें थीं उनके साथ भी ऐसी ही घटनाएँ हुईं। बसों के चालकों को भी अपनी-अपनी जान बचानी थी, अत: बसें वहाँ से अन्यत्र जानी ही थीं, गैस पीड़ित भीड़ ने उनका तथा ऐसे ही अन्य वाहनों का लाभ लिया।

यह गैस जानलेवा थी, यह भी काफी देर बाद पता चला। लगभग डेढ़ बजे व तीन बजे के बीच मेडिकल कॉलेज के सामने से मैं तीन-चार बार गुजरा। मेडिकल कॉलेज में कोई चहल-पहल नजर नहीं आई, पूरा सन्नाटा दिखा और जैसा कि मैंने अन्यत्र उल्लेख किया है, मेडिकल कॉलेज खाली हो गया था। तीन बजे के बाद ही कभी लोग वापस लौटे और बाद में घायल लोग वहाँ आए या लाए गए। शहर में चक्कर लगाते समय मेरी कार का वायरलेस लगातार खुला हुआ था और मैं सतत सुन रहा था कि शहर में कहाँ क्या हो रहा था। ज्यादा भीड़ एकत्र होने संबंधी सूचना सर्वप्रथम जयप्रकाश चिकित्सालय बाबत आई थी, जहाँ मैं जहाँगीराबाद से तत्काल वहाँ पहुँचा था। इस घटना से मैं मानता हूँ कि पुराने शहर के अस्पतालों, जैसे मेडिकल कॉलेज वगैरह में भीड़ बाद में उमड़ी। यह स्वाभाविक भी था। मेडिकल कॉलेज वगैरह बुरी तरह गैस प्रभावित क्षेत्र में थे, जहाँ से लोग जान बचाकर भागे थे; किंतु जयप्रकाश चिकित्सालय नए भोपाल में होने से पुराने शहर के जो लोग उस दिशा में भागे वे सीधे इस अस्पताल में गए। गैस का प्रभाव कम होने पर ही लोग मेडिकल कॉलेज व पुराने शहर के अन्य अस्पतालों में जा सके।

26 जनवरी, 2001 को जो भूकंप आया था, उसमें भुज क्षेत्र के सात अस्पताल ध्वस्त हो गए थे। भुज नगर में स्थित अस्पताल के सौ से ज्यादा डॉक्टर, नर्सेस व मरीज मारे गए थे। इसी प्रकार वहाँ के एयर फोर्स स्टेशन के भी सौ से ज्यादा लोग मारे गए थे। कहने का तात्पर्य यह है कि इस प्रकार की आपदाएँ इनसानों में भेदभाव नहीं करतीं। वे सभी को समान रूप से प्रभावित करती हैं, चाहे वे प्रशासन के या जनता के हों तथा लोग भी अपनी-अपनी जान बचाना चाहते हैं।

घंटा-डेढ़ घंटा की इस अवधि में कोई भी बाहरी व्यक्ति बिना मास्क के

इस दमघोटू जहरीली गैस क्षेत्र में घुस ही नहीं सकता था और जो लोग इसके विपरीत दावा किए हैं, वे असत्य कथन किए हैं। बंद कार में मैं स्वयं घंटा-डेढ़ घंटा की इस अवधि में उस क्षेत्र में राउंड लगा रहा था, किंतु पीर गेट के आगे न जा सका। जो लोग बंद कमरों में थे या दूरदराज के इलाकों में गहरी नींद सो रहे थे और बाहर गैस के कहर के बारे में अनभिज्ञ थे, उनमें से कुछ लोग बड़ी लंबी-चौड़ी बातें करते रहे हैं।

हमने जब बचाव व राहत कार्य शुरू किया था तब तक गैस पतली पड़ गई थी व प्रभावित क्षेत्र में चलना-फिरना दमघोटू नहीं रह गया था। हमें भी अपने साधनों को जुटाने में कुछ समय लगा था। और जैसे-जैसे समय व्यतीत होता जा रहा था, हमारे साधन भी बढ़ते जा रहे थे। गैस पतली होने पर ही बाहर से सहायता प्रभावित क्षेत्र में पहुँच सकी।

परिस्थितियों को देखते हुए भोपाल गैस त्रासदी के सम्य जिस तत्परता से प्रशासन काम में लग गया था और जिस तेज गति से बचाव-राहत कार्य किया गया तथा दो दिन के अंदर सभी शव व शेष दो दिनों के अंदर मरे हुए जानवरों को हटाकर शहर को गंदगी और महामारी फैलने से बचाया गया, उसकी दुनिया में कहीं अन्यत्र मिसाल नहीं है। जिन लोगों को गैस त्रासदी व उससे उपजे बचाव-राहत कार्य के स्वरूप के बारे में कोई ज्ञान नहीं है, उनमें से कुछ लोग गैर-जिम्मेदाराना ढंग से कुछ भी कहते व लिखते रहते हैं। कुछ मशहूर लेखकों ने भी बकवास लिखकर खलनायकों को खूब महिमा मंडित किया और उन्हें तथा अपने को नायक जैसे दिखाने का प्रयास किया। भोपाल में उच्च स्तर पर उनका फूल व हारों से स्वागत करते समय कुछ लोगों ने अपने आपको गौरवान्वित महसूस किया।

यद्यपि आम जनता व हमने घायलों को हमीदिया अस्पताल में तत्परता से भिजवाया था, तथापि वह लगभग निरर्थक ही था, क्योंकि कोई उपचार तो था नहीं और उनकी लाशें घर से निकलने के बजाय अस्पतालों से निकलीं। गैस त्रासदी का स्वरूप ही कुछ ऐसा था कि घर-घर में पर्याप्त गैस मास्क होते तो लोग बच जाते अथवा यदि चेहरा गीले कपड़े से ढकनेवाले विकल्प से यूनियन कार्बाइड ने आम जनता को बताया होता तो इतनी जानें न जातीं। गीले कपड़े के उपयोग से राहतवाली जानकारी हमारे जिन अधिकारियों को थी, यदि उसका ऐलान किसी तरह से पुलिस मोबाइलों (वाहनों) से प्रभावित क्षेत्र में समय पर कराया जाना संभव होता तो भी बहुत जानें बच जातीं। गैस पूरे शहर में धीरे-धीरे फैल रही थी, अतः यह तो संभव था कि जहाँ गैस का प्रभाव कम था अथवा जहाँ अभी प्रभाव नहीं हो पाया था वहाँ-

वहाँ पुलिस मोबाइलों (वाहनों) से गीले कपड़े के लाभ का ऐलान तत्परता से कराया जाता। ऐसा न कराना गंभीर चूक थी।

जहाँ तक उपचार का प्रश्न है, न तो उस समय पता था, न आज पता है, केवल लक्षणों का इलाज कोई स्थायी हल नहीं है। सोडियम थायो सल्फेट का इंजेक्शन यथासंभव शीघ्र मिलने से काफी जहर शरीर से बाहर निकल सकता था; किंतु दुर्भाग्य से उस विषय पर विवाद खड़ा हो जाने के कारण वह इलाज बंद ही करा दिया गया था और जब पुनः प्रारंभ हुआ तब तक काफी देर हो चुकी थी।

26 जनवरी, 2001 को गुजरात में भूकंप ने व्यापक तबाही की थी। बचाव-राहत का कार्य अच्छा हुआ, किंतु वहाँ के बारे में समाचार-पत्रों में खूब छपा कि प्रारंभिक दो दिन तक प्रशासन लगभग लकवाग्रस्त रहा। भूकंप ने प्रशासन के लोगों व उनके साधनों को तो बख्शा न होगा, अतः तेज गति से कार्य करने पर प्रतिकूल प्रभाव पड़ना तो स्वाभाविक था, किंतु लकवाग्रस्त तो क्षण भर को नहीं होना चाहिए था। जो लोग बचे थे तथा जो लोग प्रभावित क्षेत्र के बाहर थे, उनका फर्ज था कि बिना समय गँवाए उपलब्ध साधनों एवं राज्य के अन्य क्षेत्रों से तत्परता से अतिरिक्त साधन जुटाते, जैसा कि भोपाल गैस त्रासदी के समय मोटे-मोटे अनुमान के आधार पर हमने तत्परता से बाहर से साधनों को जुटाया था। साधन के साथ-साथ कार्य का बँटवारा व जिम्मेदारी का सौंपना भी आवश्यक होता है और हमने बिना समय गँवाए परिस्थितियों के अनुसार यह सब किया।

□

गैस त्रासदी—जैसा मैंने देखा

विंध्य पर्वत-श्रेणियों पर बसा भोपाल ताल-तलैयों, शिखरों का मनोरम शहर है। इसका बड़ा तालाब काफी प्रसिद्ध है। 2, कर्बला रोड पर बड़े तालाब के किनारे, ऊँचाई पर स्थित कलेक्टर का बँगला (अर्थात् मेरा निवास) था। यह दोमंजिला पुराना भवन काफी बड़ा है। शयन-कक्ष प्रथम मंजिल पर हैं और निवास-कार्यालय, बैठक-कक्ष, भोजन-कक्ष इत्यादि भूतल पर हैं।

2 दिसंबर, 1984 को रात्रि में दस-साढ़े दस बजे तक सदैव की तरह भूतल के बाहर के सभी खिड़की-दरवाजे बंद करके नौकर बाहर जा चुके थे और मैं भूतल पर ही लिखा-पढ़ी का कार्य कर रहा था। परिवार के सभी लोग ऊपर जाकर सो गए थे। कार्य पूरा करने के बाद लगभग बारह बजे मैं प्रथम मंजिल स्थित अपने शयन-कक्ष में पहुँचा। कपड़े बदलते समय आँखों में ऐसा लगा कि किरकिरी पड़ गई है। अतः उस मामूली सी तकलीफ को दूर करने के लिए मैंने आँखों की ऊपरी पलकों को नीचे की पलकों से पोंछते हुए किरकिरी निकालने का प्रयास किया, किंतु कोई राहत नहीं मिली। इतने में कपड़े बदलने के बाद तीन-चार मिनट में पलंग पर लेट गया और आँखें मूँदते ही तकलीफ बंद हो गई (यद्यपि यूनियन कार्बाइड ने गैस-रिसन प्रारंभ होने के समय की अधिकृत जानकारी कभी भी नहीं दी, तथापि जनवरी 2000 में भोपाल न्यायालय के समक्ष जो साक्ष्य आया, उससे स्पष्ट है कि गैस-रिसन धीरे-धीरे रात्रि बारह बजे के काफी पहले से प्रारंभ हो गई थी)।

रात में लगभग सवा-डेढ़ बजे आवाज सुनाई पड़ने पर मेरी नींद खुली। नीचे से किसी ने चिल्लाकर आवाज दी थी कि शहर में गैस फैल गई है। आँखें खोलते ही उनमें जलन होने लगी। वास्तव में प्रथम तल की खिड़कियाँ खुली हुई थीं। अतः कमरे में गैस भर गई थी और यह स्पष्ट हो गया था कि स्थिति बेहद खराब थी; बाहर जाने के लिए कपड़े पहनते-पहनते स्थिति असहनीय हो गई थी। मैं जैसे ही प्रथम मंजिल से नीचे भूतल पर आया, पाया कि स्थिति अधिक खराब नहीं थी। कारण

स्पष्ट था कि भूतल पर शीशेवाली खिड़कियाँ बंद थीं। अत: वहाँ ज्यादा गैस नहीं पहुँच पाई थी। ड्राइंगरूम का दरवाजा पोर्च पर खुलता है। वहाँ मेरी कार खड़ी थी। कार में जाने के लिए जैसे ही मैंने ड्राइंगरूम का दरवाजा खोला, ऐसा लगा कि आग की लपटें चेहरे पर पड़ गई हों; इसलिए मैंने तत्काल दरवाजा बंद कर दिया और फिर अपने आपको सँभालते हुए हिम्मत करके चेहरे को हाथ से ढकते हुए जल्दी से बाहर निकलकर कार में बैठ गया और उसके दरवाजे को पुन: बंद कर लिया। बाद में मालूम हुआ कि पुलिस कंट्रोल रूम के सहायक उपनिरीक्षक श्री उमाशंकर इमरजेंसी वैन में मेरे बँगले पर आए थे, क्योंकि मेरा टेलीफोन उन लोगों को खराब मिला था। नीचे से उन्होंने मुझे जगाने के लिए आवाज दी थी और फिर मेरी प्रतीक्षा किए बिना ही वे तत्काल वहाँ से चले गए थे। बाद में मैंने उनसे पूछा भी था कि मेरे बाहर आने तक उन्होंने मेरी प्रतीक्षा क्यों नहीं की, तो उन्होंने बताया था कि वहाँ गैस इतनी अधिक थी कि प्रतीक्षा करना संभव नहीं था।

वह यूनियन कार्बाइड कारखाना, जिससे हत्यारी गैस का रिसाव हुआ

कार स्वयं चलाते हुए कलेक्टर-बँगले से निकलकर जैसे ही मैं शहर की ओर जाने के लिए मुख्य सड़क की ओर बढ़ा तो लोकायुक्तवाले चौराहे पर देखा कि शहर के असंख्य लोग घबराहट व दहशत में इंदौर रोड पर सीहोर की ओर भागे जा रहे थे। लोग कार, जीप, ट्रक, बस, स्कूटर, मोटर साइकिल, साइकिल—जिसे जो मिला,

उसी से और जिन्हें कुछ नहीं मिला, वे पैदल ही हड़बड़ी में भागे जा रहे थे। भगदड़ की स्थिति भयंकर थी। लोकायुक्त चौराहे से मैं दाईं ओर मुड़कर शहर की ओर जाना चाह रहा था, अर्थात् भीड़ की भगदड़ की दिशा की विपरीत दिशा में। भगदड़ को देखते हुए यह एक दुष्कर प्रयास था। फिर भी मैंने अपनी कार की लाल बत्ती जलाकर धीरे-धीरे उसे भीड़ में घुसाते हुए दाईं ओर मोड़ा और शहर की ओर आगे बढ़ा। जितना ही मैं आगे बढ़ता जा रहा था उतनी ही भीड़ कम होती जा रही थी। मेडिकल कॉलेज के सामने व रॉयल मार्केट में यह नगण्य थी और उसके बाद इमामी गेट से लेकर पीर गेट तक पूरा इलाका सुनसान था। फैली हुई गैस के बादल इमामी गेट से आगे पीर गेट की तरफ स्पष्ट दिखाई रहे थे। सड़क पर बीस-पच्चीस फीट से आगे देख पाना संभव नहीं हो रहा था। अतः कार को धीरे-धीरे चलाते हुए मैं आगे बढ़ता जा रहा था। किंतु धीरे-धीरे गैस कार के अंदर भी घुसती जा रही थी और गैस से दम घुटने जैसी स्थिति होती जा रही थी। पीर गेट के पास यह स्थिति असह्य लगी। स्पष्ट था कि उसके आगे जाना दुःसाहस होता। इस स्थिति में मैंने कार मोड़ी और पीर गेट से इमामी गेट, रॉयल मार्केट व मेडिकल कॉलेज की ओर आगे बढ़ा। वी.आई.पी. गेस्ट हाउस के पास मुझे गैस का प्रभाव महसूस नहीं हुआ; किंतु वहाँ पर ऐसा कोई साधन नहीं था, जिससे मैं शहर की स्थिति का जायजा ले पाता। भोपाल शहर का थाना बैरागढ़ निकट ही था। अतः मैं वहाँ पहुँचा। वहाँ पर गैस का प्रभाव महसूस करने लायक नहीं था। पर थाने के सामने भीड़ उमड़ रही थी।

मैंने वहाँ के टाउन इंस्पेक्टर श्री शाही को बुलाकर बातचीत की और थाने के वायरलेस के द्वारा शहर के अन्य थानों एवं मोबाइल गाड़ियों से संपर्क करने का प्रयास किया। मैंने वायरलेस पर कहा कि गैस रिसाव से शहर में भगदड़ मच गई है, लोग शहर से बाहर भाग रहे हैं, शहर सुनसान होता जा रहा है, इसलिए पुलिस द्वारा इस भगदड़ को नियंत्रित किया जाए, ताकि दुर्घटनाएँ न हों, आदि। मैंने यह भी कहा कि वीरान हो गए क्षेत्रों की सुरक्षा एवं गश्त की व्यवस्था भी करनी होगी। वायरलेस पर मैं यह सब एकतरफा निर्देश दे रहा था, किंतु किसी भी पुलिस मोबाइल से कोई भी उत्तर नहीं आया। थाने में लगे वायरलेस सेट से थानों के लिए भी मैंने बात की और उपर्युक्त बातें दोहराईं, किंतु किसी भी थाने से मुझे कोई उत्तर नहीं मिला। बड़ी मुश्किल से टेलीफोन पर पुलिस कंट्रोल रूम से संपर्क हुआ। वहाँ पर सहायक पुलिस निरीक्षक चौहान ने टेलीफोन उठाया। मैंने उपरिलिखित बातें दोहराईं तो उन्होंने कहा, ''साहब, यहाँ है ही कौन, जो यह सब करे!''

थाने के सामने हर तरफ भीड़-ही-भीड़ और भगदड़ देखकर मैंने बैरागढ़

थाने के टाउन इंस्पेक्टर शाही से कहा कि वे उस बस्ती में गश्त लगवाएँ। पास में नीले रंग की एक पुलिस मिनी बस खड़ी थी। शाही ने उस गाड़ी की ओर इशारा करते हुए मुझे बताया कि उसमें डीजल नहीं है। मैं चुप रह गया।

इतने में पास के पेट्रोल पंप से एक लड़का भयंकर सर्दी में भी बनियान पहने भागता हुआ आया और थाने में शिकायत की कि लोग पेट्रोल पंप लूटना चाहते हैं और मारपीट पर उतारू हैं। मैंने पुलिस को निर्देश दिया कि वे वहाँ जाकर उचित व्यवस्था करें। उन्होंने ऐसा ही किया। स्पष्ट है कि बाहर भाग रहे लोग पेट्रोल व डीजल लेना चाह रहे थे, किंतु भीड़ इतनी अधिक हो गई थी कि व्यवस्थित ढंग से उन्हें तत्परता के साथ पेट्रोल और डीजल नहीं मिल पा रहा था। इसी कारण लोग उत्तेजित हो गए थे।

थाने के बाहर भीड़ बहुत थी, इसमें सिखों की भी संख्या काफी थी। लोग अपने वाहनों में या खुले में यहाँ-वहाँ खड़े थे। शासकीय अधिकारी एवं कर्मचारी भी वहाँ दिखाई दे रहे थे। इन्हीं में डी.के. तिवारी, एस.डी.एम. (भोपाल) मुझसे मिले। मैंने उनसे कहा कि मैं पुनः पुराने शहर में जाऊँगा। वे पुलिस कंट्रोल रूम में स्टेनो/टाइपिस्ट लेकर आ जाएँ।

थोड़ी देर बाद मैंने पुनः मेडिकल कॉलेज, रॉयल मार्केट, इमामी गेट, पीर गेट होते हुए पुराने शहर में प्रवेश किया। ये सब क्षेत्र वीरान हो गए थे। बीच-बीच में कार के शीशे खोलकर मैं गैस के प्रभाव का जायजा भी लेता जा रहा था। स्पष्ट है कि गैस हवा में घुल-मिलकर पतली होती जा रही थी। मैं आगे बढ़ता चला गया।

पुलिस कंट्रोल रूम में भी लोग आ-जा रहे थे। कुछ राजनीतिक लोग भी यहाँ-वहाँ दिखे। सभी लोग घबराए हुए थे। पुलिस कंट्रोल रूम में उपलब्ध अधिकारियों व कर्मचारियों से मेरी चर्चा हुई। अभी तक यह पता नहीं चल पाया था कि यूनियन कार्बाइड की स्थानीय फैक्टरी से कौन सी गैस रिसी थी। मैंने फैक्टरी में फोन से संपर्क किया। प्लांट सुपरवाइजर ने बताया कि जो गैस निकली है उसका नाम 'मिथाइल आइसो साइनेट' है। बाद में यथासमय यह जानकारी टेलीफोन द्वारा विभिन्न अस्पतालों को भी दी गई।

इसी बीच भोपाल के एस.डी.एम. डी.के. तिवारी वहाँ आ गए थे। मैंने निर्णय लिया कि धारा 144 लगाकर यूनियन कार्बाइड फैक्टरी को आवश्यक निर्देश दिया जाए कि वह ऐसी व्यवस्था करे कि इस प्रकार की स्थिति की पुनरावृत्ति न हो; इसके साथ-साथ मजिस्ट्रेट जाँच कराने का भी निर्णय लिया। इसी बीच फैक्टरी के वर्क्स मैनेजर मुकुंद से टेलीफोन पर मेरी बातचीत हुई और मुकुंद को धारा 144 के आदेश

इत्यादि की जानकारी टेलीफोन पर मौखिक रूप से दी। अन्य कार्यपालक अधिकारियों एवं पुलिस अधिकारियों को अविलंब कंट्रोल रूम में बुलाने का भी निर्देश दिया।

न तो मुकुंद ने और न ही उनके अन्य अधिकारियों ने एम.आई.सी. गैस के इतने अधिक खतरनाक होने की जानकारी हमें दी थी। कंट्रोल रूम में भी किसी ने ऐसी कोई आशंका व्यक्त नहीं की थी। अतः उस समय हम लोगों को ऐसी कोई आशंका नहीं थी कि इससे मौतें भी हो सकती हैं। हमारा पूरा ध्यान शहर में हो रही भगदड़ तथा लोगों की सुरक्षा की ओर था। अतः उपर्युक्त काररवाई करने के बाद मैंने पुनः शहर के राउंड पर जाने का निर्णय लिया। पुलिस अधीक्षक राउंड पर जाने के लिए उत्सुक नहीं दिखे। अतः मैंने उनपर दबाव नहीं डाला और अकेले ही राउंड पर निकल गया।

सुनसान पड़े पुराने भोपाल का राउंड लेने के बाद जैसे ही मैं नए भोपाल की ओर जा रहा था, वायरलेस पर कंट्रोल रूम ने मुझे सूचना दी कि मुख्यमंत्री निवास से निर्देश प्राप्त हुआ है कि मैं मुख्यमंत्रीजी से टेलीफोन पर बात कर लूँ। मैंने उन्हें वायरलेस पर ही बताया कि "मैं राउंड पर हूँ। रात का समय है। लोग भाग गए हैं। मकान और दुकानें बंद हैं, इसलिए टेलीफोन पर बात करना संभव नहीं है। जिस क्षेत्र से मैं गुजर रहा था, वह मुख्यमंत्री निवास से बहुत दूर नहीं था।" अतः मैंने कहा कि मैं मुख्यमंत्रीजी के निवास जाकर ही उनसे बात कर लूँगा। तत्पश्चात् मैं सीधे श्यामला हिल्स स्थित मुख्यमंत्री निवास पहुँचा। वहाँ पर तैनात पुलिस एवं अन्य लोग काफी सक्रिय थे। बाहरी गेट से तो मेरी कार अंदर चली गई, किंतु भीतरी गेट में ताला लगा था। संतरी ने गेट नहीं खोला। मैंने बाहर ही कार खड़ी कर लाइट बंद कर दी। इतने में मुख्यमंत्री के मुख्य सुरक्षा अधिकारी श्री देवगन पुलिस अधीक्षक तेजी से चलते हुए दरवाजे पर आए और संतरी को दरवाजा खोलने का इशारा किया, तब मेरी कार अंदर जा सकी। मुख्यमंत्रीजी के बँगले में नीचे, जहाँ पर्सनल स्टाफ बैठता है, जाकर मैंने मुख्यमंत्रीजी, जो प्रथम मंजिल पर थे, से फोन पर बात की और उन्हें वस्तुस्थिति एवं मेरे द्वारा लिये गए निर्णयों से अवगत कराया।

मुख्यमंत्री निवास से निकलने के बाद मैं न्यू मार्केट भदभदा रोड होते हुए मुख्य मार्ग 2 पर ड्राइव कर रहा था। उसी समय वायरलेस पर मैंने वार्त्तालाप सुना, जिससे स्पष्ट हुआ कि संभागीय आयुक्त श्री रणजीत सिंह मास्क की माँग कर रहे थे। स्पष्ट है कि वे चार इमली से शहर जाना चाहते थे। चार इमली दूर न होने से मैंने तय किया कि जाकर उन्हें बता दूँ कि मैं शहर से ही आ रहा हूँ। वहाँ मास्क की आवश्यकता नहीं है। बिना मास्क के भी शहर का राउंड लिया जा सकता है। अतः

मैं चार इमली स्थित उनके निवास बी–17 पहुँचा। उनकी पत्नी दरवाजे पर ही खड़ी थीं। उन्होंने बताया कि ''साहब अभी थोड़ी देर पहले ही निकल गए हैं।''

संभागीय आयुक्त श्री रणजीत सिंह के बँगले के बगल में ही मुख्य सचिव का बँगला था। वहाँ से लौटते समय मैंने देखा कि मुख्य सचिव के बँगले में भी लाइट जल रही थी। अत: मैंने उनके बँगले के सामने कार रोकी और उतरकर अंदर जाना चाहा, कि मुख्य सचिव को भी वस्तुस्थिति से अवगत करा दूँ; किंतु जैसे ही कार से उतरकर आगे बढ़ा, निवास की लाइट बंद हो गई। अत: मैंने उनके बँगले के अहाते में प्रवेश नहीं किया, वापस लौटकर आगे बढ़ गया।

पुराने भोपाल के बाहरी हिस्से में मैंने काफी चहल–पहल देखी; किंतु चार इमली, शिवाजी नगर इत्यादि में यह चहल–पहल कम थी। वास्तव में इन क्षेत्रों के लोग शांति से सो रहे थे। सड़कों पर पुराने भोपाल के लोगों की चहल–पहल थी जो अपने–अपने घरों से भाग आए थे। इन दौरों में पुलिसकर्मी व पुलिस वाहन मुझे कहीं भी दिखाई नहीं दिए। जहाँगीराबाद से कंट्रोल रूम जाते समय वायरलेस पर मैंने सुना कि जयप्रकाश अस्पताल में बहुत अधिक भीड़ हो गई है। अत: मैं तत्काल वापस लौटकर जयप्रकाश अस्पताल पहुँचा। वास्तव में वहाँ काफी भीड़ थी। यह भीड़ पुराने भोपाल के गैस–पीड़ितों की थी। मैंने अहाते में ही कार खड़ी कर दी और वहाँ उपस्थित लोगों से बातचीत करने लगा। सर्दी का मौसम होने एवं जल्दबाजी में तैयार होने के कारण मैंने कोट तो पहन लिया था, किंतु पर्याप्त ऊनी कपड़े नहीं पहन पाया था। कश्मीरी टोपी जरूर पहन ली थी। मेरी कार पर लाल बत्ती थी, अत: भीड़ में से एक व्यक्ति ने आकर मुझसे पूछा कि आप कोई मिनिस्टर हैं ? तब मैंने सिर से फरवाली वह कश्मीरी टोपी हटाते हुए कहा कि मिनिस्टर नहीं, कलेक्टर हूँ। इतने में डॉ. सक्सेना ने आकर जानकारी दी कि गैस अधिक सूँघ लेने के कारण तीन लोगों की मृत्यु हो गई है। यह पहला अवसर था, जब इस दुर्घटना से हुई मृत्यु की सूचना मुझे मिली थी। उस सूचना से मुझे बहुत दु:ख हुआ। इसी के थोड़ी देर बाद किसी व्यक्ति ने आकर बताया कि दो बच्चों की भी मृत्यु हो गई है। इस प्रकार मरनेवालों की संख्या पाँच तक पहुँच गई। अब यह स्पष्ट हो गया था कि यूनियन कार्बाइड से जो गैस निकली थी, वह जहरीली थी। तब पुराने भोपाल की स्थिति के बारे में भाँति–भाँति की आशंकाएँ मस्तिष्क में उठने लगीं। डॉ. सक्सेना एवं कुछ मेडिकल स्टाफ सहित एक एंबुलेंस लेकर मैं वहाँ से तत्काल कंट्रोल रूम आया।

वहाँ पर मैंने जे.पी. अस्पताल में हुई मौतों के बारे में बताया और पुलिस अधीक्षक की ओर मुखातिब होते हुए कहा कि मैं एक एंबुलेंस ले लाया हूँ। उसके

साथ हमें यूनियन कार्बाइड कारखाने के पासवाले क्षेत्र में चलना चाहिए। पुलिस अधीक्षक ने तपाक से कहा, ''हम कुछ कर तो पाएँगे नहीं। जाकर क्या करेंगे?'' उनकी इस बेरुखी से मैं अचंभित हुआ, किंतु उन्हें इस कार्य के लिए राजी न पाया। संक्षिप्त चर्चा में लिये गए निर्णयानुसार इस एंबुलेंस के सहित ए.डी.एम. प्रजापति एवं अतिरिक्त पुलिस अधीक्षक तिवारी को यूनियन कार्बाइडवाले क्षेत्र में बचाव तथा राहत-कार्य करने के लिए भेजा। आवश्यक अमले सहित जो एंबुलेंस मैं जयप्रकाश अस्पताल से लाया था, उसका पूरा उपयोग करने के साथ-साथ इस टीम ने उपलब्ध शासकीय वाहनों से भी गंभीर अवस्था वाले गैस-पीड़ितों को अस्पताल पहुँचाया। वाहनों की कमी के कारण इस टीम ने निजी वाहनों से भी गैस-पीड़ितों को अस्पताल पहुँचाया। निश्चय ही इन अधिकारियों ने उत्कृष्ट कार्य किया।

अब कंट्रोल रूम में लोगों का आना-जाना काफी बढ़ता जा रहा था। जगह-जगह से टेलीफोन पर संदेश आने भी प्रारंभ हो गए थे। इसलिए अब कंट्रोल रूम में रहकर समन्वय का कार्य काफी महत्त्वपूर्ण होता जा रहा था। अतः हम उसी कार्य में जुट गए। कुछ देर बाद संभागीय आयुक्त भी वहाँ पर आ गए। कंट्रोल रूम में जो सूचनाएँ प्राप्त हो रही थीं और जो दृश्य उभर रहे थे तथा शहर का राउंड लगाकर मैंने जो स्थिति देखी थी, उससे स्पष्ट हो गया था कि स्थिति काफी खराब थी और साधन बहुत सीमित थे। अधिकारियों/कर्मचारियों और वाहनों को जुटाना अपने आप में

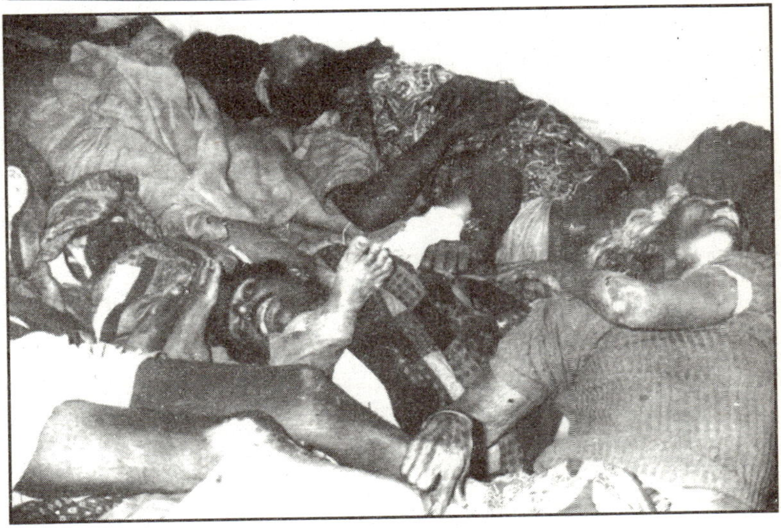

हत्यारी गैस ने किसी को न छोड़ा

एक समस्या थी, क्योंकि व्यापक पैमाने पर लोगों के दुष्प्रभावित होने के कारण या तो लोग गंभीर रूप से बीमार पड़ गए थे अथवा अपने-अपने घरों से भाग गए थे। वाहनों का मिलना तो बहुत ही कठिन हो गया था। मेडिकल कॉलेज अत्यधिक गैस-प्रभावित क्षेत्र में था। वहाँ के अस्पताल का स्टाफ भी भाग गया था। वे रात्रि तीन बजे के बाद ही वहाँ लौटे।

उपर्युक्त घटनाक्रम से मैंने संभागीय आयुक्त को अवगत कराया और निवेदन किया कि उनके संभाग के अन्य जिलों से हमें सहायता उपलब्ध कराई जाए। मैंने, डिप्टी कलेक्टर, नायब तहसीलदार, डॉक्टर, नर्सिंग स्टाफ, एंबुलेंस इत्यादि की माँग की। संभागीय आयुक्त ने कृपापूर्वक बड़ी तत्परता से अपने संभाग के कलेक्टरों को टेलीफोन किया। यही कारण था कि 3 दिसंबर को प्रात: नौ-दस बजे ही अन्य जिलों से सहायता मिलनी प्रारंभ हो गई।

भोपाल के मेडिकल कॉलेज एवं अन्य सभी अस्पतालों में गैस-पीड़ित मरीजों की भीड़ उमड़ रही थी। अस्पताल के अंदर क्या, बाहर भी लोगों के लिए खड़े होने या बैठने की जगह नहीं मिल पा रही थी। सर्दी का मौसम होने के कारण खुले आसमान के नीचे मरीजों को रखना या बैठाना भी संभव नहीं था। विचार किया गया कि टेंट हाउसों से दरी, शामियाने आदि मँगवा लिये जाएँ, ताकि लोग वहाँ शरण ले सकें। किंतु उस समय टेंट हाउस वगैरह सब बंद थे। उनके मालिकों को तलाशना भी कठिन था। जब नगर का जन-जीवन इस प्रकार अस्त-व्यस्त हो जाए तो किसी को भी तलाश करना कठिन हो जाता है। अंत में शासकीय कार्यालयों से ही कुछ दरियाँ इकट्ठा कर अस्पताल में खुले स्थानों पर बिछाया गया, ताकि उनपर लोग बैठ सकें।

हमने रात्रि के लगभग दो बजे से ही अपने अधिकारियों व कर्मचारियों को एकत्रित करना शुरू कर दिया था। वे धीरे-धीरे आते जा रहे थे और उनकी ड्यूटी भिन्न-भिन्न स्थानों पर लगाई जा रही थी। इस प्रकार सुबह होते-होते हमारे अधिकारी सभी प्रमुख स्थानों पर समन्वय के कार्य में जुट गए थे।

घटना से संबद्ध जो जानकारी मिल रही थी, उससे प्रात: लगभग साढ़े छह बजे कंट्रोल रूम में हम लोगों ने अनुमान लगाया था कि मृतकों की संख्या लगभग 50 तक पहुँच सकती है। यह सोचकर हम लोग मान रहे थे कि बहुत बड़ा हादसा हो गया। स्पष्ट है कि साढ़े छह बजे तक भी घटना का असली स्वरूप सामने नहीं आ सका था। जैसे-जैसे सूर्य का प्रकाश फैला, हमारे बचाव दलों के सदस्य मकानों, झुग्गियों में अंदर घुसे, तब भयावह दृश्य सामने आया। गंभीर रूप से

प्रभावित क्षेत्र में स्थित कच्चे मकान एवं झुग्गियों में जहाँ-जहाँ बचाव दल जाते थे वहाँ-वहाँ या तो लाशें मिलती थीं या गंभीर रूप से बीमार लोग मिल रहे थे, अन्य लोग तो भाग गए थे। गंभीर रूप से घायल लोगों ने भागते समय रास्ते में ही दम तोड़ दिया था।

हमारे दलों ने कर्तव्यनिष्ठा एवं परिश्रम की उच्च कोटि की मिसाल प्रस्तुत की और पर्याप्त शासकीय वाहनों के अभाव में अन्य प्राइवेट वाहनों को लेकर सूझ-बूझ से घायलों को अस्पताल पहुँचाया। लाशें पोस्टमार्टम के लिए नगर निगम के वाहनों एवं अन्य वाहनों में मेडिकल कॉलेज भेजी गईं। सभी ओर दहशत का माहौल था। सभी ओर से सहायता के लिए माँग बराबर आ रही थी। टेलीफोन, वायरलेस एवं अन्य प्रकार से प्राप्त हो रहे संदेशों का अंबार लगता जा रहा था।

जब मैं मेडिकल कॉलेज गया तो इतनी बड़ी भीड़ से गुजरना पड़ा कि चलना भी मुश्किल लगता था और समन्वय कार्य में लगे डिप्टी कलेक्टर को तलाशना भी दुष्कर कार्य था। डॉक्टर-नर्स बड़ी संख्या में चिकित्सा तथा सेवा कार्य में लग गए थे। खुले स्थानों में भी डॉक्टर लोग खड़े रहकर मेज पर दवाइयाँ रखकर मरीजों की आँखों में दवा डाल रहे थे तथा खाने को गोलियाँ दे रहे थे। स्पष्ट है तकलीफ के लक्षणों के आधार पर ही उपचार चल रहा था।

राजभवन व मुख्यमंत्री निवास से निज सहायकों के फोन कंट्रोल रूम आए थे तथा पुलिस अधीक्षक ने उनसे बात की थी। कुछ राजनेताओं व पत्रकारों के फोन आने पर भी उन्होंने बात की थी। पुलिस महानिदेशक को उनके इंदौर कैंप में भी शायद सूचना दी थी। मुझे ऐसा लगा कि इन टेलीफोंस को अटैंड करके और यह एहसास दिलाकर कि वे कंट्रोल रूम में थे, पुलिस अधीक्षक संतुष्ट थे व इसी को प्राथमिकता दे रहे थे। मौका देखने तथा बचाव-राहत कार्य में वे अपने को झोंक नहीं पाए। अतः उनके बिना ही मुझे राउंड में जाना पड़ता था। जब मैं सुबह काफी देर से कंट्रोल रूम से रेलवे स्टेशन की तरफ जा रहा था, तब पहली बार पुलिस अधीक्षक भी वहाँ चलने को तैयार हुए। मेरी जानकारी व विश्वास के अनुसार यह पहला मौका था जब पुलिस अधीक्षक कंट्रोल रूम की सुरक्षित पक्की दीवारों के बाहर गैस-पीड़ित किसी क्षेत्र के लिए (अपने निवास के अलावा) निकले हम लोग साथ-साथ रेलवे स्टेशन गए।

रेलवे स्टेशन का दृश्य भी भयावह था। वहाँ की चहल-पहल नदारद थी, सभी ओर मायूसी व खामोशी का आलम था। रेलवे प्लेटफॉर्म पर रात्रि में लोगों ने उलटी-दस्त इत्यादि किया था। अतः वहाँ गंदगी व बदबू का साम्राज्य था, इससे

शवों का इंतजाम करते स्वयंसेवक

बचकर चलना भी कठिन लग रहा था। नाक पर रूमाल रखकर वहाँ हम चलते थे। हमारे सामने दस-बारह लाशें रेलवे स्टेशन के अंदर से लाकर बाहर खड़े नगर निगम के एक ट्रक में रखी जा रही थीं। हमारे वहाँ पहुँचने से पहले ही शायद दो-तीन ट्रक लाशें उठाई जा चुकी थीं। रेलवे स्टशेन के भवन के बाहर और जी.आंर.पी. थाने के बीच में उस समय जो खुला मैदान था, वहाँ पर कपड़े ओढ़कर जो मुसाफिर या भिखारी शाम को सोए थे, वे उसी रूप में सदा के लिए सो गए थे। उनके कपड़े हटाकर जब देखा जा रहा था तब केवल लाशें ही मिल रही थीं। उन लाशों को तब तक वहाँ से नहीं हटाया जा सका था, क्योंकि प्लेटफॉर्म पर पड़ी लाशें पहले उठाई जा रही थीं। स्थिति का जायजा लेने और आवश्यक निर्देश देने के बाद हम लोग आगे बढ़ गए।

3 दिसंबर को पूर्वाह्न दस बजे के आस-पास सूचना प्राप्त होने पर हम लोग मुख्यमंत्रीजी के निवास पर पहुँचे। वहाँ पर एक संक्षिप्त बैठक हुई, जिसमें स्थिति का जायजा लिया गया।

जब हम लोग श्यामला हिल्स स्थित मुख्यमंत्री निवास से कंट्रोल रूम की ओर वापस जा रहे थे तो वायरलेस पर पता चला कि शहर में अफवाह फैल गई है कि यूनियन कार्बाइड से पुनः गैस निकली है और लोगों में भगदड़ मच गई है।

लगभग रात की तरह ही लोगों ने पुनः यूनियन कार्बाइड फैक्टरी से विपरीत दिशा में विभिन्न साधनों—स्कूटर, मोटर साइकिल, जीप, ट्रक, कार इत्यादि—लेकर भागना शुरू कर दिया था। पुलिस अधीक्षक ने तत्काल वायरलेस पर निर्देश दिया—लोगों से अपील की जाए कि अफवाह पर ध्यान न दें और घरों से भागें नहीं। मुझे यह ठीक नहीं लगा। मैंने कहा कि पहले इसका सत्यापन किया जाए, तत्पश्चात् घोषणा कराई जाए। तदनुसार वायरलेस पर निर्देश देकर यूनियन कार्बाइड फैक्टरी से सत्यापन कराया गया, पता चला कि यह कोरी अफवाह थी। लोगों को तदनुसार सूचित करने के प्रयास किए जाने लगे कि यह अफवाह थी, किंतु लोगों पर इसका कोई भी असर नहीं पड़ रहा था। पॉलीटेक्निक और कमला पार्क के बीच पेट्रोल पंप के पास हम लोगों ने अपनी कार सड़क किनारे रोकी और बाहर निकलकर विभिन्न वाहनों में एवं पैदल न्यू मार्केट की ओर भाग रहे लोगों को यह बताने का प्रयास किया कि गैस रिसनेवाली बात मात्र अफवाह है और शहर से भागने की कोई जरूरत नहीं है; किंतु कोई भी इन बातों को सुनने के लिए तैयार नहीं था। लोग घबराहट में इतनी हड़बड़ी में भाग रहे थे कि उनसे बात कर पाना भी कठिन था। स्थिति यह थी कि सड़क के किनारे खड़े हम लोग भी तब दुर्घटनाग्रस्त हो सकते थे। ऐसी स्थिति में वहाँ खड़े होना भी खतरे से खाली नहीं था। बड़ी मुश्किल से कुछ स्कूटरवालों ने, जो हमारे पास से गुजर रहे थे, हमारी बात सुनी और तपाक से कहा कि गैस निकली हो या न निकली हो, अभी तो वे रुकेंगे नहीं, क्योंकि यदि हम लोगों की बात सही है और गैस नहीं निकली है, तब तो कोई बात नहीं। यदि हमारी बात सही नहीं हुई और गैस निकली होगी तो वह उस खतरे को मोल लेने के लिए कदापि तैयार नहीं हैं।

यह भगदड़ पूरे शहर में थी और रात की भगदड़ की तरह ही थी। अंतर केवल यह था कि रात में भागनेवाले लोगों में काफी लोग गैस से प्रभावित हो चुके थे, किंतु दिनवाली इस भगदड़ में वैसे लोग नहीं थे, क्योंकि या तो उनकी मृत्यु हो गई थी या वे गंभीर रूप से घायल हो गए थे। बहुत से लोग तो पहले ही भोपाल छोड़ चुके थे। अब दिन में जो लोग भाग रहे थे, वे वैसे लोग थे जिन्होंने यह सब हादसा देखा था, मौतें देखी थीं और जिन्हें पता था कि गैस कितनी जानलेवा थी। जहाँ जिंदगी और मौत का प्रश्न हो वहाँ लोग जोखिम नहीं उठाते। अतः उस भगदड़ को रोकने में हम लोग असमर्थ रहे।

एक वरिष्ठ पुलिस अधिकारी ने हमें बताया कि रात्रि में यूनियन कार्बाइड फैक्टरी से जहरीली गैस निकलने पर जब लोग बेतहाशा शहर से भाग रहे थे तब एक शीर्षस्थ अधिकारी, जो यूनियन कार्बाइडवाले पुराने भोपाल के क्षेत्र से बहुत दूर

नए भोपाल के वरिष्ठ अधिकारियों की चार इमली कॉलोनी में रह रहे थे, ने बिना जाँच-पड़ताल कराए ही निर्देश दे दिया था कि पुलिस द्वारा लाउडस्पीकर से प्रचार कराया जाए कि गैस का असर समाप्त हो गया है और लोग अपने-अपने घरों को वापस लौट जाएँ। स्पष्ट है कि उनका यह निर्णय बहुत गलत था। यह बात दूसरी है कि गैस निकलने के बाद पुलिस व्यवस्था भी लड़खड़ा जाने के कारण इन गलत निर्देशों का या तो पालन ही नहीं हो पाया या फिर लोगों ने उसे माना नहीं, अन्यथा इसके खतरनाक परिणाम हो सकते थे। मेरा मानना है कि काफी बाद में औपचारिकता निभाने के लिए ऐसी आम सूचना कुछ क्षेत्रों में दी गई थी। जैसा बाद में मालूम हुआ, गैस के हलके पड़ जाने से यद्यपि गैस-पीड़ित क्षेत्र में चलने-फिरने में दिक्कत नहीं रह गई थी, तथापि उसका प्रभाव काफी समय बाद तक कायम था और वह गंभीर रूप से हानिकारक था। इसलिए दिन में भगदड़ के समय मैंने यह जरूरी समझा था कि ऐसी घोषणा कराने के पहले उसकी पुष्टि जरूर की जाए।

प्रचार का अच्छा असर रहा और लोगों ने उसपर ध्यान दिया। दिन का समय होने के कारण यह भी संभावना थी कि लोगों ने अपने स्रोतों से भी तथ्यों की पुष्टि की होगी। इसी कारण भगदड़ के बाद लोगों को घर लौटने में ज्यादा विलंब नहीं हुआ। वास्तव में रात में जो लोग भागे थे, उन्होंने पीछे मुड़कर देखा ही नहीं था। ऐसे बहुत से प्रभावित लोगों की मृत्यु भोपाल से काफी दूर इटारसी, इंदौर, झाँसी, दिल्ली आदि में भी हुई। जीवित बचे लोग भी इतनी अधिक दहशत में थे कि बाहर के स्थानों से भोपाल लौटने में उन्होंने कोई जल्दी नहीं की।

एकाएक उत्पन्न हुई स्थिति से निपटने के लिए हमने अपने अधिकारियों एवं कर्मचारियों को तत्काल बुलाने की जो प्रक्रिया रात में ही प्रारंभ कर दी थी, वह जारी रही। फलस्वरूप सवेरा होते-होते हमारे अनेक अधिकारी एवं कर्मचारी ड्यूटी पर आ गए थे।

संभागीय आयुक्त के निर्देशानुसार भोपाल संभाग के अन्य जिलों की टीमें भी प्रातः नौ-दस बजे से आने लगी थीं और कंट्रोल रूम में हमारे जो अधिकारी थे, वे इन सबकी ड्यूटी लगा रहे थे कि किसको कहाँ जाना है और क्या काम करना है। मुझे यह कहते हुए गर्व एवं प्रसन्नता हो रही है कि इन अधिकारियों ने कर्तव्य-पालन में न तो कहीं चूक की और न ही चौबीस-चौबीस घंटे ड्यूटी देने में कोई आनाकानी। एक डिप्टी कलेक्टर ऐसे भी थे, जो बारह से पंद्रह घंटे तक ड्यूटी देने के बाद भी स्वेच्छा से अतिरिक्त ड्यूटी दिया करते थे। वास्तव में एक अनूठा माहौल बन गया था, जिसमें ये अधिकारी और कर्मचारी सेवा-भाव से, लगन एवं

निष्ठा के साथ आराम एवं भोजन को भूलकर कार्य पर लग जाते थे।

भोपाल के सभी अस्पताल गैस-पीड़ितों से खचाखच भरे हुए थे। उनके अलावा भी कुछ प्रभावित मोहल्लों में उपचार के लिए शामियाने और टेंट लगाए गए थे। प्रत्येक ऐसे अस्थायी अस्पताल में डॉक्टर व नर्स चिकित्सा-कार्य में दिन-रात लगे हुए थे। इस प्रकार कुल अठारह स्थायी अस्पताल और शामियानों में संचालित चौदह अस्थायी चिकित्सालय, कुल बत्तीस स्थानों पर उपचार का कार्य दिन-रात चल रहा था। 3 दिसंबर, 1984 की शाम को मुख्यमंत्रीजी ने हमीदिया अस्पताल की स्थिति का जायजा लिया था।

प्रभावित क्षेत्र में किसी के घर में चूल्हा नहीं जला था। अधिकतर घरों में तो चूल्हा जलानेवाले थे ही नहीं। जो लोग थे, वे दहशत में थे और बहुत से लोग मौत से जूझ रहे थे। इस प्रकार लाखों की संख्या में लोगों को भोजन, फल, दूध, चाय, दवाइयाँ आदि उपलब्ध कराना अपने आप में एक विकट समस्या थी; किंतु आम लोग इस समस्या को युद्ध स्तर पर हल कर रहे थे। समाज-सेवी संस्थाएँ एवं स्वयंसेवक ढेर सारा भोजन, फल, दूध, चाय आदि लाकर लोगों में बाँटने के लिए तत्परता के साथ लगे हुए थे। बड़े अस्पतालों के परिसरों में तो स्वयंसेवी संस्थाओं ने बड़ी-बड़ी रसोइयाँ खोल दीं। सैकड़ों समाज-सेवी लोग, मुख्यतः महिलाएँ, कार्य पर लग गईं और सबकुछ मुफ्त में सभी को मिल रहा था। यह बात अवश्य थी कि ये लोग मुख्यतः बड़े अस्पतालों में और कुछ खास-खास प्रभावित क्षेत्रों में ही जा रहे थे, जबकि इनकी आवश्यकता बत्तीस स्थानों पर संचालित चिकित्सालयों के साथ-साथ गंभीर रूप से प्रभावित विभिन्न मोहल्लों में भी थी। अधिकतर सहायता दल हमीदिया मेडिकल कॉलेज, जयप्रकाश अस्पताल एवं काटजू अस्पताल में ही पहुँच रहे थे। जरूरत इस बात की थी कि जहाँ-जहाँ लोगों को दूध, चाय, फल व भोजन की आवश्यकता थी वहाँ-वहाँ इन स्वयंसेवी संस्थाओं के लोग जाते और सहायता करते। इसलिए मैंने सुबह से ही फूड कंट्रोलर फारूकी के नेतृत्व में उनके मातहत सभी अधिकारियों एवं लगभग 20 खाद्य निरीक्षकों को लगा दिया था। प्रत्येक फूड इंस्पेक्टर को उसका दायित्व बता दिया गया था। उसका दायित्व था कि स्थिति का जायजा लेने के बाद वे इन प्रमुख केंद्रों पर जाकर समाज-सेवी संस्थाओं एवं लोगों को बताएँ कि कहाँ-कहाँ पर किस-किसको सहायता की जरूरत है और वहाँ सहायता की पहुँच सुनिश्चित करने के लिए सामान सहित उन्हें सही स्थान पर ले जाएँ। वास्तव में टेलीफोन, वायरलेस और अन्य प्रकार से भी कंट्रोल रूम में हमें जानकारी मिलती थी कि कहाँ-कहाँ किस-किस चीज की जरूरत है। उदाहरण के

लिए, रेलवे स्टेशन इलाके से बहुत अधिक माँग आ रही थी—तब विशेष प्रयास करके वहाँ सहायता भिजवाई गई थी। यह दौर तब तक चला जब तक आस्था अभियान के संदर्भ में डर के कारण भोपाल खाली नहीं हो गया। अस्पतालों में जो मरीज पहले से ही भरती थे और जहाँ सामान्य समय में दूध, फल, चाय, भोजन आदि की व्यवस्था अस्पतालों द्वारा ही की जाती है, उनको भी इन समाज-सेवी संस्थाओं एवं लोगों ने ये सब पेय एवं खाद्य पदार्थ उपलब्ध कराए। ड्यूटी पर तैनात पुलिस कर्मचारियों के लिए भी कहीं-कहीं आवश्यकता पड़ने पर इन लोगों से व्यवस्था कराई गई।

3 व 4 दिसंबर को बचाव एवं राहत-कार्य प्राथमिकता से किए गए। गंभीर रूप से प्रभावित लोगों को इलाज के लिए अस्पताल पहुँचाना, मृतकों की लाशों को पोस्टमार्टम के लिए हमीदिया अस्पताल ले जाना और प्रभावित लोगों के लिए दूध, चाय, फल, भोजन इत्यादि की व्यवस्था करना मुख्य कार्य थे।

मृतकों की लाशें मेडिकल कॉलेज कैंपस में खुले स्थानों पर पहचान के लिए रखी जाती थीं। पहचान करने के लिए लोगों की भीड़ वहाँ रहती थी। तत्पश्चात् पोस्टमार्टम के बाद लाशें श्मशानघाट, कब्रिस्तान ले जाई जाती थीं, जहाँ उनका अंतिम संस्कार होता था। इतनी अधिक संख्या में लोगों की मृत्यु हो जाने से लाशों के अंतिम संस्कार का कार्य भी अपने आप में एक समस्या थी। मुझे याद है कि श्मशानघाट में लकड़ी कम पड़ गई थी। तब वन विभाग की सहायता से लकड़ी उपलब्ध कराई गई। काफी लकड़ी गीली थी, तब श्मशानघाटों की माँग पर हमने वन विभाग को सूखी लकड़ी उपलब्ध कराने को कहा। उन्होंने युद्ध स्तर पर बाहर से ट्रकों में सूखी लकड़ी मँगाकर व्यवस्था की। यद्यपि प्रभावित क्षेत्रों में इक्का-दुक्का लाशें दस-बारह दिनों तक यहाँ-वहाँ, मकानों-झुग्गियों में मिलती रही थीं, तथापि नजर में आईं अधिकतर लाशों को एकत्रित कर मेडिकल कॉलेज पहुँचाने का कार्य प्रथम दो दिनों में लगभग पूरा हो गया था।

4 दिसंबर को पूर्वाह्न लगभग दस बजे वल्लभ भवन में मुख्य सचिव की अध्यक्षता में एक बैठक हुई। उसमें शासन की ओर से बताया गया कि मृतकों के परिजनों को अनुग्रह-राशि दस हजार रुपए की दर से, गंभीर रूप से घायल हर व्यक्ति को दो हजार रुपए तथा सामान्य रूप से घायल व्यक्तियों को एक-एक हजार रुपए तक की वित्तीय सहायता तत्काल उपलब्ध कराई जाएगी। हालाँकि राहत पहुँचानेवाला यह महत्त्वपूर्ण कदम था, किंतु उस चर्चा से ऐसा लगा कि मुख्य सचिव इसी सहायता मात्र को बड़ी महत्त्वपूर्ण सहायता एवं राहत मान रहे

थे। मेरा सोचना था कि गंभीर रूप से प्रभावित लोगों के लिए उपयुक्त चिकित्सा-व्यवस्था, पौष्टिक आहार, दूध, चाय, फल, दवाई आदि वितरित करना ज्यादा जरूरी था। अत: कुछ-कुछ नकद वित्तीय सहायता देना पर्याप्त था, बाकी भुगतान व्यवस्थित ढंग से, बैंकों को भी संबद्ध करके, यथासंभव शीघ्र बाद में किया जा सकता था; किंतु इसे सुना ही नहीं गया। राशि-वितरण के लिए विशेष सचिवों को लगाने का निर्णय लिया गया और कहा गया कि ये अधिकारी मौके पर जाकर स्थिति का जायजा लेकर नकद राशि का वितरण करेंगे। मीटिंग ज्यादा समय नहीं चली, जल्दी ही निपट गई। तत्पश्चात् हम लोग पुन: वापस आकर बचाव एवं राहत-कार्य में लग गए।

दोपहर लगभग एक बजे मुझे वल्लभ भवन बुलाकर सूचित किया गया कि पैंतालीस मिनट बाद प्रधानमंत्री श्री राजीव गांधी, जो बंगलौर से दिल्ली जा रहे थे, भोपाल में बैरागढ़ हवाई अड्डे पर उतरेंगे और यहाँ की स्थिति का जायजा लेंगे। आवश्यक व्यवस्था करने के लिए मैंने तत्काल पुलिस अधीक्षक से संपर्क करने का प्रयास किया। उसी क्रम में मैं तत्काल कंट्रोल रूम लौट आया, जहाँ पता चला कि पुलिस अधीक्षक पुलिस मुख्यालय में इसी संबंध में व्यवस्था बाबत चर्चा कर रहे थे।

प्रधानमंत्रीजी प्रमुख अस्पतालों के अलावा प्रभावित क्षेत्रों में भी स्थिति का जायजा लेने के लिए जाना चाहते थे, किंतु इतने कम समय में उनकी सुरक्षा की उपयुक्त व्यवस्था करना संभव नहीं था। इसलिए तय हुआ कि उन्हें केवल हमीदिया अस्पताल और जे.पी. अस्पताल ले जाया जाए तथा यूनियन कार्बाइड के पासवाले प्रभावित क्षेत्र में उन्हें न ले जाया जाए।

यद्यपि प्रधानमंत्रीजी के आगमन की बात हम लोगों ने गुप्त रखी थी, तथापि हवाई अड्डे से शहर आते समय सभी महत्त्वपूर्ण चौराहों पर भीड़ देखी गई। स्पष्ट था कि लोगों को प्रधानमंत्री के आगमन की भनक लग गई थी और वे उन्हें देखने के लिए चौराहों पर जमा हो गए थे। रास्ते में पुलिस व्यवस्था न देखकर मुझे बड़ी हैरानी हुई।

प्रधानमंत्रीजी ने सर्वप्रथम हमीदिया अस्पताल में अलग-अलग वार्डों में जाकर मरीजों को और उनके इलाज की व्यवस्था को देखा। वहाँ पर भीड़ अधिक थी और पुलिस कम, इसलिए भीड़ को नियंत्रित करना बहुत कठिन कार्य था। मैं स्वयं भी भीड़ को नियंत्रित करने में लगा हुआ था। प्रधानमंत्री के जो दो अंगरक्षक थे वे बड़ी मुस्तैदी से प्रधानमंत्रीजी के पास भीड़ को आने से काफी हद तक रोक पा

रहे थे। बहुत से मंत्री प्रधानमंत्रीजी के साथ चलने की होड़ में लगे हुए थे। प्रधानमंत्रीजी बाल-चिकित्सालय भी गए। वहाँ भी वार्ड और बरामदे मरीजों से खचाखच भरे हुए थे। इसके बाद प्रधानमंत्रीजी तुलसीनगर स्थित जयप्रकाश अस्पताल भी गए। वहाँ से वे सीधे हवाई अड्डे लौट गए।

जिस समय प्रधानमंत्रीजी हमीदिया अस्पताल में स्थिति का जायजा ले रहे थे, उस समय सैकड़ों लाशें उस अस्पताल के कैंपस में खुले में सफेद कपड़ों में लिपटी पड़ी थीं। लोग उन्हें पहचानने में लगे हुए थे। चारों ओर हृदय-विदारक दृश्य था। लोगों के चेहरों पर मायूसी थी; किंतु आश्चर्य यह कि कोई व्यक्ति रोता हुआ नहीं दिखा। शायद सभी लोग दहशत में थे।

अपनी कारुणिक कथा स्वयं कहता शवों का यह अंबार

इस जहरीली एम.आई.सी. गैस से पशु-पक्षियों का भी व्यापक पैमाने पर संहार हुआ था। प्रभावित इलाकों में मरे हुए पशुओं के शव जहाँ-तहाँ, सभी जगह बिखरे पड़े हुए थे। 3 दिसंबर की शाम को ही विभिन्न सेक्टरों में पदस्थ अपने अधिकारियों तथा इस कार्य के लिए नियुक्त प्रभारी अधिकारी को मैंने निर्देश दिया था कि प्रभावित लोगों को अस्पताल पहुँचाने और मृतकों की लाशें हमीदिया मेडिकल कॉलेज पहुँचाने के बाद मरे हुए पशुओं को हटाने की कारवाई तत्परता से की जाए। घायल व्यक्तियों को अस्पताल पहुँचाने, मृतकों के शवों को हटाने एवं

मानो प्रलय आ गई : मरे हुए पशु

उनका दाह-संस्कार का कार्य ही इतना अधिक था कि लगभग पूरा अमला इसमें लगा हुआ था। अतः मरे हुए पशुओं की ओर ध्यान देने का समय ही लोगों के पास नहीं था।

गंभीर रूप से बीमार लोगों को 4 दिसंबर को अपराह्न तक अस्पताल पहुँचाया जा चुका था और अधिकतर लाशें भी पूरे इलाके से एकत्रित कर हमीदिया मेडिकल कॉलेज पहुँचाई जा चुकी थीं। अतः मरे हुए मवेशियों को हटवाने के लिए डिप्टी

मरी हुई बकरियाँ : ये भी न बच पाईं

कलेक्टर प्रदीप खरे को मैंने सर्वप्रथम यूनियन कार्बाइड फैक्टरी के सामनेवाले क्षेत्र जे.पी. नगर में भेजा। भोपाल से प्रधानमंत्रीजी के चले जाने के बाद 4 दिसंबर को अपराह्न में मैंने प्रभावित क्षेत्रों का पुनः दौरा कर स्थिति का जायजा लिया और तब इस निष्कर्ष पर पहुँचा कि मरे हुए पशुओं को हटाने का कार्य प्राथमिकता से किया जाना चाहिए; क्योंकि सभी जगह उनके बिखरे होने से भयावह दृश्य तो उपस्थित था ही, उन क्षेत्रों में बदबू भी काफी बढ़ गई थी। मरे हुए पशुओं में भैंसों की संख्या बहुत ज्यादा थी। जहाँ-तहाँ बड़ी-बड़ी भैंसें मरी पड़ी थीं। उनका शरीर फूल गया था।

इसी दौरे के समय अन्य प्रकार के राहत एवं बचाव-कार्य में लगे अपने अधिकारियों, कर्मचारियों व आम लोगों से चर्चा करके मैंने महसूस किया कि समस्या के निराकरण के लिए जितने साधनों की जरूरत थी उतने हमारे पास नहीं थे, इसीलिए मृत पड़े बड़े पशुओं को हटाने का कार्य तत्परता के साथ करना संभव नहीं था। निचले तबके के लोगों के व्यापक पैमाने पर गैस-पीड़ित होने, विशेष रूप से पुराने भोपाल के लोगों के पीड़ित होने, के कारण नगर निगम के सफाई कर्मचारियों की उपलब्धता की भी सीमा थी। आवश्यकता के अनुरूप लोग नहीं मिल रहे थे। आवश्यकता इस बात की थी कि विभिन्न स्थानीय एजेंसियों के अलावा भोपाल से बाहर के भी उपलब्ध साधनों को तत्परता के साथ लगाकर सफाई का कार्य पूरा

अन्य जानवरों की तरह भैंसें भी जहाँ थीं वहीं पर गईं तथा फूलकर और भी भारी हो गईं

किया जाए, अन्यथा महामारी फैलने की आशंका को नकारा नहीं जा सकता था। और फिर, जिस बड़े पैमाने पर यह हादसा हुआ था, उससे निपटने के लिए आवश्यक साधन अविलंब उपलब्ध कराने के लिए वरिष्ठ अधिकारियों के जुड़ने की भी जरूरत थी।

ऐसे आपत्काल में यह जरूरी होता है कि जो शीर्षस्थ व्यक्ति प्रभावकारी सहायता कर सके, उसी से तत्काल सीधे संपर्क किया जाए और प्रभावी काररवाई की जाए। सामान्य पत्र-व्यवहार या संपर्क के लिए उचित माध्यम का जो चैनल होता है, वह ऐसे आपत्काल में उचित नहीं होता।

उपर्युक्त स्थिति का जायजा लेने के बाद मैंने तय किया कि मुख्य सचिव से सीधे मिलकर उन्हें समस्याओं से अवगत कराया जाए और सफाई का कार्य युद्ध-स्तर पर कराने के लिए उनकी सहायता माँगी जाए। तदनुसार मुख्य सचिव के पास जाकर मैंने उन्हें समस्याओं से अवगत कराया और सहायता की माँग की।

किंतु मुझे तब आश्चर्य हुआ जब उन्होंने समस्याओं को पूरा समझे बिना ही अपने पुराने लहजे में कहा कि 'मजदूर लगा लो और काम करा लो।' मैंने विनम्रतापूर्वक यह तर्क देना चाहा कि काम इतना सरल नहीं है और न ही सामान्य मजदूर इस काम को ठीक ढंग से कर पाएँगे और फिर, इतने मजदूरों का मिलना भी तब संभव नहीं था। अपनी इन बातों को कहने का साहस बटोरते हुए मैंने आगे बात रखनी चाही, तब उन्होंने कुछ नाराजगी भरे लहजे में कहा, 'मैं भी कलेक्टर रह चुका हूँ।' यह उत्तर पाने के बाद मुझे आगे बात कहने की हिम्मत नहीं हुई और मैं निराश होकर सचिवालय से वापस चला आया। मेरे सामने अनेक समस्याएँ थीं। राज्य के सबसे वरिष्ठ अधिकारी से मिलने और ऐसा उत्तर पाने के बाद मैं यह समझ नहीं पा रहा था कि आगे क्या करूँ। मेरे मन में दुःख भी था और आक्रोश भी।

वास्तव में बचाव, राहत एवं सभी प्रकार के समन्वय कार्य में हम और हमारे अधिकारी दिन-रात कार्य करते हुए भी काफी परेशान हो रहे थे। राउंड लगाते समय विभिन्न माध्यमों से कंट्रोल रूम में हमारे अधिकारियों को अद्यतन जानकारी रहती थी कि कहाँ क्या करना है। उसमें विभिन्न विभागों के सहयोग की भी आवश्यकता पड़ती थी। हम और हमारे अधिकारी संबंधित विभागों के अधिकारियों से मुख्यतः टेलीफोन पर संपर्क करते थे। तब प्रायः उनका उत्तर आता था कि 'इस विषय का संबंध मुझसे नहीं, बल्कि अमुक-अमुक व्यक्ति से है।' फिर 'अमुक' व्यक्ति से संपर्क किया जाता था। वह या तो मिलता नहीं था या वह भी ऐसा ही टालू जवाब दे देता था। इस प्रकार सही आदमी तलाशने, संपर्क करने और अपेक्षित सहायता

लेने में काफी समय लग जाता था। आवश्यकता इस बात की थी कि एक क्षण भी गँवाए बिना लोगों को अपेक्षित सहायता एवं राहत उपलब्ध कराई जाए। विभिन्न विभागों के संबंधित लोगों को तलाशने में घंटों लगते थे। कई बार तो कोई भी संबंधित अधिकारी जिम्मेदारी लेने को तैयार नहीं होता था और हम सब मात्र लोगों को तलाशने में लगे रहते थे। इसलिए मैंने यह तय किया था कि शासन से निवेदन करूँ कि संबंधित विभागों के एक-एक जिम्मेदार प्रतिनिधि हमारे कंट्रोल रूम में चौबीसों घंटे बैठें, ताकि जैसे ही प्रभावित क्षेत्र से कोई संदेश आए, वहाँ पर बैठे इन विभागीय प्रतिनिधियों को आगे काररवाई करने के लिए तत्काल कह दिया जाए और फिर वे विभागीय प्रतिनिधि अपने विभाग के संबंधित अधिकारी को फोन पर कहकर अपेक्षित सहायता या राहत भिजवाएँ। मैं जिस गति से राहत-कार्य कराना चाहता था उस गति से करना इसके बिना संभव नहीं था। यह बात भी मुझे मुख्य सचिव से कहनी थी, किंतु जब एक बहुत महत्त्वपूर्ण बिंदु पर ही उन्होंने न तो कोई सहायता देने की बात मानी और न ही कोई संतोषजनक सुझाव दिया, तब और आगे उनसे बात करना मेरे लिए संभव नहीं था। आवश्यक साधनों के अभाव एवं शीर्ष स्तर की टालने की इस प्रवृत्ति के कारण दुःखी, किंतु पूरे जोश के साथ मैंने यह तय किया कि अन्य कोई विकल्प नहीं होने के कारण इस स्थिति में सीधे मुख्यमंत्रीजी से मिलकर सहायता माँगी जाए।

मैं सीधे मुख्यमंत्री निवास गया। उनके कक्ष के बाहर कोई भी व्यक्ति नहीं था, अत: मैं उनके कक्ष में अंदर गया। संयोग से वे अकेले ही बैठे थे। मैंने उनसे कहा कि 'मुझे माफ कीजिएगा, मैं आपसे कुछ ऐसा काम लेना चाहता हूँ, जो मुख्य सचिव का है, न कि मुख्यमंत्री का।' और मैंने उन्हें विस्तार से बताया कि किस प्रकार पर्याप्त बचाव एवं राहत के कार्य तेज गति के साथ कराने में समन्वय कार्य में मुझे दिक्कतें आ रही हैं। मैंने उनसे निवेदन किया कि अमुक-अमुक विभागाध्यक्षों के जिम्मेदार प्रतिनिधियों का हमारे कंट्रोल रूम में सदैव उपस्थित रहना जरूरी है, ताकि जिस सहायता की जरूरत पड़े, बिना समय गँवाए उन्हें बताया जा सके और वे तत्परता से काररवाई कर सकें। इन छह-सात विभागाध्यक्षों के नाम एक परची पर मैंने पहले से ही लिख रखे थे। वह परची मैंने मुख्यमंत्रीजी को सौंप दी और अनुरोध किया कि उन विभागाध्यक्षों को निर्देश दिए जाएँ कि उनके प्रतिनिधि कंट्रोल रूम में बैठकर हमारे बताए अनुसार काररवाई करें। जिन विभागों के नाम मैंने लिखे थे, उनमें से कुछ निम्न थे—

1. पशुधन चिकित्सा विभाग	बीमावाले पशुओं की मृत्यु को प्रमाणित करने तथा मृत पशुओं को हटाने इत्यादि के कार्य में सहायता।
2. स्थानीय शासन विभाग 3. नगर निगम (भोपाल)	मृतकों की लाशों, विशेष तौर पर दूर-दराज क्षेत्रों से उन्हें एकत्रित कर आने की काररवाई कराना। शहर की गंदगी तथा कचरे की सफाई, नगर निगमवाले क्षेत्रों में पानी का प्रदाय इत्यादि।
4. लोक-स्वास्थ्य यांत्रिकी विभाग	जल-प्रबंध।
5. वन विभाग	शवों को जलाने के लिए लकड़ी का प्रबंध।
6. स्वास्थ्य विभाग	अस्पतालों के अलावा अन्य स्थानों पर आवश्यकतानुसार एंबुलेंस एवं अन्य सेवाएँ देने हेतु।

मुझे स्मरण नहीं आ रहा है कि समाज-कल्याण विभाग का भी नाम इस सूची में था या नहीं। प्रत्येक विभाग से क्या-क्या अपेक्षाएँ थीं, उसे भी संक्षेप में उसके सामने अंकित कर दिया गया था।

मुख्यमंत्रीजी से सभी बातें लगभग पाँच मिनट में ही पूरी हो गईं। उसके बाद मैं तुरत वहाँ से निकलकर कंट्रोल रूम की ओर रवाना हुआ। जैसे ही मेरी कार कमला पार्क व मोती मसजिद के बीच में पहुँची, अपनी कार के वायरलेस पर मैंने सुना कि मुख्यमंत्रीजी ने शाम साढ़े छह बजे हमारे कंट्रोल रूम में एक बैठक रखी है, जिसमें मुख्य सचिव, शासन के कई वरिष्ठ सचिव एवं कई विभागाध्यक्षों को बुलाया गया है। वायरलेस में जो सुनने को मिला, उसमें और कोई विवरण स्पष्ट नहीं था; किंतु मैं उसकी पृष्ठभूमि स्पष्ट रूप से समझ गया।

शाम साढ़े छह बजे के लगभग मुख्य सचिव, प्रमुख सचिव, स्थानीय शासन विभाग व शासन के कई वरिष्ठ सचिव, विभागाध्यक्ष एवं हमारे अधिकारी कंट्रोल रूम में पहुँच गए। मुख्यमंत्रीजी भी वहाँ आ गए। उन्होंने बचाव एवं राहत-कार्य से संबद्ध विभिन्न विषयों पर किए जा रहे कार्यों का जायजा लिया और सभी को लक्ष्य देने के साथ-साथ समय-सीमा का भी निर्धारण कर दिया।

कंट्रोल रूम में ये सभी वरिष्ठ अधिकारी मुख्यमंत्रीजी के सामनेवाली कुरसियों पर बैठे हुए थे और मुख्यमंत्रीजी के सामने जो मेज रखी थी उसके बगलवाली

कुरसी पर मैं जानबूझकर बैठ गया था, ताकि आवश्यकता पड़ने पर मैं अपनी समस्या को और विस्तार से बता सकूँ। स्पष्ट था कि इस बैठक की पृष्ठभूमि में मैं ही था और वरिष्ठ अधिकारियों की जो संस्कृति है, उसके अनुसार यदि मुख्य सचिव इत्यादि को पता चल जाता कि इस बैठक को आयोजित कराने के पीछे मेरी भूमिका थी तो वे मुझे माफ नहीं करते। इसलिए मैं थोड़ा सहमा हुआ था कि बैठक के दौरान कहीं मुख्य सचिव को बैठक की इस पृष्ठभूमि का पता न चल जाए। इसीलिए मैंने कम-से-कम बात की और वहाँ कोई ऐसी चर्चा नहीं हुई, जिससे यह जाहिर होता कि मुख्यमंत्रीजी द्वारा एकाएक इतनी अल्प अवधि में बैठक बुलाने के पीछे मेरी कोई भूमिका थी।

जो परची मैंने मुख्यमंत्रीजी को दी थी, उसे वे कागजात के बीच में रखे हुए थे और बीच-बीच में उसे देख लिया करते थे। जो बिंदु चर्चा के लिए उठते थे, वहाँ पर स्पष्टता के लिए बोलने की इच्छा होते हुए भी मैंने ज्यादा कुछ नहीं कहा; किंतु जहाँ बहुत ही महत्त्वपूर्ण बिंदु थे, वहाँ यदि मैं न बोलता तो अपेक्षित उद्देश्यों की पूर्ति नहीं हो पाती और निर्णय गलत हो सकते थे। अत: वहाँ-वहाँ मैंने संक्षेप में ही अपनी बात रखी। मुख्यमंत्रीजी ने ढेर सारे अन्य विषयों पर भी विस्तार से विचार-विमर्श किया और आवश्यक निर्देश देने के साथ-साथ शासन के सचिवों एवं वरिष्ठ अधिकारियों को जिम्मेदारी सौंपी। इन सबसे मैं मन-ही-मन प्रसन्न हो उठा, क्योंकि मैंने जो माँगा था उससे बहुत अधिक मिल गया था।

हमारा कंट्रोल रूम शहर की कोतवाली के एक भवन की पहली मंजिल पर स्थित था। काफी देर तक बैठक चली। उसके बाद मुख्यमंत्रीजी को पहुँचाने के लिए मैं नीचे तक गया। लौटकर जैसे ही मैं सीढ़ियों से ऊपर जा रहा था, तो वहीं पर मुख्य सचिव मिल गए और मेरी तरफ देखते हुए उन्होंने कहा कि 'ये सब काम कल सुबह तक हो जाएँ।' मैंने कहा, 'राइट सर।' इस दौरान उनका यही महत्त्वपूर्ण योगदान था। तत्पश्चात् मुख्य सचिव एवं अधिकांश अधिकारी वहाँ से चले गए; किंतु प्रमुख सचिव, स्थानीय शासन विभाग श्री ए.एन. वर्मा कंट्रोल रूम से नहीं गए। उन्होंने विभिन्न विषयों पर मुझसे विस्तार से चर्चा की और उसी के अनुसार कंट्रोल रूम में बैठकर ही उन्होंने राज्य के बड़े नगरवाले कलेक्टरों से एवं अपने विभागीय अधिकारियों से बात करके ट्रकों एवं सफाई कर्मचारियों को अविलंब रवाना करने का निर्देश दिया। मुझे याद है कि उस दिन स्थानीय शासन विभाग प्रमुख सचिव कंट्रोल रूम में लगभग ग्यारह-बारह बजे रात तक रुके रहे और यह सब काम पूरा करने के बाद ही वे कंट्रोल रूम से गए।

दूसरे दिन, अर्थात् 5 दिसंबर को इस बाबत एक औपचारिक आदेश जारी करके उन्होंने संयुक्त संचालक नगरीय प्रशासन को इन सभी लोगों के बीच समन्वय का कार्य करने के लिए लिखित निर्देश भी दिए। उक्त प्रमुख सचिव के इन निर्देशों का लाभ यह हुआ कि 5 दिसंबर को प्रातः पाँच-छह बजे से ही राज्य के विभिन्न नगर निगमों एवं नगरपालिकाओं से वाहनों एवं आवश्यक साधनों का भोपाल पहुँचना शुरू हो गया।

एक के ऊपर एक लादी जा रहीं मरी हुई गायें

इस प्रकार मृत पशुओं को हटाने का कार्य 5 दिसंबर को युद्ध-स्तर पर प्रारंभ हुआ। कई और एजेंसियों की सेवाएँ भी उपलब्ध हुईं। सेना की सात क्रेनें और भेल (बी.एच.ई.एल.) की दो क्रेनें तथा सिंचाई विभाग के डंपरों का भी उपयोग व्यापक पैमाने पर करना पड़ा। दरअसल मृत पशुओं को हटाने का कार्य सबसे दुष्कर था। मरी हुई बड़ी-बड़ी भैंसें फूलकर काफी बड़ी हो गई थीं, उनको उठाने के लिए क्रेन का उपयोग किया गया। इन बड़े पशुओं को क्रेन द्वारा उठाकर ट्रक या डंपर में डाला जाता था। उसके बाद भोपाल के पास ही ग्राम भानपुरा के नजदीक नियत स्थल पर इन सबको फेंक दिया जाता था। मरे हुए अन्य पशुओं को भी उसी खुले स्थान में पहुँचाया गया। 5 दिसंबर की शाम तक मुख्य-मुख्य सड़कों एवं चौड़े मार्गों पर सफाई का यह कार्य लगभग पूरा हो गया था।

मरी व फूली भैंस को क्रेन द्वारा सड़क से उठाकर डंपर पर लादते हुए

5 दिसंबर की रात्रि में जब मैंने इन सभी इलाकों का पुन: दौरा किया और किए गए कार्यों का बारीकी से जायजा लिया तो पाया कि पतली गलियों, मकानों एवं झुग्गियों के अंदर जो जानवर मरे पड़े थे, उन्हें उठाने में कठिनाइयाँ आ रही थीं। इस कार्य में लगे लोगों से बातचीत कर इस कार्य को निपटाने की रणनीति मौके पर ही बनाई गई। तदनुसार मैंने वायरलेस पर ही कंट्रोल रूम को निर्देश दिया कि कृषि विभाग से संपर्क करके ट्रैक्टर मँगवाए जाएँ। तदनुसार गलियों में मरे पड़े पशुओं को बाँधकर इन ट्रैक्टरों से घसीटा गया और मुख्य सड़कों पर लाया गया। फिर मुख्य सड़क से क्रेन के जरिए उन्हें डंपरों में लदवाकर भानपुरा के पास फेंका गया। मकानों और झुग्गियों के अंदर जो मवेशी मरे पड़े थे, उन्हें निकालने के लिए दरवाजे तोड़ने पड़े। जो दरवाजे सँकरे थे, उनकी दीवारें भी तोड़नी पड़ीं। उसके बाद ही उन्हें निकालना संभव हुआ। मरे हुए ये मवेशी सड़ गए थे, अत: काफी बदबू आ रही थी। ट्रैक्टरों से घसीटने पर गलियों में और अधिक बदबू फैल गई थी, अत: कई ट्रक चूना मँगवाकर गलियों में डलवाया गया।

यह कार्य युद्ध-स्तर पर चलता रहा और 6 दिसंबर को शाम तक लगभग पूरा हो गया। उसके बाद लाउडस्पीकर पर ऐलान करवाया गया कि यदि और कहीं मरे हुए पशु पड़े हों तो लोग उसकी सूचना प्रशासन को दें, ताकि उन्हें भी शीघ्र हटवाया

मरी भैंस को ट्रैक्टर से बाँधकर मुख्य सड़क तक ले जाने के लिए घसीटते हुए

जा सके। इक्के-दुक्के मरे पड़े जानवरों की जानकारी यहाँ-वहाँ से आती रही। उन्हें भी हटवाने का कार्य 7 दिसंबर की शाम तक पूरा हो गया।

मरे हुए जो मवेशी शहर से हटाकर भानपुरा के पास खुली जगह में एकत्रित किए गए, उनकी संख्या एक हजार से भी ज्यादा थी। अब इन मवेशियों के सड़ने से भानपुरा व आस-पास के गाँवों में भी बदबू बुरी तरह फैल गई। गाँवोंवालों ने इसपर काफी विरोध प्रकट किया, यहाँ तक कि हड़ताल, जुलूस निकालने तक की स्थिति उत्पन्न हो गई। आखिरकार, उन मवेशियों पर कई ट्रक नमक डाला गया, बुलडोजर लगाकर मिट्टी की मोटी परत से उन्हें ढका गया और उसका समतलीकरण किया गया, तब कहीं जाकर बदबू पर नियंत्रण पाना संभव हुआ।

जो मवेशी घरों में या झुग्गियों में मरे हुए पाए गए थे, उनके मालिकाना हक को जानना कठिन नहीं था, किंतु अधिकतर मवेशी खुले में, सड़कों पर यहाँ-वहाँ मरे पड़े थे। इस सफाई अभियान के दौरान हमने राजस्व एवं पशु चिकित्सा विभाग के अधिकारियों एवं कर्मचारियों की ड्यूटी सब जगह लगा दी थी। जितने भी मवेशी हटाए जाते थे, उनका पूरा विवरण तथा मालिक का नाम अंकित किया जाता था। जहाँ मवेशी खुले स्थान पर सड़कों पर मरे पाए जाते थे और उनका मालिकाना हक अंकित करना संभव नहीं था, वहाँ हमारे अधिकारी और कर्मचारी मवेशी का पूरा विवरण तथा उस स्थान का नाम अंकित करते थे, जहाँ पर मवेशी मरे हुए पाए जाते

थे। इस प्रकार हमने व्यापक जानकारी उपलब्ध करवाई थी, जो बाद में उन पशुओं के मालिकों को वित्तीय सहायता देने के समय उपयोगी पाई गई।

कंट्रोल रूम में ड्यूटी रजिस्टर रखा गया था, जिससे यह पता चलता था कि किस अस्पताल में, किस मोहल्ले में हमारे कौन-कौन अधिकारी और कर्मचारी तैनात हैं। उनसे टेलीफोन व वायरलेस द्वारा तथा दौरे के समय बराबर संपर्क होता रहता था। कार्य में निरंतरता व गति बनाए रखने के लिए मैं अपने अधिकारियों का कार्य सामान्यत: बदलता नहीं था। कंट्रोल रूम में रोजनामचा टाइप का एक रजिस्टर भी मैंने रखवाया था, जिसमें मुख्य-मुख्य बातें अंकित कर दी जाती थीं कि कहाँ से कौन संदेश आया और उसपर क्या काररवाई हुई। यदि किसी में काररवाई नहीं हुई और ड्यूटी बदल गई तो नए अधिकारी को कार्य कराना पड़ता था। इससे लाभ यह होता था कि जब वहाँ दूसरा अधिकारी आता था तो पूर्व अधिकारी के ब्रीफ करने के अलावा भी उसे इस रजिस्टर से पूरी जानकारी मिल जाती थी कि क्या-क्या करना है और क्या-क्या हो चुका है। यह रजिस्टर ड्यूटी रजिस्टर और हाजिरी रजिस्टर के अतिरिक्त रखवाया गया था।

सचिवालय से भी सामान्य प्रशासन विभाग ने आदेश जारी कराकर 3 दिसंबर से ही बहुत सारे आई.ए.एस. अधिकारी एवं डिप्टी कलेक्टरों को ड्यूटी पर लगाया था। यह ड्यूटी हमारे कंट्रोल रूम, विभिन्न अस्पतालों में लगाई गई थी। सचिवालय ने एक तरह से हमारी सहायता के लिए ही इन अधिकारियों को लगाया था; किंतु हमसे इस विषय पर उनका कोई विचार-विमर्श नहीं हुआ था। 4 या 5 दिसंबर को इन अधिकारियों की ड्यूटी एकाएक बदल दी गई। उनमें से कई लोगों को वित्तीय सहायता के वितरण में लगा दिया गया और अन्य नए अधिकारियों को उनके स्थानों पर लगा दिया गया।

इस प्रकार इन अधिकारियों की ड्यूटी में न तो निरंतरता थी और न ही वे यह समझ पा रहे थे कि उन्हें क्या करना था। मैंने उनका उपयोग करना चाहा, किंतु निरंतरता के अभाव में वे विशेष उपयोगी साबित नहीं हुए। इसलिए मुझे सभी कार्यों के लिए सीमित अमले के बावजूद अपने द्वारा लगाए गए अधिकारियों पर ही निर्भर रहना पड़ा। इन अधिकारियों ने भी अभूतपूर्व निष्ठा व परिश्रम से अपनी जिम्मेदारियों को पूरा किया। जिस लगन, निष्ठा एवं परिश्रम के साथ ये अधिकारी दिन-रात कार्य कर रहे थे, उससे लगता था कि वे कभी थकते नहीं थे और खाने-पीने की उन्हें कोई परवाह ही नहीं थी। बस, जो कार्य उन्हें दिया गया, उसी की धुन में वे सब लगे रहते थे। मैं जितना कहता था, उससे ज्यादा ही वे लोग करते थे।

सचिवालय से जो अधिकारी लगाए गए थे, वे भी काफी वरिष्ठ एवं योग्य अधिकारी थे; किंतु समानांतर व्यवस्था होने एवं उनके समन्वयक द्वारा शायद स्पष्ट निर्देश न होने के कारण उनका पूरा लाभ नहीं मिल पा रहा था। ये अधिकारी अपना काम ठीक से नहीं समझ पा रहे थे। यदि इन अधिकारियों की सेवाएँ मुझे दे दी गई होतीं और उनकी ड्यूटी बार-बार नहीं बदली जाती, तब उनका कहीं ज्यादा उपयोग राहत-कार्य में हो सकता था।

मुझे याद है कि एक आई.ए.एस. उपसचिव, जिनकी ड्यूटी सामान्य प्रशासन विभाग ने कंट्रोल रूम में लगाई थी, वे वहाँ आते थे और बैठे रहते थे, समन्वय का समस्त कार्य कंट्रोल रूम के प्रभारी हमारे डिप्टी कलेक्टर ही करते थे। वल्लभ भवन के ये उप सचिव, जो मेरे अच्छे मित्र थे, इस व्यवस्था से काफी संतुष्ट दिखे; क्योंकि टेलीफोन पर शहर के भिन्न-भिन्न क्षेत्रों से संदेशों और शिकायतों का ताँता लगा रहता था, जिसका उत्तर टेलीफोन पर ही देना पड़ता था और तत्काल काररवाई भी करनी पड़ती थी। यह कार्य वही कर सकता था, जो शहर में हुए हादसे से अवगत हो और किए जा रहे बचाव एवं राहत-कार्यों के विवरण को भलीभाँति जानता हो। नया व्यक्ति कितना भी योग्य क्यों न हो, यह सब नहीं कर सकता था। ये आई.ए.एस. उपसचिव उस विवरण से अनभिज्ञ थे और शायद यह सब सिरदर्द अपने ऊपर लेना उनके वश का था भी नहीं। कंट्रोल रूम में बैठे-बैठे वे काफी बोर भी हुआ करते थे। ऐसा ही हाल कई अन्य अधिकारियों का भी था। दो-तीन दिनों के बाद इनमें से एक अधिकारी ने मुझसे कहा, 'कलेक्टर साहब, यहाँ सब काम आपके डिप्टी कलेक्टर बखूबी कर रहे हैं। यहाँ तो हमारा कोई विशेष काम है नहीं।' शिष्टाचार के नाते मैंने उन्हें बताया कि उनके रहने से हमारे अधिकारियों का उत्साह बढ़ता है और वास्तव में ये सब काम यदि वे करते तो बेहतर होता। उससे मुक्त होनेवाले डिप्टी कलेक्टर को मैं प्रभावित क्षेत्र में कहीं और लगाता, किंतु चूँकि उन उपसचिव की सेवाएँ मेरे अधीन नहीं थीं और उनकी ड्यूटी में सचिवालय से बार-बार परिवर्तन हो रहे थे तथा बचाव एवं राहत-कार्य से वे पूरी तरह से भिज्ञ भी नहीं थे, अतः उन्हें यह भार नहीं सौंपा जा सकता था। जो लोग इन कार्यों से परिचित थे मैंने उनसे ही यह कार्य लेना श्रेयस्कर समझा।

भोपाल गैस त्रासदी का पर्याप्त प्रचार-प्रसार मीडिया ने किया था। वास्तव में न केवल देश, बल्कि पूरी दुनिया के प्रिंट एवं इलेक्ट्रॉनिक मीडिया के लोग भोपाल में जो भी हो रहा था उसपर निगाह रखकर, उसे धुआँधार प्रचारित कर रहे थे। सभी समाचार-पत्र भोपाल गैस-त्रासदी के समाचारों से भरे रहते थे। मृतकों की संख्या

अखबारों की सुर्खियों में छपती थी। प्रतिदिन प्रातः शासन की ओर से मीडिया को जो जानकारी दी जाती थी, उसमें मृतकों की संख्या काफी कम बताई जाती थी, जबकि समाचार-पत्र स्वतंत्र आकलन के आधार पर मृतकों की संख्या काफी ज्यादा प्रतिवेदित करते थे। स्पष्ट था कि गृह सचिव पुलिस अधीक्षक से मृतकों के आँकड़े लेकर शासन की ओर से मीडिया को दिलाते थे। आँकड़ों में बहुत अधिक अंतर होने के कारण शासन पर तथ्यों को छिपाने का आरोप लग रहा था।

5 दिसंबर के आस-पास एक रात्रि में लगभग ग्यारह-साढ़े ग्यारह बजे गृह सचिव ने श्मशानघाटों एवं कब्रिस्तानों से मृतकों का सर्वेक्षण कराने के लिए टेलीफोन पर मुझसे बात की और कहा कि मृतकों की संख्या के बारे में शासकीय विज्ञप्ति और समाचार-पत्रों के आँकड़ों में काफी बड़ा अंतर है। उन्होंने आगे कहा कि मुख्यमंत्रीजी इससे परेशान हैं, इसलिए यह जरूरी है कि सही-सही आँकड़े दिए जाएँ।

उसी बातचीत के दौरान मुझे ऐसा लगा कि जिन मृतकों का पोस्टमार्टम हो जाता था, उन्हीं के आँकड़े गृह सचिव मुख्यमंत्रीजी को दिया करते थे और मुख्यमंत्रीजी उसी के आधार पर प्रेस को ब्रीफ किया करते थे। मृतकों की लाशें हमीदिया अस्पताल भिजवाना, उनका पोस्टमार्टम करवाना इत्यादि कार्य मुख्यतः पुलिस के माध्यम से ही किए जा रहे थे और कानूनी प्रक्रिया के अनुसार भी पुलिस को इसका लेखा-जोखा रखना पड़ता है। इसलिए सभी प्रकार की पूरी जानकारी पुलिस के पास ही थी। जिला मजिस्ट्रेट होने के नाते मैं भी उनसे ही जानकारी लेकर आगे दे सकता था। इस पृष्ठभूमि में गृह सचिव चाहते तो पुलिस अधीक्षक से केवल पोस्टमार्टमवाले आँकड़े न लेकर जितनी भी लाशें एकत्रित की जाती थीं, उनकी संख्या लेकर प्रेस ब्रीफिंग के लिए मुख्यमंत्रीजी को दे सकते थे, किंतु लगता है कि उन्होंने ऐसा नहीं किया।

शुरू-शुरू में मुझे इस स्थिति से हैरानी जरूर हुई, किंतु यह विषय महत्त्वपूर्ण था और यह जरूरी था कि मृतकों के सही-सही आँकड़े दिए जाएँ। इसलिए टेलीफोन पर गृह सचिव से हुई चर्चा के तारतम्य में मैंने डिप्टी कलेक्टर, नायब तहसीलदार, राजस्व निरीक्षक एवं नगर निगम के अधिकारियों से बात करके कई लोगों को रात में तत्काल इस कार्य में लगाया और उन्हें स्पष्ट निर्देश दिए कि वे भोपाल नगर के सभी श्मशानघाटों एवं कब्रिस्तानों में जाकर जानकारी एकत्रित करें कि कितने मृतकों के दाह-संस्कार किए गए हैं। गृह सचिव यह सब जानकारी प्रातः सात बजे तक चाह रहे थे। अतः मैंने अपने अधिकारियों से कहा कि वे रात में ही सर्वे पूरा कर प्रातः पाँच बजे तक जानकारी एकत्रित कर मेरे समक्ष प्रस्तुत करें।

हमारे इन अधिकारियों एवं कर्मचारियों ने उस सर्दी में रात भर श्मशानघाट एवं कब्रिस्तानों में जाकर सर्वे किया और प्रातः छह बजे तक मुझे रिपोर्ट सौंप दी। रात में बीच-बीच में लोग मुझे फोन करते थे और अपनी दिक्कतें बताते थे तथा मुझसे मार्गदर्शन प्राप्त करते थे। मैं भी बीच-बीच में जगकर समन्वय करनेवाले अधिकारी को फोन कर प्रगति की जानकारी लेता था, ताकि लोगों को इस काम के महत्त्व का एहसास रहे और किसी प्रकार की चूक न होने पाए।

सामूहिक जलती चिताएँ

सुबह छह बजे तक जो जानकारी प्राप्त हुई, वह काफी संतोषजनक थी, क्योंकि समाचार-पत्रों में जो आँकड़े छप रहे थे, उनमें और इन आँकड़ों में ज्यादा अंतर नहीं था। मैंने यह जानकारी गृह सचिव को प्रातः सात बजे तक दे दी। वे इससे काफी संतुष्ट हुए।

उसके अगले दिन और उसके बाद भी कई दिनों तक गृह सचिव प्रतिदिन देर रात्रि में मेरे पास टेलीफोन करते रहे थे और आग्रह करते थे कि मैं अपने अधिकारियों और कर्मचारियों के माध्यम से सर्वे कराकर मृतकों की ताजा संख्या उन्हें सुबह सात बजे तक उपलब्ध कराऊँ। मैं हर रात इसी प्रकार की काररवाई करवाता था। पहले तो श्मशानघाटों एवं कब्रिस्तानों का रात में सर्वेक्षण कराने के लिए इतना अधिक अमला रात में इतने विलंब से जुटाने में मुझे काफी कठिनाई हुई थी, क्योंकि जो लोग

अपनी-अपनी ड्यूटी पर अन्यत्र तैनात थे, उन्हें मैं डिस्टर्ब करना नहीं चाहता था। बाद में जब गृह सचिव लगभग रोज ही देर रात में इस प्रकार का आग्रह करने लगे, तब मैं काफी संख्या में जिले के शेष राजस्व निरीक्षकों एवं पटवारियों को पहले से ही कंट्रोल रूम इत्यादि में रिजर्व में रखता था और गृह सचिव के निर्देश आते ही उन्हें इस कार्य में लगा देता था। हमारे अधिकारी और कर्मचारी बिना किसी आनाकानी के यह कार्य सर्द रातों में कठिन परिस्थितियों में भी पूरा करते थे।

एक रोज रात्रि में ही इसी प्रकार काफी विलंब से गृह सचिव ने फोन किया और मुझसे कहा कि भोपाल के आस-पास के गाँवों में कितने श्मशानघाट एवं कब्रिस्तान हैं, इसका भी सर्वेक्षण कराकर और वहाँ पर कितने लोगों का अंतिम संस्कार किया गया है, उनका विवरण एकत्रित कर प्रात: सात बजे तक दिया जाए। यह कार्य भी डिप्टी कलेक्टर, नायब तहसीलदार, राजस्व निरीक्षक एवं पटवारियों ने सफलतापूर्वक किया। इस प्रकार मकानों से उठ रहे शवों का हिसाब पुलिसवालों से न रखवाकर गृह सचिव पटवारियों से सर्वेक्षण करवाते थे कि श्मशानघाटों व कब्रिस्तानों में किस दिन कितने शवों का अंतिम संस्कार किया गया।

जैसा मैंने पहले लिखा है, मृतकों के संबंध में पूरा लेखा-जोखा रखना पुलिस की कानूनी जिम्मेदारी होती है और भोपाल में उनके पास काफी अमला था। फिर भी राजस्व विभाग के सीमित अधिकारियों और कर्मचारियों से यह कार्य संपन्न कराया गया। राजस्व विभाग में अधिकारियों की संख्या बहुत ही सीमित होती है। इसलिए वहाँ एक ही अधिकारी को बहुत सारे कार्य करने पड़ते थे और मुझे यह लिखते हुए बड़ा गर्व महसूस होता है कि इन अधिकारियों ने कोई आनाकानी किए बिना यह सब कार्य किया, चाहे उनके मन में भले ही यह रहा हो कि जो कार्य पुलिस का है वह उनसे कराया जा रहा है। गृह सचिव पुलिस विभाग के सबसे वरिष्ठ अधिकारी होते हैं। अत: वे अपनी एजेंसी, जिसमें जनशक्ति काफी अधिक होती है, से यह कार्य करा सकते थे, किंतु नहीं करा रहे थे—यह मेरे लिए उत्सुकता का विषय अवश्य था। हो सकता है कि गृह सचिव को पुलिस मशीनरी की बजाय राजस्व विभाग की मशीनरी पर ज्यादा भरोसा रहा हो। जो भी हो, अँधेरी व ठंडी रातों में यह दुष्कर कार्य हमारे अधिकारियों ने बखूबी किया, जिससे मृतकों की सही संख्या छिपाने का जो आक्षेप सरकार पर लग रहा था, उसे दूर करने में काफी मदद मिली। यह बात पहेली ही रहेगी कि गृह सचिव इतनी रात में ही हमेशा फोन क्यों करते थे? क्या दिन में वे यह कार्य नहीं दे सकते थे?

वित्तीय सहायता वितरण के लिए गठित बीस दलों में लगभग सोलह विशेष

सचिव स्तर के अधिकारी लगे हुए थे। अधिकतर लोगों ने तो बड़ी जिम्मेदारी एवं सूझ-बूझ के साथ यह कार्य किया, जिसमें पीड़ित लोगों को महत्त्वपूर्ण राहत तत्परता से मिली; किंतु कुछ लोगों ने गंभीर चूकें कीं, जिनसे बहुत सारी समस्याएँ उत्पन्न हुईं और ढेर सारे विवाद उठ खड़े हुए। ये अधिकारी अस्पतालों और प्रभावित क्षेत्रों में जाकर गैस-पीड़ितों के पास ही पहुँचते थे और छानबीन करके जिस दर की वित्तीय सहायता की पात्रता होती थी, उस स्तर की नकद राशि वित्तीय सहायता के रूप में देते थे। कहीं-कहीं अस्पतालों में व्यवस्थित ढंग से वित्तीय सहायता के वितरण न करने के कारण ऐसे मरीज, जिन्हें ग्लूकोज दिया जा रहा था, वे भी रुपए के लालच में सुई को निकालकर अपने पलंग से उतरकर जा भागे और जहाँ पर राशि बाँटी जा रही थी वहाँ लाइन में लग गए। इससे उनके उपचार में गंभीर अव्यवस्था हुई और डॉक्टरों ने इसपर नाराजगी जाहिर की।

जहाँ पर यूनियन कार्बाइड की फैक्टरी थी, उसके आस-पास मुख्यत: गरीब लोग ही रहते थे। उस क्षेत्र में भी बड़े पैमाने पर नकद राशि का वितरण हुआ। कुछ जगहों से शिकायतें मिल रही थीं कि कम राशि देकर ज्यादा राशि (उदाहरण के लिए 100 रुपए देकर 1000 रुपए) पर पावती के दस्तखत लिये जा रहे थे। ये शिकायतें वहीं से मिल रही थीं जहाँ ये अधिकारी खुद राशि न देकर अपने मातहतों पर निर्भर थे। अधिकांश शिकायतें निराधार थीं। कहीं वित्तीय सहायता दी गई, कहीं नहीं, कहीं कुछ लोगों को वित्तीय सहायता मिली, अन्य लोगों को नहीं मिली—अधिकतर शिकायतें इसी प्रकार की थीं।

यद्यपि वित्तीय सहायता के वितरण का कार्य मेरे सहयोगी वरिष्ठ अधिकारियों द्वारा वित्त विभाग के सीधे नियंत्रण एवं मार्गदर्शन में किया जा रहा था, तथापि आम जनता न तो इन अधिकारियों को जानती थी और न ही वित्त सचिव को जानती थी। सभी शिकायतें मेरे पास ही आती थीं। आम जनता तो पहले से स्थापित जिला स्तर की मशीनरी को ही जानती थी। न तो इस संबंध में कोई प्रचार-प्रसार हुआ था और न ही लोगों को पता था कि वित्तीय सहायता के वितरण में यदि असंतोष हो अथवा कोई राहत चाहिए तो लोग कहाँ जाएँ। सचिवालय तो लोग कभी जाते नहीं थे, वहाँ उन्हें सुननेवाला कोई था भी नहीं। लोगों की धारणा यही थी कि सभी कार्य जिला प्रशासन ही कर रहा है। अत: मेरे पास शिकायत लेकर लोगों का आना स्वाभाविक था। सामान्यत: मैं इसमें कोई हस्तक्षेप नहीं करना चाहता था और इस संबंध में मुझे कोई दायित्व भी नहीं दिया गया था; किंतु जब लोग मुझसे (कलेक्टर से) बार-बार शिकायतें करें और कुछ अपेक्षा करें, तब यह भी संभव नहीं था कि मैं उनको लंबे

समय तक नजरअंदाज करता।

एक बार सैफिया कॉलेज के कुछ लड़के, जिन्हें मैं जानता था, मेरे पास आए और बोले कि अमुक-अमुक अस्पताल में वित्तीय सहायता देने में काफी धाँधली हो रही है। मैंने सोचा, राहत-कार्य के इस पक्ष को भी देखा जाए। अत: उन दोनों लड़कों को अपनी कार में बैठाकर मैं उस अस्पताल एवं अन्य अस्पतालों में इस कार्य का जायजा लेने गया। जिस अस्पताल के बारे में शिकायत मिली थी, वहाँ से कुछ दूरी पर कार को छोड़कर पैदल ही मैं अस्पताल पहुँचा और एक सामान्य व्यक्ति के रूप में पूरी व्यवस्था का अध्ययन किया। अस्पताल के बाहर एक व्यक्ति वित्तीय सहायता के लिए परची काट रहा था और सामने खड़ा एक व्यक्ति दो परची ले चुका था और तीसरी परची बनवा रहा था। अजनबी के रूप में ही मैंने परची काटनेवाले शासकीय व्यक्ति से पूछा कि एक ही व्यक्ति को तीन परची क्यों दी जा रही हैं, तो इसका कोई संतोषजनक उत्तर उस व्यक्ति ने नहीं दिया। अंदर जाकर मैंने देखा कि वहाँ जो डॉक्टर बैठे थे, वे इन पर्चियों के आधार पर ही वित्तीय सहायता देने के लिए अनुशंसा लिखते थे और डॉक्टर की इसी अनुशंसा के आधार पर अंदर विशेष सचिव द्वारा वित्तीय सहायता दी जा रही थी। संयोग से यह वही अस्पताल था, जहाँ पर वित्तीय सहायता देते समय मरीजों ने ग्लूकोज की सुई फेंककर भगदड़ मचाई थी। तत्पश्चात् शायद डॉक्टरों के अनुरोध पर ही यह नई व्यवस्था अपनाई गई थी; किंतु यह व्यवस्था भी गंभीर रूप से त्रुटिपूर्ण थी। इसमें तो पूरी भर्रेबाजी हो रही थी और बाहर बैठे एक अदने से कर्मचारी के हाथ में सबकुछ था। वह जिसे जितनी चाहे परची दे दे और फिर उसी आधार पर वित्तीय सहायता मिलती जा रही थी।

इसके बाद मैं एक दूसरे अस्पताल में गया और वहाँ पर वित्तीय सहायता के वितरण का कार्य देखा। वहाँ विशेष सचिव बड़े ही व्यवस्थित ढंग से मरीजों को वित्तीय सहायता दे रहे थे, न तो भगदड़ थी, न ही कोई भर्रेबाजी। यह विशेष सचिव प्रत्येक मरीज के पास जा रहे थे। उसे देखकर जिस दर से उसे वित्तीय सहायता देनी चाहिए उसी दर से उसे सहायता दे रहे थे। यदि इसी प्रकार सभी लोग कार्य करते तब जो गंभीर समस्याएँ उठीं, वे नहीं उठतीं।

स्पष्ट है कि विशेष सचिव हो जाने भर से यह मान लेना कि वे अच्छा कार्य करेंगे, उचित नहीं है। कई लोग ऐसे थे, जिन्होंने बिना किसी सोच एवं कल्पना के कार्य किया और उलझनें बढ़ाईं। कुछ अधिकारी अपने मातहत छोटे कर्मचारियों पर पूरी तरह निर्भर करते रहे, केवल हस्ताक्षर करते रहे और राशि बँटती रही।

जहाँ तक एक हजार रुपए तक एवं दो हजार की वित्तीय सहायता देने का

प्रश्न था, यह ठीक था; किंतु दस हजार रुपए प्रत्येक मृतक के हिसाब से नकद में वित्तीय सहायता देना मेरे विचार से सही कदम नहीं था। बहुत से ऐसे मामले थे, जहाँ आठ-दस लोगों का पूरा परिवार ही काल के गाल में समा गया था और मुश्किल से दो-एक लोग परिवार में बचे थे। उनके पास रहने को घर नहीं था। वे कच्ची झुग्गियों में रहते थे। ऐसे लोगों को दस हजार रुपए प्रत्येक मृतक के हिसाब से छह-सात मृतकों की सहायता की राशि अर्थात् सीधे साठ-सत्तर हजार रुपए दिए गए। यह विचारणीय बात है कि इतनी बड़ी राशि की सुरक्षा क्या वह व्यक्ति कर पाया होगा? स्पष्ट है कि उसकी सुरक्षा नहीं कर पाया होगा। अतः सहायता करने का उद्देश्य संभवतः पूरा नहीं हुआ। शुरू से ही बैंकों को भी इससे संबद्ध करना चाहिए था और एक निश्चित राशि से ज्यादा राशि को फिक्स्ड डिपॉजिट में रखवाना चाहिए था।

छोला रोड क्षेत्र में एक अधिकारी यह राशि बाँट रहे थे; उनका स्वभाव व व्यवहार जनता के प्रति संतोषजनक नहीं था और भीड़ को कैसे डील करना है, यह ज्ञान भी उन्हें नहीं था। अतः विवाद की ऐसी स्थिति बनी कि उन्हें वहाँ से जान बचाकर भागना पड़ा। वित्त सचिव ने मुझे बताया था कि भीड़ ने उनकी बड़ी पिटाई की और कपड़े फाड़ दिए, जिससे वे बिना शर्ट के जान बचाने के लिए भागकर एम.पी.ई.बी. ऑफिस गए और वहाँ से उन्होंने टेलीफोन किया। बाद में पुलिस ने उन्हें सुरक्षित स्थान पर पहुँचाया।

इस घटना के बाद से वित्तीय सहायता के वितरण का कार्य सभी अधिकारियों द्वारा एकाएक बंद कर दिया गया। लोगों को जो आशा बँधी थी, वह निराशा में बदल गई और उनमें काफी रोष व्याप्त हो गया। जब शासन ने वित्तीय सहायता देने का निर्णय ले लिया था तो वित्तीय सहायता न देना और उसे एकाएक बंद कर देना उचित नहीं कहा जा सकता। छोला रोड में उपर्युक्त घटना जिस अधिकारी के साथ घटी थी वे अपने आपको बहुत कार्यकुशल दिखाने का प्रयास करते थे, किंतु उनके द्वारा दिए गए भड़काऊ और उत्तेजित जवाबों से जनता में आक्रोश भड़क उठा और यह घटना घटी। उनके कार्यकुशलता की कलई तो खुल गई, किंतु उसका मतलब यह तो नहीं था कि शेष लोग भी अपना कार्य करना बंद कर दें। इन सबने एक तरह से यूनियनबाजी जैसा हथकंडा अपनाया और अपना कार्य न करने के लिए सुरक्षा का प्रश्न उठाने लगे। तब हमने सभी को उनकी इच्छा के अनुसार पुलिस सुरक्षा प्रदान की; लेकिन फिर भी उन्होंने पुनः कार्य शुरू नहीं किया।

शासकीय सेवाओं में कोई संवर्ग कितना ही ऊँचा क्यों न हो, कानून से ऊपर नहीं है। घटनाएँ-दुर्घटनाएँ तो किसी भी सेवा के अधिकारी के साथ घट सकती हैं

और घटती हैं, किंतु इस संवर्ग के किसी अधिकारी के साथ यदि घटना घटती है तो इतना हो-हल्ला मचाया जाता है कि मानो आसमान गिर पड़ा हो, जबकि उससे ज्यादा संगीन घटना उनके मातहतों के साथ जब घटती है तो वे ऐसा व्यवहार करते हैं जैसे कुछ हुआ ही न हो।

सचिवालय ने वित्तीय सहायता वितरण का कार्य पुनः प्रारंभ कराने का कुछ प्रयास तो किया, किंतु इन वरिष्ठ अधिकारियों की यूनियनबाजी के सामने वह भी खामोश हो गया। प्रश्न यह है कि ये अधिकारी किसी अन्य सेवा के होते तो क्या उनकी यूनियनबाजी सचिवालय के सामने चल पाती? निश्चित रूप से नहीं। अन्य सेवा के अच्छे अधिकारियों से आगे का यह कार्य कराया जा सकता था, किंतु नहीं कराया गया। एक कारण शायद यह था कि इन अधिकारियों की कलई आम जनता में भी खुल जाती। दूसरा कारण शायद यह था कि वित्त विभाग ने राशि-वितरण का कार्य तो शुरू करा दिया था, किंतु उसका लेखा-जोखा वह नहीं रख पाया था। नई टीमें लगाई जातीं तो उन्हें बताना पड़ता कि किन-किन लोगों को कितना-कितना भुगतान हो गया है और अब किन-किन लोगों को भुगतान करना है। वित्त विभाग यह विवरण देने की स्थिति में था ही नहीं। 5 जनवरी, 1985 को सचिवालय के शीर्षस्थ अधिकारियों की जो बैठक मुख्यमंत्रीजी ने ली थी, उसमें निर्णय लिया गया था कि 'जिन प्रभावित व्यक्तियों को शासन ने अभी तक वित्तीय सहायता दी है, उनकी सूची भी प्रकाशित की जाए। सूची कलेक्टर कार्यालय और नगर निगम में राहत समिति के कक्ष तथा प्रभावित क्षेत्रों के पुलिस थानों में प्रकाशित की जाए।' राशि-वितरण के अभिलेख में व्यापक कन्फ्यूजन होने के कारण वित्त विभाग इन सूचियों को बना ही नहीं पाया। अतः इस उच्च स्तरीय निर्णय का पालन वे नहीं कर पाए।

वित्तीय सहायता का वितरण-कार्य बंद हो जाने से आम जनता में बड़ा आक्रोश फैला। लोगों ने कुछ को सहायता देने और अन्य को सहायता न देने का सरकार व प्रशासन पर आरोप लगाना शुरू कर दिया। हड़ताल, जुलूस आदि प्रारंभ हो गए तथा कानून और व्यवस्था की समस्या उत्पन्न हो हुई। आम जनता न तो विशेष सचिवों को जानती थी, न ही सचिवालय स्थित वित्त विभाग को। वहाँ समन्वय व सुनवाई की कोई व्यवस्था ही नहीं थी। जिला प्रशासन को ही सबकुछ झेलना पड़ता था।

हम प्रयास करते थे कि इन पीड़ित-दुखी लोगों की समस्याओं का समाधान कराया जाए, अतः हम उनकी बातें ऊपर तक भी पहुँचाते थे। वैसे भी, प्रायः आम

जनता कलेक्टर से ही अपनी समस्याओं के हल की अपेक्षा करती है, अतः हमारे यहाँ इन गैस-पीड़ितों की भीड़ हुआ करती थी। मैं उन्हें लाइनों में खड़ा करके प्रत्येक के पास जाकर धैर्यपूर्वक सुनता था, उचित काररवाई करता था तथा जिनका संबंध सचिवालयीन टीमों से होता था, उस बाबत भी इन लोगों को आवश्यक मार्गदर्शन देता था। मेरा शासकीय निवास मेरे कार्यालय से ज्यादा दूर नहीं था; वहाँ भी कुछ दीन-दुःखी लोग कभी-कभार सहायता के लिए पहुँच जाते थे तथा दिन-दिन भर बाहर मेरी प्रतीक्षा करते थे। निस्सहाय, अशक्त, भूखे लोगों को मात्र समझाने से काम नहीं चलता था, अनुग्रह मद की राशि मेरे पास तो थी नहीं। अतः एक अन्य मद की नाम मात्र की जो राशि मेरे पास थी, उससे अत्यंत जरूरी मामलों में पचास या सौ रुपए उन्हें देता था। उसमें उनके खिलते चेहरों को देखकर लगता था मानो वे इस तुच्छ राशि से धन्य हो गए हों। मैं सोचता हूँ कि इस प्रकार की त्रासदी में जो मैदानी वरिष्ठ समन्वयक हो (जैसे कलेक्टर या डिस्ट्रिक्ट मजिस्ट्रेट), उसे भी कुछ राशि अपने विवेक के आधार पर ऐसी मानवीय परिस्थितियों में देने के लिए प्रावधान होना चाहिए और वह समन्यवक उसका पता सहित पूरा हिसाब रखे तथा पानेवाले का दस्तखत/अँगूठा निशान भी ले।

3 दिसंबर, 1984 को ही पुलिस ने यूनियन कार्बाइड के दोषी अधिकारियों के विरुद्ध आपराधिक मामला दर्ज कर लिया था और ऐसे दोषी लोगों को गिरफ्तार करने की बात उठी थी। उच्च स्तर पर भी इस संबंध में विचार-विमर्श हुआ था।

यूनियन कार्बाइड के वर्क्स मैनेजर मुकुंद की पहुँच ऊँची थी, अतः कुछ वरिष्ठ अधिकारी यह प्रयास कर रहे थे कि उन्हें गिरफ्तार न किया जाए। इसमें मुख्य सचिव की भूमिका अच्छी थी। उन्होंने इस विषय पर कड़ा रुख अपनाया और कहा कि यदि मुकुंद को गिरफ्तार नहीं किया जाता है तो गिरफ्तारी का कोई मतलब नहीं है। अंततोगत्वा निर्णय हुआ कि अन्य दोषी अधिकारियों, कर्मचारियों के साथ-साथ मुकुंद को भी गिरफ्तार किया जाए। इस प्रकार छह-सात अधिकारियों को गिरफ्तार करने का निर्णय हुआ।

अपराधियों को गिरफ्तार करना और काररवाई करना मुख्यतः पुलिस का ही कार्य है; किंतु ऐसे अप्रिय कार्यों को करने में पुलिस अधीक्षक कभी आगे नहीं आते थे। इसलिए उनके तथा ए.डी.एम. एवं पुलिस बल के साथ मैं स्वयं यूनियन कार्बाइड फैक्टरी जा पहुँचा। वहाँ पर गेट के पास ही फैक्टरी का सुरक्षा कार्यालय था, जिसमें दो-तीन सुरक्षाकर्मी उपस्थित थे। वहाँ पर भी पुलिस अधीक्षक हमारे दल में सबसे पीछे ही थे। यूनियन कार्बाइड के सुरक्षाकर्मियों को हमारे असली मकसद के बाबत

कोई शंका न हो, इस उद्देश्य से बातचीत में मैंने यह दिखाया कि वर्क्स मैनेजर से चर्चा करनी है और जानना चाहा कि ये लोग कहाँ पर हैं ? यूनियन कार्बाइड के सुरक्षाकर्मी काफी चालाक थे। उन्होंने कोई स्पष्ट उत्तर नहीं दिया कि वे अधिकारी कहाँ पर थे। यह भी स्पष्ट नहीं हो रहा था कि वे कारखाने में थे भी या नहीं। इस प्रकार वे सुरक्षाकर्मी सब बातें टाल रहे थे और वास्तविकता बताना ही नहीं चाह रहे थे। नम्रतापूर्वक कई प्रकार से बातें करने पर जब यह स्पष्ट हो गया कि वे सीधा उत्तर न देकर बातें टाल रहे हैं, तब मैंने पीछे उपस्थित अपने अधिकारियों और पुलिस बल की ओर मुखातिब होते हुए रोष भरे शब्दों में कहा कि 'ये लोग सही-सही जानकारी नहीं दे रहे हैं। ये सब दोषी मालूम होते हैं। इन लोगों को बंद करो।' मेरे इतना कहते ही यूनियन कार्बाइड के सुरक्षाकर्मी सही रास्ते पर आ गए। उन्होंने मुकुंद एवं अन्य अधिकारियों का पता बता दिया। ये सब अधिकारी भी तुरंत वहाँ पर उपस्थित हो गए और उन्हें गिरफ्तार करने की काररवाई की गई।

पेट्रोलियम एवं रसायन के तत्कालीन प्रभारी केंद्रीय मंत्री श्री वसंत साठे ने 5 दिसंबर, 1984 को यूनियन कार्बाइड की फैक्टरी का निरीक्षण किया। अन्य जरूरी कार्यों में व्यस्त होने के कारण मैं उस समय वहाँ पर नहीं था। बाद में गृह सचिव ने मुझे बताया कि श्री साठे ने इस बात पर अपनी नाराजगी जाहिर की थी कि यूनियन कार्बाइड फैक्टरी में बहुत अधिक भीड़ रहती थी। उन्होंने इच्छा व्यक्त की थी कि वहाँ पर प्रवेश पूरी तरह से नियंत्रित किया जाए। गृह सचिव से इसी चर्चा के दौरान यह स्पष्ट हो गया कि श्री साठे ने मुख्यमंत्री से चर्चा में अपनी यह भावना व्यक्त की थी और तत्पश्चात् मुख्यमंत्रीजी ने मुख्य सचिव एवं गृह सचिव को आवश्यक निर्देश दिए थे।

गृह सचिव ने शासन के इन निर्देशों से जब मुझे अवगत कराया तब उनसे विस्तार से बातचीत हुई। किन-किन लोगों को यूनियन कार्बाइड कैंपस के अंदर प्रवेश दिया जाना है, इस बाबत नीति भी तय हो गई। फैक्टरी बंद होने के कारण केवल उसके रख-रखाव के लिए यूनियन कार्बाइड के जितने भी अधिकारियों एवं कर्मचारियों की जरूरत थी, उन्हें भी अनुमति दी जानी थी। ऑपरेशन फेथ के कार्य की तैयारी में लगे डॉ. वर्द्धराजन तथा अन्य लोगों को अपना कार्य करने के लिए भी प्रवेश दिया जाना था। इन वरिष्ठ अधिकारियों ने जिन लोगों की अनुशंसा की, उन्हें उदारतापूर्वक प्रवेश दिया गया।

गृह सचिव से मैंने कहा था कि आपराधिक मामला दर्ज हो जाने और पुलिस अनुसंधान का कार्य प्रारंभ हो जाने इत्यादि से फैक्टरी पुलिस के ही प्रभार में थी,

अतः जिन लोगों को प्रवेश-पत्र दिए जा रहे थे उनको ही पुलिस अंदर प्रवेश दे और गृह सचिव ने जो निर्देश दिए थे, उनका पालन करने की जिम्मेदारी पुलिस पर ही रखी जाए। जहाँ तक प्रवेश-पत्र का सवाल है, उसके बारे में जो नीति शासन ने बनाई थी, उसके अनुसार छानबीन करके हम प्रवेश-पत्र देते जाएँगे। गृह सचिव ने कहा कि पुलिस पर पूरा भरोसा न करके मैं स्वतः ऐसी व्यवस्था करूँ, जिससे शासन के निर्देशों का पालन सख्ती से हो और अन्य लोग अंदर न घुस सकें। यद्यपि पर्याप्त पुलिस बल फैक्टरी में लगा दिया गया था, तथापि मैंने उनके इन निर्देशों का तत्परता से पालन किया। शुरू में इन निर्देशों का कार्यान्वयन सख्ती से कराने के लिए मैंने सख्त स्वभाववाले डिप्टी कलेक्टर को यूनियन कार्बाइड फैक्ट्री के मुख्य द्वार पर तैनात किया। यह कार्य दिन-रात होने वाला था, अतः कोई एक डिप्टी कलेक्टर गेट पर रहकर चौबीस घंटे की ड्यूटी नहीं कर सकता था। इसलिए बाद में शायद दो और डिप्टी कलेक्टर उस काम में लगाए गए। यह अपने आप में अनोखी घटना थी कि गेट पर डिप्टी कलेक्टरों से संतरी जैसा कार्य लिया जा रहा था और वह भी पुलिस विभाग के प्रमुख की इच्छा पर।

मैंने प्रवेश-पत्र देने की भी माकूल व्यवस्था बना ली और फैक्टरी में प्रवेश पर पूरा नियंत्रण लागू हो गया। यूनियन कार्बाइड से जो प्रवेशार्थियों की सूची दो-तीन किस्तों में प्राप्त हुई थी और जिसकी छानबीन डॉ. वर्द्धराजन के सहयोगियों ने कर ली थी, ऐसे लगभग दो सौ लोग थे जिन्हें प्रवेश-पत्र दिए गए थे। जब फैक्टरी बंद हो तब मात्र रख-रखाव के लिए यह संख्या कम नहीं थी। सी.बी.आई. को जाँच-कार्य सौंपा गया था। इसलिए सी.बी.आई. के अधिकारियों को भी प्रवेश-पत्र दिए गए। शासन कभी-कभार किन्हीं और लोगों को प्रवेश दिलाना चाहता था तो संबद्ध अधिकारी की लिखित अनुशंसा आ जाती थी। मैंने व मेरे डिप्टी कलेक्टरों ने शासन की नीति का पालन सख्ती के साथ कराया।

6 दिसंबर को सचिव (साइंस एंड टेक्नोलॉजी) ने मुझे दूरभाष पर सूचित किया कि वे चार-पाँच लोगों के नाम भेज रहे हैं उन्हें प्रवेश-पत्र दे दिए जाएँ। जब बिना हस्ताक्षर की एक परची में ये नाम मेरे पास आए तो पता चला कि उनमें से अधिकतर नाम विदेशियों के थे। जाँच करने के बाद पता चला कि सूची में जो पहला नाम वारेन बूमर का था वे अमेरिकी नागरिक थे और यूनियन कार्बाइड फैक्टरी (भोपाल) में पहले वर्क्स मैनेजर रह चुके थे। अन्य नाम भी कुछ इसी प्रकार के थे। प्रवेश देने का उद्देश्य भी मुझे नहीं बताया गया था। पूरी बात रहस्यमय लग रही थी, विशेषकर यह कि विज्ञान और प्रौद्योगिकी सचिव उनके प्रवेश के लिए जिम्मेदारी

लेने से बचने का प्रयास कर रहे थे। उनके साथ कार्य करने का जो मेरा पुराना अनुभव था, उसके अनुसार बाद में कभी स्थिति असुविधाजनक होने पर वे अपने मौखिक आदेश से पल्ला झाड़ सकते थे। पुनः शासन ने मुझे जो निर्देश दिए थे और जिन कारणों से यूनियन कार्बाइड फैक्टरी में प्रवेश को सख्ती के साथ नियंत्रित किया गया था, उन सिद्धांतों के अनुसार भी यह माँग नहीं थी, अतः मैंने विनम्रतापूर्वक सचिव साइंस एंड टेक्नोलॉजी से कहा कि इन लोगों को प्रवेश देने के लिए शासन ही निर्देश दे, तब प्रवेश-पत्र दिए जाएँगे। उक्त सचिव मुझे बार-बार टेलीफोन कर अपनी नाराजगी व्यक्त करते रहे, किंतु लिखित आदेश उन्होंने नहीं भेजा।

तब मैंने 6 दिसंबर को समय मिलने पर लगभग आधी रात में उन्हें एक गोपनीय पत्र लिखा। प्रवेश नियंत्रित करने की पूरी व्यवस्था को बताते हुए मैंने उसमें लिखा कि प्रायः ऐसे लोगों को भी प्रवेश-पत्र देने की माँग आती है, जो शासन (गृह विभाग) द्वारा दिए गए निर्देशों के विपरीत जाती है, जिससे काफी उलझनें होती हैं। आगे मैंने बड़ी विनम्रतापूर्वक निवेदन किया कि क्या यह उचित न होगा कि ऐसी माँगें गृह विभाग के माध्यम से मेरे पास भेजी जाएँ, ताकि नीति तथा उसके कार्यान्वियन में विरोधाभास न हो। यूनियन कार्बाइड से जुड़े ऐसे विदेशियों का प्रवेश देने के औचित्य पर भी मैंने प्रश्न उठाया। इस पत्र की प्रति गृह सचिव को भी पृष्ठांकित की गई। यह पत्र उनके पास अगले दिन प्रातः विशेष वाहक द्वारा भेजा गया। बाद में मुख्य सचिव ने मुझे फोन किया और पूछा कि उक्त सचिव की इच्छा के अनुसार मैं उन लोगों को प्रवेश क्यों नहीं दे रहा था? मैंने अपना पक्ष उन्हें बताया। किसी अन्य सिलसिले में जब मैं मुख्यमंत्रीजी के पास था तो उन्होंने मुख्य सचिव का नाम लेते हुए कहा कि अमुक-अमुक के कहने के अनुसार मैं लोगों को प्रवेश क्यों नहीं दे रहा था। मैंने पूरी बात बताई और कहा कि ये लोग मौखिक आदेश देते हैं, लिखित नहीं; जबकि मामला निर्धारित नीति के बाहर का है। अतः शासन का लिखित आदेश जाना चाहिए।

उन्होंने मेरी इस बात से सहमति व्यक्त की। बाद में गृह सचिव का पत्र (7 दिसंबर, 1984) प्राप्त हुआ, जिसमें वारेन बूमर, गोर्डन रुटजन, एस. श्रीधर तथा शेन वान मायने को प्रवेश देने के निर्देश आए और तब मैंने उन्हें प्रवेश दिलाया।

मेरे द्वारा व्यक्त की गई शंका निराधार नहीं थी। जैसाकि मैंने आगे एक अध्याय में विवरण दिया है, इन्हीं वारेन बूमर के हलफनामे में गैस दुर्घटना के बारे में यूनियन कार्बाइड के पक्ष में दिए गए ढेर सारे कथनों के आधार पर अमेरिका में भारत सरकार व मध्य प्रदेश सरकार के मामले खारिज हुए।

7 दिसंबर को प्रातः मेरा कार ड्राइवर एक जीप लेकर मेरा उपर्युक्त पत्र संबंधित लोगों को देने के लिए गया हुआ था। उसी बीच मुख्यमंत्रीजी का टेलीफोन आया और मुझे तत्काल अपने निवास पर बुलाया गया। मेरा ड्राइवर नहीं था, अतः तत्काल मैं स्वयं कार चलाकर मुख्यमंत्री निवास जा पहुँचा। कार से उतरकर मैं मुख्यमंत्री से मिलने उनके कक्ष में जा रहा था कि रास्ते में विज्ञान और प्रौद्योगिकी सचिव मुझे मिले। उन्होंने कहा कि मैं सूची के अनुसार उन विदेशी लोगों को फैक्टरी में प्रवेश देने के लिए ए.डी.एम. को फोन कर दूँ। मैंने नम्रतापूर्वक उन्हें बताया कि मुख्यमंत्रीजी ने तत्काल मिलने को कहा है, अतः मैं उनसे मिलने जा रहा हूँ। मेरा आशय स्पष्ट था कि इस स्थिति में ए.डी.एम. को फोन करना संभव नहीं था। इसपर वे बड़े नाराज हुए; किंतु मैं मुख्यमंत्रीजी से मिलने के लिए प्रथम मंजिल पर चला गया। वहाँ पर पहले से ही गुप्त वार्त्ता के सहायक पुलिस महानिरीक्षक बैठे थे। बाद में पुलिस अधीक्षक भी वहाँ आ गए।

यूनियन कार्बाइड कॉरपोरेशन के अध्यक्ष वारेन एंडरसन, यूनियन कार्बाइड इंडिया लिमिटेड के अध्यक्ष केशव महेंद्रा एवं प्रबंध संचालक विजय गोखले को गिरफ्तार करने के शासन के निर्णय की सूचना हम लोगों को दी गई और बताया गया कि ये तीनों व्यक्ति सर्विस फ्लाइट से भोपाल पहुँच रहे हैं। हमें यह भी बताया गया कि हवाई अड्डे के अधिकारियों को ऐसे निर्देश दिए गए हैं कि जब तक जिला मजिस्ट्रेट हवाई अड्डे पर न पहुँच जाएँ तब तक हवाई जहाज हवाई अड्डे पर नहीं उतरेगा। हम तीनों हवाई अड्डे के लिए रवाना हो गए।

मुख्यमंत्री निवास से हवाई अड्डे की ओर जाते समय हम लोगों ने तत्परता के साथ पूरी योजना बना ली कि किस प्रकार गिरफ्तारी की जानी थी, गिरफ्तार करके इन लोगों को कहाँ रखा जाना था, वहाँ पर सुरक्षा-व्यवस्था किस प्रकार की जानी थी इत्यादि। हवाई अड्डे पर पहुँचकर कंट्रोल टॉवर के पास एक तरफ हमने कार छोड़ दी और पुलिस अधीक्षक भी, जो खाकी वरदी में थे वहाँ पर रुके रहे। सादी वरदीवाले सहायक पुलिस महानिरीक्षक के साथ मैं पैदल ही आगे बढ़ा। हवाई जहाज उतर चुका था पर उसके दरवाजे बंद थे। टर्मिनल बिल्डिंग के बाहर और हवाई जहाज के बीच में देशी-विदेशी मीडियावालों की अच्छी-खासी भीड़ थी और वे फोटो उतारने के लिए पूरी तैयारी में थे। सिक्यूरिटी चेक के बाद केवल यात्रा करनेवाले लोग ही उस क्षेत्र से हवाई जहाज में बैठने निकल सकते थे, वहाँ पर मीडिया की यह भीड़ सुरक्षा नियमों का गंभीर उल्लंघन थी। मैंने उन सबको अंदर लाउंज में जाने को कहा और वहाँ उपलब्ध तीन-चार पुलिसकर्मियों से इन निर्देशों

का पालन करवाया। हमारी दृढ़ता को देखते हुए मीडियावाले नाराजगी व्यक्त करते हुए अनिच्छा से अंदर चले गए तथा हमने गेट बंद करा दिया। काँच की एक खिड़की खोलकर एक विदेशी पत्रकार अपने वीडियो कैमरा की गन रखे था। तेजी से वहाँ जाकर मैंने खिड़की बंद कर दी, वह पत्रकार रोष में कुछ कहता रहा। एरोड्रम ऑफिसर खन्ना के साथ हम हवाई जहाज के पास गए और उन्हीं के माध्यम से काररवाई की। खन्ना कॉकपिटवाले रास्ते की सीढ़ी से हवाई जहाज में अंदर गए और एंडरसन, महेंद्रा व गोखले को उसी रास्ते से उतारकर नीचे लाए। अन्य यात्री हवाई जहाज के अंदर ही बैठे थे, क्योंकि केवल उन्हीं तीन लोगों को बुलाया गया था और हवाई जहाज का मुख्य दरवाजा अभी भी बंद था। जिस समय यह सब कार्य हो रहा था उस समय पहले से बनाई योजना के अनुसार मेरा इशारा पाते ही पुलिस अधीक्षक मेरी कार को हवाई जहाज के पास लाए और इस प्रकार से कार को पार्क किया कि एंडरसन इत्यादि के कॉकपिटवाले रास्ते से नीचे उतरते ही दरवाजा सामने हो। उन्हें सीधे उसी कार के अंदर ले जाया गया। वे तीनों व्यक्ति बिना किसी आशंकां के सर्वप्रथम मेरी कार में खुशी-खुशी जाकर बैठ गए। एंडरसन अपने हाथ में गैस मास्क लिये हुए थे। उन्हें लगा कि उनके स्वागत के लिए कार यहाँ तक लाई गई थी। किंतु कार में बैठने के बाद शायद शंका हुई और एंडरसन कार से एकाएक नीचे उतर गए और पूछा कि उनके सामान का क्या होगा? मैंने उन्हें बताया कि वे उसकी चिंता न करें। उनका सारा सामान सुरक्षित है और पीछे-पीछे लाया जा रहा है। मैंने पुन: कार में बैठने के लिए उन्हें संकेत किया। वे कार में बैठ गए। कार में उन तीनों के बैठने के पहले ही मैंने कार के वायरलेस सिस्टम को बंद कर दिया था, ताकि बाद में हम जो करने वाले थे, उसे वे जान न सकें।

उन तीनों के बैठने के बाद मीडिया से बचने के लिए कार टर्मिनल बिल्डिंग के सामने की ओर से न जाकर रन-वे की ओर गई और वहाँ से घूमते हुए एक अन्य रास्ता पकड़कर बाहर मुख्य रोड पर निकल आई। कोई कैमरामैन हमारा फोटो नहीं ले पाया। कार के आगे सशस्त्र पुलिसवालों की एक जीप चल रही थी। पीछे पुलिस अधीक्षक की गाड़ी से मैंने वायरलेस के द्वारा कंट्रोल रूम को निर्देश दिया कि श्यामला हिल्स स्थित यूनियन कार्बाइड के गेस्ट हाउस में पुलिस फोर्स को अविलंब भेजें तथा अन्य आवश्यक व्यवस्था करें। थोड़ी देर बाद हम लोगों का काफिला श्यामला हिल्स स्थित यूनियन कार्बाइड गेस्ट हाउस में पहुँच गया।

एंडरसन वगैरह जब कार से उतरकर गेस्ट हाउस की सीढ़ियाँ चढ़ने जा रहे थे तब मैंने पुलिस अधीक्षक से पूछा कि उन्हें गिरफ्तारी की जानकारी दी गई है या नहीं,

तो पुलिस अधीक्षक ने इनकार किया और कहा कि अभी उन्हें कुछ नहीं बताया गया है। तब मैंने आगे बढ़कर जल्दी से एंडरसन को उनकी गिरफ्तारी की सूचना दी। उन्होंने कहा, 'आय बेग योर पार्डन।' तब गिरफ्तार होने के बारे में मैंने उन्हें पुनः समझा दिया। उन्होंने जानना चाहा कि इस स्थिति में उन्हें क्या करना है। तब मैंने कहा कि वे अपने-अपने कमरे में रहें और किसी व्यक्ति से संपर्क न करें। शेष विवरण उन्हें शीघ्र ही दिया जाएगा।

एंडरसन, महेंद्रा और गोखले को गिरफ्तार करने की आवश्यक औपचारिकताएँ पूरी कराई गईं और यूनियन कार्बाइड गेस्ट हाउस में ऊपर जो तीन कमरे हैं उनमें से उन्हें एक-एक कमरे दिए गए। इस गेस्ट हाउस के चारों ओर सशस्त्र पुलिस का पहरा लगा दिया गया। जो सीढ़ियाँ उन तीनों कमरों की ओर जाती थीं, वहाँ पर भी सशस्त्र पुलिस लगाई गई थी। भूतल पर सीढ़ियों की बाईं तरफ जो कमरे थे, उनमें यूनियन कार्बाइड के कई वरिष्ठ अधिकारी ठहरे हुए थे। स्पष्ट था कि एंडरसन के आने के पहले ये वरिष्ठ अधिकारी मुंबई एवं अन्य जगहों से आकर यहाँ ठहरे थे। ये अधिकारी बड़े कौतूहल के साथ आपस में एक-दूसरे से बातें कर रहे थे। भोपाल में यूनियन कार्बाइड फैक्टरी में पहले वर्क्स मैनेजर रहे कोई मि.चक्रवर्ती भी वहाँ पर ठहरे हुए थे। उस समय उनका मुख्यालय संभवतया मुंबई था।

ये सब लोग एंडरसन से मिलने के लिए आए हुए थे। जैसे ही उन्हें पता चला कि एंडरसन वगैरह गिरफ्तार हो गए हैं और ये लोग उनसे नहीं मिल सकते हैं। तब मेरे यह कहने पर भी कि वे अपने-अपने कमरे में रह सकते हैं। पहले तो इन लोगों ने चुपचाप सुन लिया और वहाँ बने रहे, थोड़ी देर बाद पता चला कि ये सब लोग अपना-अपना सामान बाँधकर उस गेस्ट हाउस से चुपचाप अन्यत्र चले गए।

आवश्यक व्यवस्था कर लेने के बाद मैं तथा अन्य लोग मेरी कार से यूनियन कार्बाइड गेस्ट हाउस से रवाना हुए। वहाँ पर गेट के बाहर इलेक्ट्रॉनिक मीडिया एवं अन्य पत्रकारों (जिनमें विदेशी ज्यादा थे) की अच्छी-खासी भीड़ थी। जैसे ही मेरी कार गेट की ओर बढ़ रही थी, मीडिया एकाएक सक्रिय हो गया व उनके कैमरे चमकने लगे। पुलिस गार्ड ने गेट तो खोल दिए, किंतु मीडिया की भीड़ के कारण मेरी कार आगे न बढ़ सकी। मीडिया के लोग काफी उत्तेजित थे, उन्होंने प्रश्नों की झड़ी लगा दी। कार में बैठे-बैठे उत्तर देने से जब वे संतुष्ट नहीं हुए तब उतरकर मैंने एंडरसन इत्यादि की गिरफ्तारी की जानकारी दी। इससे उनको बड़ा आश्चर्य सा हुआ और फिर वे तरह-तरह के प्रश्न पूछते रहे। कुछ प्रश्नों के उत्तर देकर बाकी प्रश्नों से बचते हुए हम लोग वहाँ से चले गए। मीडिया के कुछ लोग हमारी कार का पीछा करने लगे।

स्पष्ट था, वे और आगे पूछताछ करना चाह रहे थे। इसलिए हम लोग कंट्रोल रूम न जाकर सचिवालय चले गए और वहाँ से अपने कलेक्टर कार्यालय आ गए।

उसी दिन लगभग ढाई बजे मुख्य सचिव के बुलाने पर पुलिस अधीक्षक के साथ मैं सचिवालय स्थित उनके चैंबर में गया। एक-दो वरिष्ठ अधिकारी वहाँ पर पहले से ही बैठे हुए थे। मुख्य सचिव ने कहा कि बैरागढ़ हवाई अड्डे पर स्टेट प्लेन खड़ा है और एंडरसन को उसी हवाई जहाज से तत्काल दिल्ली भेजा जाना है। उन्होंने हमें यह भी निर्देश दिया कि तीन बजे तक हवाई जहाज बैरागढ़ हवाई अड्डे से उड़ जाए। चर्चा में यह तय हुआ था कि एंडरसन को हम यही बताएँगे कि 'भोपाल में उनका स्वागत नहीं है।'

औपचारिकता इत्यादि के बाबत चर्चा करके हम लोग सीधे यूनियन कार्बाइड गेस्ट हाउस पहुँचे। गेट के बाहर यहाँ-वहाँ घास में डले पड़े मीडिया के लोग मेरी कार को देखते ही झटके से हमारी ओर बढ़े; किंतु उसके पहले ही संतरी ने गेट खोल दिया व हम गेस्ट हाउस कैंपस में अंदर चले गए। एंडरसन के जमानतदार की खोज हम लोग कर रहे थे। गेस्ट हाउस के पास ही यूनियन कार्बाइड की जो अनुसंधानशाला है, वहाँ जाकर हम लोगों ने यूनियन कार्बाइड के कुछ कर्मचारियों से बात की और एक आदमी को जमानत लेने के लिए कहा तो वह जमानत लेने से इनकार करने लगा। हम लोगों के बहुत समझाने पर वह जमानत देने को तैयार हुआ।

इसके बाद पुलिस अधीक्षक के साथ मैं एंडरसन से मिलने उनके कक्ष में गया। यह जानकारी पाते ही कि उन्हें भोपाल से तत्काल वापस दिल्ली जाना है, एंडरसन संतुष्ट नहीं हुए और कहते रहे कि वे यहाँ की स्थिति देखना और मुख्यमंत्रीजी से मिलना चाहते हैं। हम लोगों ने उन्हें बताया कि इस दुर्घटना से व्यापक पैमाने पर जो जान-माल का नुकसान हुआ है, उससे लोगों के मन में काफी रोष है। इस स्थिति में वे न तो स्थिति का जायजा ले सकते हैं और न शहर में कहीं भी जा सकते हैं। उन्हें आगे बताया गया कि ज्यादा समय तक भोपाल में उनका रहना सुरक्षित नहीं है, अत: वे अविलंब बैरागढ़ हवाई अड्डे पर खड़े स्टेट प्लेन से दिल्ली चले जाएँ। किंतु एंडरसन दिल्ली जाने की बात को बार-बार टालते रहे।

इसी दौरान यूनियन कार्बाइड फैक्टरी से जहरीली गैस निकलने के बारे में भी उनसे बातचीत हुई। इस बातचीत से यह स्पष्ट हुआ कि सारी दुर्घटना के बारे में उन्हें अच्छी-खासी जानकारी थी। जब गैस रिसी तब हवा किस दिशा में बह रही थी और उस दौरान हवा के रुख में बदलाव किस-किस दिशा में कब-कब हुआ, यह सब उन्होंने चर्चा के दौरान बताया। जहाँ तक मुझे स्मरण है, उन्होंने बताया था कि जब

गैस निकली तब हवा तेज न होने के कारण गैस सर्वप्रथम सीधे ऊपर की ओर गई। बाद में हवा दक्षिण और फिर दक्षिण-पश्चिम की ओर बही तब उधर गैस गई। इसके बाद हवा की दिशा पुनः दक्षिण की ओर हो गई तो उधर गैस गई। हमारी जो जानकारी थी तथा मौके पर जो तबाही हमने देखी, उनका पूरा मिलान एंडरसन द्वारा बताए गए इस विवरण से होता था। इस प्रकार हवा के रुख में क्षण-क्षण जो परिवर्तन हो रहे थे, अमेरिका में बैठे एंडरसन उसकी भी बारीकी से जानकारी ले रहे थे।

डेढ़-दो घंटे की चर्चा के बाद ही एंडरसन भोपाल छोड़ने के लिए तैयार हुए और उन्होंने जमानत इत्यादि के कागजात पर हस्ताक्षर किए।

यूनियन कार्बाइड के गेस्ट हाउस में जाने और वहाँ से बाहर आने के लिए केवल एक ही गेट था और उस गेट से गेस्ट हाउस का मुख्य भाग सीधे नहीं दिखता था। मेरी कार गेस्ट हाउस के अंदर जाने और इतने लंबे समय तक रहने से मीडियावालों की जिज्ञासा का कारण बन गई थी और गेट के बाहर उनकी बड़ी भीड़ पुनः जमा हो गई थी।

एंडरसन को कार में बैठाकर हम लोग चुपके से रीजनल कॉलेज की तरफ से एक नए बनाए गए ऊबड़-खाबड़ रास्ते से निकल गए। गोपनीयता रखने के लिए कार के न आगे और न ही पीछे कोई गाड़ी रखी गई थी। मेरा ड्राइवर कार चला रहा था। पुलिस अधीक्षक कार में आगे बैठे थे और पीछे एंडरसन के साथ मैं बैठा हुआ था। जिस ऊबड़-खाबड़ रास्ते से हम लोग हवाई अड्डे पहुँचे, उसका किसी को पता ही नहीं चला। इस प्रकार, एंडरसन को उस रास्ते से हम हवाई अड्डे ले गए। वहाँ पर खड़े स्टेट प्लेन में एंडरसन को बैठाया और उन्हें दिल्ली भेज दिया गया। उनका गैस मास्क मेरी कार में ही छूट गया था, जो बाद में मुझे मिला।

जब एंडरसन दिल्ली पहुँचे तब दिल्ली की मीडिया को उस संबंध में पता चला। वहीं से इस बाबत समाचार प्रसारित होने पर भी भोपाल में प्रतीक्षारत विश्व भर के मीडियावालों को पता चला कि एंडरसन भोपाल से चुपचाप दिल्ली भेजे जा चुके थे। मीडिया के लोग आश्चर्य में रहे कि गेस्ट हाउस से बाहर जाने के लिए एकमात्र रास्ते पर उनका लगातार पहरा होने के बावजूद एंडरसन चुपचाप दिल्ली कैसे पहुँचे? यहाँ यह उल्लेखनीय है कि यह गेस्ट हाउस भोपाल के बड़े तालाब के किनारे स्थित है। पीछे की ओर सैकड़ों फीट गहरी खाई व उसके बाद समुद्र-सा तालाब होने से उधर कहीं जाने का प्रश्न ही नहीं उठता था और सामने मीडिया का पहरा था। समाचार-पत्रों में कई दिनों तक एंडरसन की गिरफ्तारी और उन्हें छोड़ने के बारे में तरह-तरह के अनुमान लगाए जाते रहे।

हाँ, एक चूक हम लोगों से हुई थी। जिस कमरे में एंडरसन को गिरफ्तारी के बाद रखा गया था, उसमें फोन लगा हुआ था। समयाभाव के कारण पुलिसवाले शायद कमरे की ठीक से जाँच नहीं कर पाए थे। एंडरसन ने उस फोन का खूब उपयोग किया और बच निकले।

खोए हुए लोगों के बारे में आम जनता को जानकारी

जहरीली गैस निकलने की त्रासदी के घटते ही रात में हड़बड़ी व घबराहट में हजारों परिवार भोपाल से भागे थे। फलस्वरूप भीड़ में अधिकतर परिवारों के लोग एक-दूसरे से बिछड़ गए थे। लगभग डेढ़-दो हजार लोगों की मृत्यु हो गई थी और काफी बड़ी संख्या में लोग गंभीर रूप से बीमार हुए थे। अनेक बीमार लोग भोपाल के विभिन्न अस्पतालों के अलावा भोपाल के समीपवर्ती जिलों के अस्पतालों में भी भरती हुए थे। काफी लोग तो बहुत दूर, यहाँ तक कि राज्य के बाहर भी, चले गए थे। और बहुत से लोगों की मृत्यु भोपाल से बाहर भी हुई थी। इस प्रकार हजारों परिवारों के लोग एक-दूसरे से अलग-थलग हो गए थे और वे यह नहीं जानते थे कि उनके प्रियजनों का क्या हुआ? वे जीवित थे भी या नहीं। यदि जीवित थे तो कहाँ और किन हालात में थे?

लोग अपने प्रियजनों को तलाशने के लिए अस्पतालों, मोहल्लों, कंट्रोल रूम तथा यहाँ-वहाँ भटक रहे थे। जो लाशें हमीदिया अस्पताल के बाहर पहचानने के लिए रखी जाती थीं, उन्हें पहचानने के लिए लोगों का ताँता लगा रहता था। मृतकों की सूचियाँ हमीदिया अस्पताल में थीं और जो हजारों मरीज अस्पतालों में भरती थे उनकी जानकारी भी संबंधित अस्पतालों में मिलती थी। अत: लोग अपने प्रियजनों की खोज में दर-दर भटकते रहते थे। इस प्रकार जहाँ एक ओर वे सब परेशान थे वहीं दूसरी ओर इससे मरीजों के उपचार में भी व्यवधान होता था, क्योंकि लोग वार्डों में जाकर भी अपने प्रियजनों को तलाशते थे। जब सब जगह से वे थक जाते थे तब कंट्रोल रूम अथवा जहाँ से भी उन्हें कुछ आशा होती थी, वहाँ जाकर लोगों से संपर्क करते थे और पूछते थे कि उनके बाकी लोग कहाँ पर हैं।

संभागीय आयुक्त एम.के. रणजीत सिंह ने इस मानवीय समस्या पर सबसे पहले ध्यान दिया और लापता लोगों का पता लगाने के लिए सुचारु व्यवस्था की। इस कार्य में उन्होंने पंचायत एवं समाज-कल्याण विभाग के लोगों को लगाने के साथ-साथ एक प्राइवेट कंपनी द्वारा उपलब्ध कराए गए वायरलेस सेट लगाए और प्रमुख स्थानों पर 'लास्ट एंड फाउंड' के केंद्र खोले गए। हमारे कंट्रोल रूम, हमीदिया मेडिकल कॉलेज एवं जे.पी. नगर में इस प्राइवेट कंपनी द्वारा दिए गए वायरलेस सेट

स्थापित किए गए थे। जिन लोगों की मृत्यु हो गई थी या जो लोग विभिन्न अस्पतालों में भरती थे अथवा जो भी जानकारी मिलती थी, उनकी सूची बनाकर इन सभी केंद्रों में भेजी जाती थी और इन केंद्रों पर जाकर कोई भी व्यक्ति संबंधित जानकारी ले सकता था। इन केंद्रों पर पूछताछ के लिए खोले गए कार्यालय रात-दिन कार्य करते थे। केंद्रों पर काफी भीड़ रहती थी। मृतकों के बारे में, अस्पतालों में भरती मरीजों तथा अन्य के बारे में जानकारी एकत्रित कर इन केंद्रों में प्रदाय करना और पूछताछ प्रभारी अधिकारियों को उपलब्ध कराना अपने आप में एक बहुत बड़ा कार्य था; किंतु यह सब कार्य सफलतापूर्वक किया गया और परेशान व दुःखी लोगों ने वहाँ जाकर जानकारी ली। यह सिलसिला काफी लंबे समय तक चला और इससे लोगों की परेशानी काफी कम हुई।

आस्था अभियान (Operation Faith)

यूनियन कार्बाइड के कारखाने से केवल एक टैंक से एम.आई.सी. गैस के निकलने से इतना बड़ा हादसा हुआ था। उस कारखाने में चालीस-पैंतालीस टन एम.आई.सी. गैस का एक और टैंक भी था तथा अन्य प्रकार की जहरीली गैस व रसायन भी वहाँ पर थे, इसकी जानकारी लोगों को थी। पूरे भोपाल में दहशत का वातावरण था। बार-बार यह अफवाह फैल जाती थी कि फिर से जहरीली गैस निकली है और लोग घबराकर भागना शुरू कर देते थे। कई बार सर्द अँधेरी रातों में ऐसी अफवाहें उड़ीं और भगदड़ मच गई। फिर फैक्टरी से जाँच कराकर लोगों में प्रचारित कराना पड़ता था कि यह मात्र अफवाह थी, अतः लोग अपने घर वापस आ जाएँ। यह सब क्रम बार-बार चलता था। फैक्टरी में कौन-कौन सी तथा कितनी-कितनी गैस है—इसका तो विवरण किसी को उपलब्ध नहीं था; किंतु इतना सभी को मालूम था कि वहाँ अभी भी एम.आई.सी. जैसी बड़ी खतरनाक गैसों का बड़ा भंडार है। जनता में व्याप्त व्यापक दहशत को देखते हुए और समस्या का स्थायी निराकरण करने के लिए बची हुई एम.आई.सी. गैस को निष्प्रभावी करने की योजना शासन के स्तर पर सचिवालय में बड़ी गोपनीयता के साथ बनाई जा रही थी।

सी.एस.आई.आर. के महानिदेशक डॉ. वर्द्धराजन भोपाल में क्षेत्रीय प्रयोगशाला स्थापित करने के लिए सहकारी प्रशिक्षण संस्थान का भवन खरीदने के उद्देश्य से 5 दिसंबर, 1984 को भोपाल आए हुए थे। संभवतया उसी दौरान यह निर्णय हो गया कि एम.आई.सी. गैस के बचे हुए स्टॉक को निष्प्रभावी करने को जिम्मेदारी डॉ. वर्द्धराजन के नेतृत्व में वैज्ञानिकों की एक टीम को सौंपी जाए।

अत: डॉ. वर्द्धराजन एवं शासन के अन्य अधिकारी आपस में चर्चा करके यह योजना बना रहे थे। डॉ. वर्द्धराजन इन बैठकों में बची हुई एम.आई.सी. गैस के खतरे के बारे में कभी-कभी कुछ ऐसी टिप्पणी कर जाते थे जो चर्चा में शामिल विभिन्न अधिकारियों में से कुछ के माध्यम से बड़ी तेजी के साथ फैलती थीं। कुछ पुलिस अधिकारियों एवं अन्य कनिष्ठ अधिकारियों से मैंने सुना था कि डॉ. वर्द्धराजन अकसर कह दिया करते थे कि हम लोग ज्वालामुखी पर बैठे हुए हैं और कभी भी गंभीर विस्फोट हो सकता है। स्पष्ट है कि हजारों लोगों के मरने के बाद हमारे इतने बड़े वैज्ञानिक यदि ऐसी टिप्पणी करें तो उसमें सार्थकता होगी—यह मानकर लोग दहशत से घिर जाते थे। फिर जब ये बातें सचिवालय के जिम्मेदार अधिकारियों के स्रोतों से आगे फैलती थीं तो लोग उन्हें गंभीरता से लेते थे और जो वातावरण अधिकारियों एवं कर्मचारियों के माध्यम से जनता में बन रहा था, उससे और अधिक दहशत फैलती जा रही थी।

सचिवालय में जो योजनाएँ बनाई जा रही थीं उनके अनुसार शेष एम.आई.सी. गैस को निष्प्रभावी करने का कार्य 16 दिसंबर से प्रारंभ होना था और उसे 20 दिसंबर तक पूरा करना था। इन्हीं बैठकों में यह अनुमान लगा लिया गया था कि उन दिनों डर के कारण लोग यूनियन कार्बाइड कारखानेवाले क्षेत्र में नहीं रहेंगे। इस योजना में अनुमान लगाया गया था कि कारखाने से तीन किलोमीटर की परिधि में बसे लोग अपना-अपना घर छोड़कर चले जाएँगे। उस परिधि में यद्यपि कई लाख लोग रहते थे, किंतु अनुमान यह था कि अधिकतर लोग अपनी व्यवस्था स्वयं करेंगे। लगभग पचास हजार लोग ऐसे होंगे जिनके ठहरने के लिए वैकल्पिक व्यवस्था उनके द्वारा स्वयं करना कठिन होगा। इसलिए यह तय किया गया कि ऐसे लोगों के लिए नए भोपाल में कैंप लगाए जाएँ, जहाँ पर उनके रहने तथा खाने-पीने की मुफ्त व्यवस्था हो। तदनुसार नए भोपाल में दस-बारह कैंप लगाए गए। अधिकतर कैंप शैक्षिक संस्थाओं में लगाए गए थे। उनके बाहर शामियाने भी खड़े किए गए थे। उनके घरों से इन कैंपों तक ले जाने के लिए ट्रांसपोर्ट की व्यवस्था भी की गई थी।

यद्यपि लोगों में तरह-तरह की चर्चा होती थी और लोग डरे एवं सहमे हुए थे, तथापि एम.आई.सी. गैस को निष्प्रभावी करने और ऊपर जैसा बताया गया है, उसके अनुसार व्यवस्था करने आदि की तैयारी बड़े गोपनीय ढंग से की जा रही थी, किसी को भी, यहाँ तक कि मुझे भी, कोई अधिकृत जानकारी नहीं मिल पाती थी। अजीब स्थिति यह थी कि मुझे भी अफवाह सुनकर ही संतोष कर लेना पड़ता था।

एक दिन राज्य परिवहन निगम की दर्जनों बसें भोपाल शहर के लाल परेड

ग्राउंड में पार्क कर दी गईं। उनके बारे में न तो जिला प्रशासन को और न ही जनता को कोई जानकारी दी गई। इसके बाद लोगों में तरह-तरह की अफवाहें फैल गईं और लोग तरह-तरह की आशंकाओं से घिर गए। पहले तो लोग थोड़ी सी अफवाह फैलने पर भागना शुरू कर देते थे, किंतु अब (8-9 दिसंबर के बाद) लोग बड़े ही व्यवस्थित ढंग से भोपाल छोड़कर अन्यत्र जाने लगे थे। जिस दिन राज्य परिवहन निगम की खाली बसें लाल परेड ग्राउंड में खड़ी की गईं उसी दिन से यात्री बसों तथा ट्रेनों में भोपाल से बाहर जाने के लिए भीड़ बढ़ने लगी।

अपने बच्चों और गृहस्थी के अन्य सामान को रेहड़ी पर लादकर जाता एक परिवार

इसी बीच एक दिन शासन ने आदेश जारी किया कि भोपाल के सभी स्कूल-कॉलेज 12 से 23 दिसंबर तक बंद रहेंगे। भोपाल के शासकीय सेवकों को 3 से 21 दिसंबर तक विशेष आकस्मिक अवकाश देने का निर्णय भी हुआ। इससे जनता में और भी भय व्याप्त हो गया और लोग तेजी से भोपाल खाली करने लगे।

शासन ने काफी विलंब से, 13 दिसंबर को, पूरी योजना आम सूचना के लिए जारी की। शहर के माहौल को देखते हुए लोगों को आश्वस्त करने के उद्देश्य से यद्यपि शासन ने जो योजना जारी की थी, उसमें स्पष्ट कहा गया था कि लोगों को भोपाल से बाहर जाने की कोई जरूरत नहीं है, लेकिन अब तक काफी विलंब हो चुका था। लोगों पर उसका उलटा ही असर हुआ। इसलिए लोगों में विश्वास जाग्रत्

करने के लिए मुख्यमंत्रीजी ने घोषणा की कि एम.आई.सी. गैस को निष्प्रभावी करने की काररवाई जब प्रारंभ होगी, तब से उसके समाप्त होने तक वे स्वयं यूनियन कार्बाइड के कारखाने में ही रहा करेंगे। इससे लोगों को कुछ संतोष अवश्य हुआ, किंतु भोपाल खाली होने का जो सिलसिला प्रारंभ हुआ था, वह फिर थमा नहीं।

'आस्था अभियान' प्रारंभ होने के पहले खाली होता भोपाल

एम.आई.सी. गैस को निष्प्रभावी करने की उस योजना का नाम 'ऑपरेशन फेथ' (आस्था अभियान) रखा गया था; किंतु सचिवालय द्वारा विलंब से योजना जारी करने और अब तक अफवाहों का बाजार गरम होने के कारण किसी भी बात का कोई असर जनता पर नहीं पड़ा। लोगों में दहशत फैलती ही रही। आस्था अभियान 16 दिसंबर, 1984 से प्रारंभ हो रहा था, किंतु 15 दिसंबर की शाम तक पुराना भोपाल लगभग पूरी तरह खाली हो चुका था। नए भोपाल के भी काफी लोग भोपाल छोड़ चुके थे। यहाँ तक कि अधिकांश अधिकारियों ने भी अपने परिवार बाहर भेज दिए थे।

मेरा कलेक्टर-बँगला पुराने भोपाल में होने के कारण चारों ओर सन्नाटा हो गया था। मेरी पत्नी व बच्चों का कहना था कि जब सब लोग भोपाल से जा रहे हैं तो हम लोगों को यहाँ क्यों रखा जा रहा है। मैंने उन्हें बताया कि जैसा शासन प्रचार करा रहा है, आस्था अभियान से कोई खतरा नहीं है। इस स्थिति में यदि मेरे भी

चलो जल्दी करो : साइकिलों पर ही माल-असबाब लादकर कूच करते लोग

परिवार के लोग चले गए तो शासन की ओर से हमारी बात जनता कैसे मानेगी ? पुनः किस मुँह से हम अन्य लोगों को भरोसा दिला सकेंगे ? इसके बाद परिवार के लोगों ने कुछ नहीं कहा, यद्यपि मेरी बुद्धिमत्ता एवं दूरदर्शिता पर उन्हें सदैव शंका ही रही।

आस्था अभियान के संबंध में 14 सितंबर को मुख्य सचिव ने एक बैठक बुलाई, जिसमें मुझे भी बुलाया गया। उन्होंने कहा कि आस्था अभियान के कार्यान्वयन के लिए मुझे धारा 144 के अंतर्गत आदेश जारी करना होगा। मैंने विनम्रतापूर्वक कहा कि यद्यपि 3 दिसंबर को धारा 144 लागू करने का जो आदेश मैंने जारी किया है उसमें पहले से ही इस बाबत निर्देश हैं, फिर भी मैं यह आदेश पुनः जारी कर दूँगा।

यहाँ पर उल्लेखनीय है कि 3 दिसंबर को प्रातः चार बजे से प्रभावशील मेरे हस्ताक्षर से दंड प्रक्रिया संहिता की धारा 144 के अंतर्गत जो आदेश जारी किया गया था, उसमें जो निर्देश यूनियन कार्बाइड को दिए गए थे, उसमें जहरीली गैस/द्रव की रिसन को तत्काल रोकने और उसकी पुनरावृत्ति न हो, यह सुनिश्चित करने के साथ-साथ कार्बन मोनो ऑक्साइड, फासजीन, एम.आई.सी. एवं अन्य किसी भी गैस, द्रव्य पदार्थ का उत्पादन तत्काल प्रभाव से बंद करने के आदेश दिए गए थे और यह भी आदेश दिया गया था कि कारखाने में भंडारित जहरीली गैस व द्रव को नष्ट और निष्प्रभावी किया जाय, उक्त परिसर में अन्य किसी प्रकार का ऐसा संग्रह न किया जाए।

शहर से पलायन करते लोग

14 दिसंबर की उक्त बैठक में मुख्य सचिव एवं गृह सचिव ने एक साइक्लो-स्टाइल्ड कागज का कटा हुआ भाग मुझे दिया। ऐसा लगता था कि वह किसी नोट का एक अंश था। उसका सारांश था कि 'जिला मजिस्ट्रेट, भोपाल दंड प्रक्रिया संहिता की धारा 144 के अंतर्गत वर्क्स मैनेजर मुकुंद को आदेश देंगे कि वे भोपाल के लोगों को जो खतरा है और जो न्यूसेंस है, उसे हटाएँ। मुकुंद और अन्य लोग जिला मजिस्ट्रेट के आदेशों का पालन करेंगे और यदि कोई चूक हो गई तो दुर्घटना के लिए वह जिम्मेदार माने जाएँगे। इस विकल्प से यह लाभ रहेगा कि राज्य सरकार भोपाल के नागरिकों को गैस के खतरे से बचाने के अपने दायित्व को निभा चुकी होगी।'

ये वरिष्ठ अधिकारी इतने घबराए हुए से रहते थे कि अपनी बात तो कह देते थे, किंतु जो बात उन्हें बताई जाती थी उसपर ध्यान केंद्रित नहीं करते थे। वही पुनः हुआ। उन्होंने मेरी बात पर कोई ध्यान नहीं दिया और धारा 144 का आदेश जारी करने के लिए मुख्य सचिव ने एक प्रारूप डिक्टेट किया। बाद में उन्होंने कहा कि मैं यह प्रारूप विधि विभाग के सचिव को दिखा लूँ। उस दिन विधि सचिव भोपाल में नहीं थे। अतः वे तो इसे देख नहीं सके, किंतु इस संबंध में वरिष्ठों की यहाँ-वहाँ मंत्रणाएँ होती रहीं, फिर भी इस प्रारूप को अंतिम रूप नहीं दिया जा सका। दूसरे दिन प्रातः विधि सचिव जब भोपाल लौटे, तब मैं उनके घर गया और उन्हें प्रारूप

दिखाकर उनसे विचार-विमर्श किया। उन्होंने एक अन्य प्रारूप बनाया। इन दोनों दिग्गजों द्वारा तैयार किए गए प्रारूपों में धारा 144 के अधीन जारी मेरे आदेश दिनांक 3 दिसंबर, 1984 का हवाला था तथा उसी क्रम में यह आदेश जारी करना प्रस्तावित था। मेरी राय में न तो मुख्य सचिववाला और न ही विधि सचिववाला प्रारूप पूर्ण था। यह स्वाभाविक भी था, क्योंकि ये दोनों वरिष्ठ अधिकारी इस कार्य के संपर्क में नहीं थे जबकि हम लोग इस कार्य से निकट से जुड़े हुए थे। जो भी हो, मुख्य सचिव का अलग प्रारूप एवं विधि सचिव का अलग प्रारूप होने से मुझे अवसर मिला और इन दोनों प्रारूपों को समन्वित करने के नाम पर इन दोनों प्रारूपों से कुछ अच्छे बिंदुओं को लेते हुए मैंने अपना प्रारूप बना लिया। उसपर सभी ने सहमति दे दी। उस प्रारूप को अंतिम सोपान तक पहुँचाने के लिए कम-से-कम दस-बारह बैठकें हुई होंगी और डेढ़-दो दिन इस छोटे से कार्य में लगाने पड़े, जबकि यह कार्य मुश्किल से दस मिनट का ही था।

15 दिसंबर को कभी मुझे कहा जाता कि धारा 144 का आदेश जारी कर दिया जाए, कभी कहा जाता कि अभी रोका जाए। अंत में उसी दिन अपराह्न में मुख्य सचिव द्वारा कहा गया कि इस आदेश के बिना आस्था अभियान का कार्य हो नहीं सकेगा। उस दिन शाम को मुझसे कहा गया कि प्रारूप ठीक है और इसी के अनुसार आदेश जारी करने के लिए मैं पूरी तैयारी कर लूँ। 15 दिसंबर की रात में मैंने देर से इस आदेश की स्टेंसिल कटवाकर पर्याप्त प्रतियाँ निकलवा लीं। बार-बार परामर्श करने तथा मार्गदर्शन लेने के निर्देशों से मैं ऊब चुका था। उस दिन हुई चर्चाओं तथा 16 दिसंबर की सुबह से आस्था अभियान का कार्य शुरू होने वाला है, इन तथ्यों को ध्यान में रखते हुए मैंने देर रात्रि में धारा 144 का आदेश जारी कर दिया।

16 दिसंबर की सुबह मुख्य सचिव ने मेरे द्वारा धारा 144 का आदेश जारी करने पर आपत्ति की और पूछा कि जब यह निर्णय हो गया था कि यह आदेश जारी नहीं किया जाए, तब यह आदेश क्यों जारी किया गया? मैं हैरान रह गया। मैंने कहा कि 'मुझसे चर्चा में तो कहा गया था कि इस आदेश के बिना आस्था अभियान का कार्य हो ही नहीं सकता है और प्रारूप मात्र में विवाद था, उसे कल शाम को अनुमोदित कर दिया गया था। जो भी हो मुझे तो किसी ने ऐसा निर्देश नहीं दिया कि यह आदेश जारी नहीं किया जाए, इसलिए मैंने रात में विलंब से आदेश जारी कर दिया।' उस समय उनकी बातों से मुझे ऐसा लगा कि 15 दिसंबर को देर रात्रि में कोई उच्च स्तरीय बैठक मुख्य सचिव ने ली थी और उसमें यह निर्णय हुआ था कि ऐसे आदेश पुनः जारी करने की कोई आवश्यकता नहीं थी; किंतु इस निर्णय की सूचना

मुझे देने का कष्ट किसी ने भी नहीं किया। फलस्वरूप मुझे उसकी जानकारी नहीं हो पाई और पहले लिये गए निर्णय के अनुसार मैंने आदेश जारी कर दिया था।

इस प्रकार की घटनाएँ एक बार नहीं, अनेक बार हुईं। उक्त प्रसंग इन परिस्थितियों का एक नमूना मात्र है। बहरहाल, मैंने इस आदेश की प्रतिलिपियाँ वरिष्ठों की इच्छा को रखते हुए सभी जगहों से वापस ले लीं। यूनियन कार्बाइड के लोगों ने फोटो प्रति अपने पास रखने के बाद ही मूल आदेश को वापस किया।

'आस्था अभियान' का कार्यक्रम बड़े विस्तार से बनाया गया था। इसका कार्यान्वयन 16 दिसंबर को प्रात: नौ बजे से शुरू होना था। नौ बजने से काफी पहले ही फैक्टरी के पासवाले इलाकों में सभी जगह सड़कों पर पानी डाल दिया गया था।

'आस्था अभियान' के दौरान यूनियन कार्बाइड कारखाने के चारों ओर लपेटे गए टाट को निरंतर गीला करती फायर ब्रिगेड

फैक्टरी की चारदीवारी पर चारों ओर से टाट लपेटे गए थे और फायर ब्रिगेड द्वारा लगातार इन फट्टों को गीला किया जा रहा था तथा फैक्टरी के ऊपर एयरफोर्स के हेलीकॉप्टर पानी बरसा रहे थे। इसका उद्देश्य यह था कि एम.आई.सी. गैस को निष्प्रभावी करने में यदि कोई त्रुटि भी हो जाए और गैस निकल भी जाए तो पानी के संपर्क में आकर वह निष्प्रभावी हो जाए और उससे जान-माल की कोई हानि न हो।

16 दिसंबर को प्रात: से ही विश्व की मीडिया अपने-अपने कैमरे सहित

फैक्टरी के बाहर दरवाजे पर थी। मुख्यमंत्रीजी के वहाँ पहुँचने पर 'आस्था अभियान' का कार्य प्रारंभ हुआ।

डॉ. वर्द्धराजन एम.आई.सी. गैस को निष्प्रभावी करने के कार्य के प्रभारी थे। इस गैस से पहले की तरह 'सेविन' नामक कीटनाशक दवाई का उत्पादन हुआ। यह सब कार्य मुख्यतः यूनियन कार्बाइड के इंजीनियर एवं टेक्नीशियन द्वारा ही किया गया। अजीब विडंबना थी कि डॉ. वर्द्धराजन अपने ओहदे का उपयोग लोगों

'आस्था अभियान' के दौरान यूनियन कार्बाइड कारखाने पर पानी बरसाता वायु सेना का हेलीकॉप्टर

पर रुतबा दिखाने के लिए ज्यादा कर रहे थे और वास्तव में उनका कार्य केवल इतना रह गया था कि यूनियन कार्बाइड के इंजीनियर व टेक्नीशियन जो कर रहे थे उसे देख लें और आश्वस्त हो जाएँ कि सब ठीक चल रहा है, आम जनता को कोई खतरा तो नहीं है।

इसके कई माह बाद यूनियन कार्बाइड फैक्टरी के एक सेवानिवृत्त अधिकारी ने मुझे बताया कि वर्द्धराजन को विषय का ज्यादा ज्ञान नहीं था। किंतु शासकीय पक्ष के वैज्ञानिकों के प्रमुख होने के नाते वे यूनियन कार्बाइड के अधिकारियों व कर्मचारियों के सुझाव को कहीं-कहीं संशोधित करना चाहते थे कि एम.आई.सी. के निष्प्रभावी करने की प्रक्रिया को किस प्रकार से संचालित किया जाए। उनके इन सुझावों को

यूनियन कार्बाइड के कर्मियों ने स्वीकार नहीं किया और कहा कि इस स्थिति में वे अपने को इस कार्य से अलग कर लेंगे, इसके बाद डॉ. वर्द्धराजन जो चाहें सो करें। इसपर डॉ. वर्द्धराजन चुप हो गए और यूनियन कार्बाइड के कर्मियों तथा अधिकारियों ने जो चाहा, सो किया—अर्थात् सामान्य उत्पादन की तरह उन्होंने 'सेविन' का निर्माण किया। डॉ. वर्द्धराजन मीडिया में घोषणा करते रहे कि जहरीली गैस को निष्प्रभावी करने की प्रक्रिया सफलतापूर्वक पूरी कर ली गई।

पुराने भोपाल में 15 दिसंबर की रात्रि से ही सन्नाटा छा गया था। गश्त करने के लिए वहाँ पर केंद्रीय रिजर्व पुलिस एवं राज्य पुलिस को तैनात किया गया था। स्पष्ट है कि उस अवधि में यह बहुत जरूरी था कि पुराने भोपाल में सुरक्षा की भावना बनी रहे और लूटपाट न हो। स्थिति का जायजा लेने और यह सुनिश्चित करने के लिए कि पुलिस के लोग ठीक से गश्त लगा रहे हैं या नहीं, मैं रात्रि में एक-दो बजे के बाद अपने ड्राइवर रशीद के साथ कभी-कभी राउंड लगाया करता था। मैं जब-जब राउंड पर गया, मुझे केवल केंद्रीय रिजर्व पुलिस के लोग ही वहाँ पर ड्यूटी करते मिले। शुरू में ये लोग यहाँ-वहाँ रहकर और सर्दी के कारण अलाव जलाकर उसी के इर्द-गिर्द यहाँ-वहाँ पाए जाते थे। जगह-जगह कार से उतरकर मैं अपना परिचय देता था तथा हाल-चाल पूछने के बाद उनसे अपेक्षा करता था कि वे चलते-फिरते रहें और गलियों में भी देख लिया करें, ताकि चोरी इत्यादि की वारदातें न हों। एक बार जब इमामी गेट से हमीदिया रोड की ओर जानेवाली सड़क पर जा रहा था, तभी दो लड़के भागते हुए दिखाई दिए। मैंने अपनी कार रुकवाकर उन्हें बुलाया। वे दोनों युवक काफी डरे हुए थे और मेरे बिना कुछ पूछे ही कहने लगे कि हम अपने घर जा रहे हैं। अपने घर की चाबी मुझे दिखाने लगे। स्पष्ट है कि उनके इरादे नेक नहीं दिख रहे थे। मैंने उन्हें चेतावनी दी। तब वे वहाँ से भाग गए। हालाँकि काफी समय तक पुराना भोपाल खाली रहा, फिर भी कोई बड़ी वारदात नहीं हुई। केंद्रीय रिजर्व पुलिस के लोगों ने हिम्मत और मुस्तैदी के साथ सुरक्षा का कार्य किया। मेरे इन रात्रि दौरों में मुझे कभी भी राज्य पुलिस का कोई वरिष्ठ अधिकारी नहीं मिला।

आस्था अभियान के दौरान लोगों के ठहरने के लिए जो कैंप लगाए गए थे उनमें लोग जरूर आए और रहे, किंतु उनकी कुल संख्या लगभग बारह-तेरह हजार तक ही पहुँच सकी।

आस्था अभियान प्रारंभ होने के समय से और उसके दौरान भारत सरकार से काफी सहायता भोपाल आती थी। बैरागढ़ हवाई अड्डे पर बड़ी अल्प सूचना में हवाई जहाज उतरते थे। उनके अधिकारियों व कर्मचारियों के ठहरने, ट्रांसपोर्ट

इत्यादि की व्यवस्था करनी पड़ती थी। आस्था अभियान का पूरा कार्य सचिवालय से ही संचालित हो रहा था।

17 दिसंबर, '84 को प्रातः करीब नौ बजे मुख्यमंत्रीजी ने टेलीफोन पर मुझसे बात की और पूछा कि 'वह जानकारी यूनियन कार्बाइड से आ गई क्या?' मैंने पूछा, 'कौन सी जानकारी?' मुख्य सचिव का नाम लेते हुए उन्होंने कहा कि परसों मैंने '...को कहा था, उन्होंने आपसे बात की होगी।' मैंने कहा कि 'ऐसी तो उन्होंने कोई बात नहीं की और यह कि यदि मुझे बता दिया जाए तो काररवाई की जा सकती है।' उन्होंने कहा कि 'यूनियन कार्बाइड में जितने भी खतरनाक द्रव, रसायन या गैसेज हैं, उनकी जानकारी लेकर मैं उन्हें अविलंब प्रस्तुत करूँ।' मैंने कहा, 'ठीक है।' और मैं काम में लग गया। यह सब जानकारी यूनियन कार्बाइड फैक्टरी से मैंने कुछ ही घंटों में प्राप्त कर ली और मुख्यमंत्रीजी को दे दी। इस पूरे प्रकरण की एक लंबी दास्तान है, जिसका विवरण आगे एक अलग अध्याय में दिया गया है।

जैसाकि मैंने पहले संकेत दिया है, आस्था अभियान के प्रभार में डॉ. वर्द्धराजन थे, किंतु सब कार्य यूनियन कार्बाइडवालों ने ही किया। आस्था अभियान प्रारंभ होने के काफी पहले डॉ. वर्द्धराजन ने कहा था कि यूनियन कार्बाइड के वर्क्स मैनेजर मुकुंद एवं अन्य अधिकारियों को जमानत पर छोड़ना होगा, अन्यथा अभियान का काम नहीं हो सकेगा। मुकुंद एवं अन्य अधिकारियों को गिरफ्तार करके यूनियन कार्बाइड कारखाने में ही रखा गया था, ताकि वे कारखाने का रख-रखाव कर सकें। यह बात अवश्य थी कि गिरफ्तार होने के कारण वे वहाँ से खुलेआम बाहर कहीं नहीं जा सकते थे। डॉ. वर्द्धराजन ने जब उनकी जमानत पर जोर दिया तब हम लोगों का पहला तर्क यह था कि जब उन्हें यूनियन कार्बाइड में कार्य के लिए रखा गया है, तब उन्हें आस्था अभियान के अधीन कार्य करने में आपत्ति नहीं होनी चाहिए; किंतु न तो डॉ. वर्द्धराजन और न ही यूनियन कार्बाइड के अधिकारी यह मानने को तैयार थे। यूनियन कार्बाइड के अधिकारी जमानत देने को भी तैयार नहीं थे। डॉ. वर्द्धराजन के आने के बाद उनके हौसले और बुलंद हो गए थे। जिला प्रशासन के लिए यह बड़ी शर्मिंदगी का विषय था कि जिन्हें गिरफ्तार किया गया हो उनकी जमानतों के लिए जिला प्रशासन ही कोर्ट में आवेदन-पत्र लगाए। इस विषय पर काफी चर्चाएँ व मंत्रणाएँ हुईं। अंततोगत्वा शासन के निर्णय के अनुसार हमारे निर्देश पर ए.पी.पी. ने यूनियन कार्बाइड के इन अधिकारियों को जमानत देने के लिए न्यायालय में आवेदन-पत्र दिया। मुख्य न्यायिक मजिस्ट्रेट ने आवेदन-पत्र निरस्त कर दिया। बाद में शायद विधि सचिव जब जिला जज से मिले तब जमानत हुई।

ऑपरेशन फेथ (आस्था अभियान) का कार्य दिन भर होता था तथा रात में बंद रहता था। अच्छा प्रचार-प्रसार होने से आम जनता को भी इसकी जानकारी थी। कभी-कभी देर रात तक भी कार्य चलता था। अपेक्षा के अनुसार यह कार्य 20 दिसंबर तक नहीं, 22 दिसंबर की शाम को पूरा हुआ।

16 दिसंबर को आस्था अभियान का कार्य प्रारंभ होने पर शाम तक जब कोई दुर्घटना नहीं हुई, गैस नहीं निकली और इसका पूरा प्रचार हो गया, तब लोग काफी आश्वस्त हुए और जो लोग नए भोपाल के कैंपों में ठहरे हुए थे, उनमें से कुछ लोग रात में अपने-अपने घर की चौकसी करने चले जाते थे और दिन में पुनः कैंप में वापस आ जाते थे। दो-तीन दिन इस अभियान का काम सफलतापूर्वक चलता रहा। उसके बाद कुछ लोगों ने अपने-अपने घरों को लौटने की मन:स्थिति बना ली थी, किंतु लौटे नहीं। कुछ गरीब लोग, जो इन कैंपों में नहीं आए थे और भोपाल के बाहर चले गए थे, वे भी दो-तीन दिनों के बाद इन कैंपों में आ गए।

कैंपों का माहौल अलग ही प्रकार का था। प्रत्येक कैंप के प्रभार में वरिष्ठ अधिकारी रखे गए थे। ठहरने, भोजन इत्यादि की व्यवस्था उत्तम तरीके से की गई थी। इसी बीच इन कैंपों में नेतागिरी बढ़ने लगी। लोगों ने तर्क देना शुरू कर दिया कि उनका पूरा धंधा चौपट हो गया। अब वे घर जाएँगे तो क्या खाएँगे। कुछ लोगों ने कहना शुरू किया कि वे कैंप छोड़कर नहीं जाएँगे। इन सब माँगों के पीछे उनका उद्‌देश्य था—कुछ राशि प्राप्त करना।

सचिवालय इन सब बातों से चिंतित हुआ। घबराहट में विषय के विभिन्न पहलुओं पर विचार किए बिना ही उन्होंने जल्दबाजी में कुछ निर्णय ले लिये, जिसके कष्टदायी परिणाम बाद में भुगतने पड़े। तदनुसार 20 दिसंबर को घोषणा कर दी गई कि 21 दिसंबर को दोपहर बाद इन कैंपों में खाना नहीं मिलेगा और यह कि लोग शासन द्वारा ट्रांसपोर्ट की जो व्यवस्था की गई है, उससे अपने-अपने घर वापस चले जाएँ। इस विषय पर और अधिक विवरण अन्य अध्याय में आगे दिया गया है।

'ऑपरेशन फेथ' प्रारंभ होने के पहले और इसके दौरान सचिवालय में ढेर सारी बैठकें हुआ करती थीं। ऑपरेशन फेथ के समय चूँकि अधिकांश समय मुख्यमंत्रीजी यूनियन कार्बाइड फैक्टरी में ही रहा करते थे, इसलिए वरिष्ठ अधिकारियों एवं हम लोगों को बार-बार वहाँ जाना पड़ता था तथा बहुत सारी चर्चाएँ वहाँ भी हुआ करती थीं।

ऑपरेशन फेथ का कार्य सचिव, विज्ञान एवं प्रौद्योगिकी के प्रभार में था। वे ही शासन की ओर से सीधे इसकी देखरेख कर रहे थे। डॉ. वर्द्धराजन, उनके सहायक

वैज्ञानिक, विज्ञान एवं प्रौद्योगिकी सचिव, यूनियन कार्बाइड के वर्क्स मैनेजर मुकुंद एवं अन्य अधिकारी आपस में काफी घुल-मिलकर रहते थे। जब कोई प्रश्न उठता था तो ये शासकीय अधिकारी यूनियन कार्बाइड के अधिकारियों से परामर्श करके उनके अनुसार ही निर्णय लिया करते थे। यदि कभी जिला प्रशासन के अधिकारियों एवं यूनियन कार्बाइड के अधिकारियों का दृष्टिकोण भिन्न होता था, तब शासन के कुछ वरिष्ठ अधिकारी यूनियन कार्बाइड के अधिकारियों के दृष्टिकोण के अनुसार ही निर्देश दिया करते थे।

ऑपरेशन फेथ में निष्प्रभावी की जा रही जहरीली गैस का सैंपल रखने के लिए एक याचिका में मध्य प्रदेश उच्च न्यायालय (जबलपुर) ने बार-बार निर्देश दिया था। उस सैंपल को रखने में इन लोगों ने हमारे लिए जो मुश्किलें पैदा कीं उसका विवरण अगले अध्याय में शब्दबद्ध किया गया है।

□

हत्यारी गैस का सैंपल लेने में तूफान

जैसा पहले उल्लेख किया जा चुका है, 2-3 दिसंबर की रात में ही धारा 144 का आदेश देने के बाद मैंने पूरी घटना पर मैजिस्ट्रियल जाँच के आदेश दे दिए थे और रात में ही मुख्यमंत्रीजी से उनके निवास पर जब मैंने चर्चा की थी, तभी इस संदर्भ में मैंने उन्हें बता दिया था। मैजिस्ट्रियल जाँच का आदेश देते समय मुझे यह आभास नहीं था कि यह त्रासदी इतने व्यापक पैमाने पर हुई है। संभवत: 3 दिसंबर को ही मुख्यमंत्रीजी ने उच्च न्यायालय के न्यायमूर्ति द्वारा न्यायिक जाँच कराने की घोषणा की थी; किंतु औपचारिक आदेश जारी करने तथा न्यायिक जाँच आयोग के अध्यक्ष के चयन की औपचारिकता पूर्ण करने एवं नियुक्ति करने में दो-तीन दिन लगे। आयोग काफी समय तक अपना कार्य प्रारंभ नहीं कर सका। इसी बीच जहरीली गैस (एम.आई.सी.) के बचे हुए स्टॉक को निष्प्रभावी करने का कार्यक्रम, जिसे 'ऑपरेशन फेथ' (आस्था अभियान) के नाम से जाना जाता है, प्रारंभ हुआ। आस्था अभियान का संचालन डॉ. वर्द्धराजन (महानिदेशक सी.एस.आई.आर.) और म.प्र. शासन की ओर से विज्ञान एवं प्रौद्योगिकी सचिव कर रहे थे।

16 दिसंबर, 1984 को पुलिस अधीक्षक (जबलपुर) ने मुख्य सचिव, गृह सचिव एवं मुझे एक वायरलेस संदेश भेजा और प्रथम बार सूचना दी कि न्यू मार्केट स्थित बेतवा अपार्टमेंट निवासी वी.एस. मूर्ति ने एक विविध याचिका दायर की है और उच्च न्यायालय के इस निर्देश से अवगत कराया कि पाँच-पाँच किलोग्राम के एम.आई.सी. के तीन नमूने लिये जाएँ तथा जिला एवं सत्र न्यायाधीश, भोपाल की अभिरक्षा में उन्हें सुरक्षित रखा जाए, ताकि राज्य शासन द्वारा नियुक्त किए जानेवाले न्यायिक जाँच आयोग के समक्ष साक्ष्य के रूप में उसे यथासमय प्रस्तुत किया जा सके और जानलेवा गैस का साक्ष्य पूरी तरह नष्ट न होने पाए। उसमें लिखा था कि 'आज ही तीन सैंपल लिये जाएँ और सीलडकवर में रखे जाएँ।' उसमें और भी कुछ निर्देश दिए गए थे। यह वायरलेस संदेश मुझे 17 दिसंबर को प्राप्त हुआ था और उसी

दिन तत्परता से मैंने इसकी प्रतिलिपियाँ पुलिस अधीक्षक भोपाल, पुलिस अधीक्षक सी.बी.आई. कैंप, भोपाल एवं यूनियन कार्बाइड के वर्क्स मैनेजर को पालन करने-कराने के लिए दीं। उन लोगों ने न्यायालय के आदेश का न तो पालन किया, न कराया।

18 दिसंबर को गृह सचिव ने डिप्टी एडवोकेट जनरल, मध्य प्रदेश हाई कोर्ट जबलपुर को उच्च न्यायालय के आदेश 16 दिसंबर, 1984 के तारतम्य में सैंपल लेने में कठिनाई के बाबत आस्था अभियान में लगे वैज्ञानिक विशेषज्ञों की राय भेजी थी और 19 दिसंबर को इसकी एक प्रतिलिपि मेरे पास भेजकर कहा गया कि ये कागजात माननीय जिला एवं सत्र न्यायाधीश (भोपाल) के समक्ष प्रस्तुत कराऊँ। उसमें यह भी कहा गया कि मैं उन्हें यह भी बताऊँ कि एम.आई.सी. गैस के सैंपल रख लिये गए हैं या नहीं। आस्था अभियान का संचालन सीधे सचिवालय से ही हो रहा था। हत्यारी गैस का सैंपल लेने में कठिनाई बाबत आस्था अभियान में लगे विशेषज्ञों की राय सचिवालय ने उनसे सीधे प्राप्त की थी और उच्च न्यायालय में प्रस्तुत करने के लिए उसे सीधे जबलपुर भेजा था। इस पूरी प्रक्रिया में मुझे (जिला मजिस्ट्रेट) संबद्ध नहीं किया गया था। इस प्रकार एक ओर गृह सचिव उच्च न्यायालय, जबलपुर को हत्यारी गैस का सैंपल न रखने की दलील दे रहे थे, दूसरी ओर मुझसे पूछ रहे थे कि सैंपल रखे गए या नहीं?

विशेषज्ञों की जो राय डिप्टी एडवोकेट जनरल के पास शासन ने भेजी थी, उसमें यह दरशाया गया था कि उच्च न्यायालय के आदेशानुसार एम.आई.सी. गैस के सैंपल रखना एक कठिन समस्या है, क्योंकि उसके लिए प्रेसराइज्ड स्टेनलेस स्टील कंटेनर की आवश्यकता होती है, जो उपलब्ध नहीं थे और सुझाव दिया गया कि तीन-तीन सौ ग्राम के सैंपल रख लिये जाएँ तो उनसे जाँच-पड़ताल का कार्य हो सकता है। उसमें यह भी कहा गया कि टैंक क्रमांक 611 के एम.आई.सी. के सैंपल की छानबीन हो गई थी और वह शासन के पास भेजी जा रही थी। यहाँ यह उल्लेखनीय है कि आस्था अभियान में इसी टैंक की गैस का उपयोग हुआ था, जबकि जानलेवा गैस टैंक क्रमांक 610 से निकली थी।

19 दिसंबर को ही मैंने गृह विभाग को प्रतिवेदन भेजा और उसमें लिखा कि उच्च न्यायालय के आदेश की प्रतिलिपि प्राप्त नहीं हुई है और यह स्पष्ट नहीं है कि एम.आई.सी. गैस के सैंपल रखने के लिए किसको निर्देश दिए गए हैं, ताकि उनसे जानकारी एकत्रित करके मैं भेज सकूँ। 19 दिसंबर को ही गृह विभाग के अवर सचिव का यह उत्तर आया कि विशेषज्ञों/वैज्ञानिकों से ज्ञात कर पुष्टि करें कि तीन सौ

ग्राम के सैंपल रख लिये गए हैं। 19 दिसंबर को ही मैंने गृह बिभाग के इस पत्र की प्रतिलिपि डॉ. एस. वर्द्धराजन, महानिदेशक, सी.एस.आई.आर. कैंप (भोपाल) को भेजकर निवेदन किया कि तीन सौ ग्राम एम.आई.सी. के सैंपल रखने के बारे में जानकारी भेजने की कृपा करें। 19 दिसंबर, 1984 को ही जबलपुर से डिप्टी एडवोकेट जनरल ने अपराह्न 3.15 बजे विज्ञान एवं प्रौद्योगिकी सचिव के यहाँ टेलीफोन पर बताया कि न्यायालय ने आदेश दिया है कि विशेषज्ञों के सुझाव के अनुसार तीन-तीन सौ ग्राम गैस के नमूने पाँच कंटेनर्स में यूनियन कार्बाइड में पूरी सुरक्षा के साथ रखे जाएँ और तीन-तीन सौ ग्राम गैस के तीन नमूनों का परीक्षण कराकर बंद लिफाफे में जिला जज के पास रखे जाएँ। यह नोट विज्ञान एवं प्रौद्योगिकी सचिव को अंकित हुआ। उन्होंने हस्ताक्षर करके अपराह्न 3.15 बजे का समय डालकर गृह सचिव को अंकित किया और गृह सचिव ने 3.58 बजे अंकित कर मेरे पास भेजा। मैंने उसकी प्रतिलिपियाँ तत्काल पुलिस अधीक्षक भोपाल, पुलिस अधीक्षक, सी.बी.आई. कैंप, भोपाल एवं वर्क्स मैनेजर जे. मुकुंद को पालनार्थ भेजा। इसकी प्रतिलिपि डॉ. वर्द्धराजन (महानिदेशक, सी.एस.आई.आर.) और जिला एवं सत्र न्यायाधीश भोपाल को दी। यूनियन कार्बाइड की ओर से वर्क्स मैनेजर मुकुंद ने 4.55 बजे प्राप्ति की अभिस्वीकृति दी। 19 दिसंबर को गृह विभाग से इसी आशय का एक पत्र भी आया था। बाद में वायरलेस टाइप एक प्रतिलिपि प्राप्त हुई और 19 दिसंबर को ही वायरलेस की प्रतिलिपि सभी संबंधित लोगों के पास भेजी गईं। पुलिस अधीक्षक भोपाल से कोई प्रतिक्रिया नहीं मिलती थी। वे इन सबके प्रति उदासीन थे। अतः उनसे कोई अपेक्षा या प्रतीक्षा न करके मैं ही आवश्यक भूमिका निभाता जाता था।

20 दिसंबर को गृह विभाग ने उच्च न्यायालय के आदेश दिनांक 19 की प्रतिलिपि मेरे पास भेजी और आदेशानुसार निवेदन किया कि प्रकरण से संबद्ध सभी संबंधितों को उच्च न्यायालय के निर्देशों का पालन करने के लिए निर्देशित करने की मैं कृपा करूँ तथा की गई कारवाई की सूचना शासन के लिए भेजूँ। 20 दिसंबर को ही मैंने उच्च न्यायालय के आदेश (19 दिसंबर, 1984) की फोटोप्रति पालन करने के लिए डॉ. वर्द्धराजन, पुलिस अधीक्षक भोपाल, पुलिस अधीक्षक सी.बी.आई. कैंप भोपाल एवं वर्क्स मैनेजर मुकुंद को उच्च न्यायालय के निर्देशानुसार कारवाई करने और प्रतिवेदन शीघ्र भेजने के लिए दी। इस ज्ञापन की प्रतिलिपि जिला एवं सत्र न्यायाधीश भोपाल को भी भेजी गई।

इस प्रकार मध्य प्रदेश उच्च न्यायालय द्वारा पारित आदेशों के कार्यान्वयन के

लिए हर क्षण शासन से निर्देश प्राप्त होते रहे। उधर ऑपरेशन फेथ का कार्य तेजी के साथ चल रहा था और किसी भी क्षण पूरा हो सकता था। उस हत्यारी गैस एम.आई.सी. का नमूना तत्परता से यदि न लिया जाता और ऑपरेशन फेथ का कार्य पूरा हो जाता, तब सदा के लिए इस जानलेवा जहरीली गैस का साक्ष्य मिट जाता और यह एक बहुत बड़ा घोटाला साबित होता। हम लोग उच्च न्यायालय एवं शासन के आदेशों का पालन कराने के लिए हरसंभव प्रयास कर रहे थे। उधर यूनियन कार्बाइड के लोग, ऑपरेशन फेथ में लगे शासन के पक्ष के वैज्ञानिक एवं राज्य शासन के उच्च अधिकारी उसमें कोई रुचि नहीं ले रहे थे। केवल मुझे अर्थात् कलेक्टर भोपाल को आदेशों की प्रतिलिपि भेजकर अपने कर्तव्यों की इतिश्री समझ रहे थे। पुनः ऐसा लग रहा था, मानो उनके निर्देशों का कार्यान्वयन कराने का प्रयास करके हम कोई गुनाह कर रहे हों। विज्ञान व प्रौद्योगिकी सचिव तो इस बात पर बहुत ही नाराज थे कि हम डॉ. वर्द्धराजन एवं यूनियन कार्बाइड के वर्क्स मैनेजर जे. मुकुंद पर उच्च न्यायालय एवं शासन के निर्देशों का पालन करने के लिए दबाव क्यों डाल रहे थे, जबकि पालन करने की जिम्मेदारी इन्हीं दो की थी। इन सब बातों से मुझे हैरानी भी थी और परेशानी भी।

तीन-तीन सौ ग्राम के सैंपल लेने का प्रस्ताव ऑपरेशन फेथ में लगे वैज्ञानिकों का था और राज्य शासन ने ही एडवोकेट जनरल के माध्यम से उच्च न्यायालय में उसे प्रस्तुत किया था। जिला प्रशासन दृश्य में कहीं भी नहीं था; किंतु जब उच्च न्यायालय ने इसे स्वीकार कर लिया और शासन को निर्देश दिए कि इस प्रकार तीन-तीन सौ ग्राम के सैंपल रखे जाएँ, तब शासन की ओर से मेरे पास आदेश की प्रति भेज तो दी गई, किंतु मेरे पत्र दिनांक 19 दिसंबर को ऑपरेशन फेथ के प्रभारी डॉ. वर्द्धराजन ने लेने से इनकार कर दिया। उन्होंने उस पत्र को खोलकर पढ़ तो लिया, किंतु वापस करते हुए कह दिया कि यह पत्र कृष्णन के पास भेजा जाए; जबकि वस्तुस्थिति यह थी कि कृष्णन ने ही गृह सचिव के माध्यम से इसे मेरे पास भेजा था और मैंने डॉ. वर्द्धराजन के पास भेजा था।

19 दिसंबर को जिला एवं सत्र न्यायाधीश यूनियन कार्बाइड गए और मध्य प्रदेश उच्च न्यायालय के निर्देशों का पालन कराना सुनिश्चित करना चाहा; किंतु उनके साथ इन वैज्ञानिकों ने एवं यूनियन कार्बाइड के लोगों ने ठीक व्यवहार नहीं किया और वे कुछ कर नहीं पाए। जिला एवं सत्र न्यायाधीश ने मुझे 20 दिसंबर को प्रातः बताया था कि 19 दिसंबर को जब वे यूनियन कार्बाइड कारखाने गए थे तब डॉ. वर्द्धराजन एवं यूनियन कार्बाइड के लोगों ने उच्च न्यायालय के आदेश के

कार्यान्वयन की दिशा में कोई ध्यान नहीं दिया। स्पष्ट है कि जिला एवं सत्र न्यायाधीश उच्च न्यायालय के आदेशों का पालन नहीं हो पाने से हैरान थे।

उपर्युक्त पृष्ठभूमि में मैंने निर्णय लिया कि मैं उसी दिन अविलंब स्वयं यूनियन कार्बाइड कारखाने में जाकर उच्च न्यायालय एवं शासन के निर्देशों का पालन करवाऊँगा। जिला एवं सत्र न्यायाधीश से दूरभाष पर चर्चा करके मैंने अपनी रणनीति बना ली और निर्धारित कार्यक्रम के अनुसार उन्हें लेकर मैं यूनियन कार्बाइड के एनालिसिस ब्लॉक के सभाकक्ष में जा पहुँचा। आयताकार इस सभाकक्ष में अध्यक्षतावाले स्थान पर रखी दो कुरसियों के बारे में मुझे बताया गया कि पिछले दिन एक कुरसी पर जिला एवं सत्र न्यायाधीश तथा दूसरी कुरसी पर डॉ. वर्द्धराजन तथा अन्य लोग सामने बैठे थे। हम उच्च न्यायालय के निर्णय का पालन कराने गए थे। मैं डॉ. वर्द्धराजन को न्यायाधीश की बराबरी में बैठाकर न्यायालय के निर्णय का पालन न करने के लिए उन्हें मनोवैज्ञानिक लाभ नहीं देना चाह रहा था। अतः दो में से एक कुरसी हटाकर मात्र बची एक कुरसी पर जिला एवं सत्र न्यायाधीश को बैठाकर उन्हें सलाह दी कि वे न्यायाधीश की तरह गंभीरता से व्यवहार करें। उनके बगल में न बैठकर मैं स्वयं सामने लंबी लाइनवाली पहली कुरसी पर बैठा। डॉ. वर्द्धराजन पर जिस पत्र की तामीली होनी थी, उसे मेरे साथवाले उप जिलाध्यक्ष लिये हुए थे तथा उन्हें उनके कर्तव्य के बारे में मैंने पूरा ब्रीफ कर दिया था कि किस परिस्थिति में क्या करना है। मैंने डॉ. वर्द्धराजन को सभाकक्ष में बुलवाया। तब एक संदेशवाहक आया और उत्तर दिया कि वे कार्य में व्यस्त हैं। आशय स्पष्ट था कि वे ऑपरेशन फेथ के कार्य के बहाने यथार्थ से बचने का प्रयास कर रहे थे और सभाकक्ष में आना नहीं चाहते थे। मैंने उप जिलाध्यक्ष को उस संदेशवाहक के साथ यह कहकर भेजा कि यह लिफाफा डॉ. वर्द्धराजन को दे दिया जाए।

संदेशवाहक के साथ उप जिलाध्यक्ष के जाने के थोड़ी देर बाद वर्द्धराजन अपनी प्रकृति के विपरीत मुसकराते हुए हमारे कक्ष में दाखिल हुए। अपनी रणनीति के मुताबिक जिला एवं सत्र न्यायाधीश तथा मैं अपनी-अपनी कुरसी पर बैठे रहे, उठे नहीं और मैंने उन्हें सामने की कुरसी पर बैठने का इशारा किया। इसके पश्चात् मध्य प्रदेश उच्च न्यायालय एवं शासन के निर्देशों का विस्तार से विवरण देते हुए मैंने कहा कि यह जरूरी है कि उच्च न्यायालय के निर्देश को वे ले लें और उसी के अनुसार कारवाई करें। मेरी बात समाप्त हुई ही थी कि हमारे उप जिलाध्यक्ष डॉ. वर्द्धराजन के बगल में पहुँच चुके थे। जिस लिफाफे में वह आदेश था उसे उन्होंने डॉ. वर्द्धराजन के सामने रख दिया और अभिस्वीकृति लेने के बाबत कागज भी रख दिया।

डॉ. वर्द्धराजन कुछ विचलित हुए और बोले कि वे इस विषय पर मुख्य सचिव तथा विज्ञान एवं प्रौद्योगिकी सचिव से बात करना चाहते हैं। फिर वहाँ से उठकर बगलवाले कमरे से उन्होंने मुख्य सचिव व विज्ञान एवं प्रौद्योगिकी सचिव से दूरभाष पर बात की। हम लोग अपनी-अपनी कुरसियों पर बैठे रहे। थोड़ी देर बाद विज्ञान एवं प्रौद्योगिकी सचिव बड़ी हड़बड़ी में वहाँ आ गए तथा बेचैनी के साथ लोगों से चर्चा और फोन करना प्रारंभ कर दिया।

विज्ञान एवं प्रौद्योगिकी सचिव एक वरिष्ठ अधिकारी थे, सामान्य परिस्थितियों में मैं उठकर उनका अभिवादन करता, उनके साथ यहाँ-वहाँ आता-जाता तथा उनसे मार्गदर्शन लेकर उसी के मुताबिक कार्य करता; किंतु अभी तक जो भी हुआ था, उससे स्पष्ट था कि यदि मैं शिष्टाचार में पड़कर यह सब करता तो उच्च न्यायालय के आदेशों का पालन नहीं हो पाता और बदनामी तथा न्यायालय की मानहानि तक का प्रकरण बनता। इसलिए हम दोनों गंभीर मुद्रा में अपनी कुरसियों पर बैठे यह सब नजारा देखते रहे। इससे वे समझ गए कि हम उच्च न्यायालय के निर्देशों का पालन कराने के प्रति गंभीर थे। वैसे भी न्यायालय के पीठासीन अधिकारी उठकर कभी किसी का अभिवादन नहीं करते। इसलिए हम लोगों ने इंप्रेशन दिया कि हम न्यायिक काररवाई कर रहे थे। यही कारण है कि डॉ. वर्द्धराजन व विज्ञान एवं प्रौद्योगिकी सचिव अपने लटके-झटके नहीं दे पाए।

लगभग डेढ़ घंटे की इस चहल-पहल, फोनबाजी एवं गुफ्तगू के बाद डॉ. वर्द्धराजन ने मेरा वह पत्र लिया, किंतु स्वयं हस्ताक्षर न करके अपने सहयोगी वैज्ञानिक से उसपर हस्ताक्षर करवा दिया था। परंतु जब हमारी गंभीरता उन्होंने देख ली तब उन्हें यह एहसास हो गया कि यदि वे इन निर्देशों का पालन नहीं करेंगे तो उसके परिणाम गंभीर हो सकते हैं।

पंद्रह वर्ष बाद जनवरी 2000 में डॉ. वर्द्धराजन का साक्ष्य भोपाल के मुख्य न्यायिक मजिस्ट्रेट के समक्ष हुआ। उसमें उन्होंने यूनियन कार्बाइड फैक्टरी की अनेक खामियों का उल्लेख करते हुए गैस त्रासदी के लिए उन्हें ही जिम्मेदार ठहराया। समाचार-पत्र डॉ. वर्द्धराजन के इस हृदय-परिवर्तन से आश्चर्यचकित थे और एक समाचार-पत्र ने तो लिखा—'काश! डॉ. वर्द्धराजन ने ये बातें पंद्रह वर्ष पहले कही होतीं तो आज मामले की तसवीर ही दूसरी होती। पीड़ितों को भरपूर मुआवजा मिलता तथा उनके इलाज एवं पुनर्वास की बेहतर व्यवस्था होती। उस समय तो डॉ. वर्द्धराजन के बयान और टिप्पणियाँ इस तरह गोल-मोल होती थीं कि किसी निष्कर्ष पर पहुँचना मुश्किल होता था। यूनियन कार्बाइड ने इस स्थिति का

भरपूर लाभ उठाया।'

21 दिसंबर को गृह विभाग ने मुझे सूचित किया कि मध्य प्रदेश उच्च न्यायालय के आदेश (दिनांक 19 दिसंबर) के पालन में डॉ. वर्द्धराजन के अधीन कार्य कर रहे एक विशेषज्ञ डॉ. एस. शिवरामन द्वारा प्रस्तुत टीप तथा विश्लेषण रिपोर्ट एक सीलबंद लिफाफे में संलग्न थी और अनुरोध किया कि इस सीलबंद लिफाफे को जिला एवं सत्र न्यायाधीश के समक्ष तत्काल प्रस्तुत कराऊँ और यह भी कि उच्च न्यायालय के निर्देशानुसार वे इस सीलबंद लिफाफे को अपनी अभिरक्षा में ही रखें। पालन-प्रतिवेदन तत्काल माँगा गया था। मैंने तत्काल इसका पालन कराकर 21 दिसंबर को ही प्रतिवेदन गृह विभाग को भेज दिया।

ऑपरेशन फेथ में लगे वैज्ञानिकों एवं राज्य सरकार के अनुरोध पर ही उच्च न्यायालय ने पाँच किलोग्राम एम.आई.सी. वाले सैंपल की बजाय मात्र तीन सौ ग्राम एम.आई.सी. के सैंपल रखने के आदेश दिए थे। ऑपरेशन फेथ में लगे वैज्ञानिक वस्तुतः यूनियन कार्बाइड के अधिकारियों की राय के अनुसार ही चल रहे थे । एक नहीं, अनेक उदाहरण मेरे सामने आए थे, जब कि उन दोनों ने, चाहे तकनीकी मामला हो या कोई अन्य मुद्दा, एक ही मत व्यक्त किया था। सैंपलवाले मामले में उच्च न्यायालय के आदेश के बाद राज्य शासन एवं यूनियन कार्बाइड ने अलग-अलग एक ही आशय का आवेदन-पत्र मध्य प्रदेश उच्च न्यायालय के समक्ष पुनः प्रस्तुत किया था और उसमें कहा था कि तीन सौ ग्राम एम.आई.सी. गैस के सैंपल को कंटेनर्स में रखना संभव नहीं था। इस प्रकार पहले तो राज्य सरकार व यूनियन कार्बाइड—दोनों ने कहा कि पाँच किलोग्राम की बजाय तीन सौ ग्राम के सैंपल रखे जाएँ। उनके अनुरोध को मानकर जब उच्च न्यायालय ने तीन सौ ग्राम के सैंपल रखने का आदेश दिया तब यह तर्क दिया कि तीन सौ ग्राम का भी सैंपल रखना संभव नहीं है। इस अनुरोध का स्पष्ट आशय यह था कि इस हत्यारी गैस का कोई साक्ष्य न रखा जाए। यदि सैंपल रखना संभव नहीं था तो वे पहले ही यह कह सकते थे। स्पष्ट है कि यह आवेदन-पत्र सद्‍भावनापूर्वक दिया हुआ प्रतीत नहीं होता। इतने महत्त्वपूर्ण आवेदन-पत्र के लिए शासन की स्वीकृति इन बड़े अधिकारियों ने ली भी थी या नहीं, मुझे इसपर भी शंका है।

उच्च न्यायालय ने अपने आदेश (21 दिसंबर, 1984) में राज्य शासन एवं यूनियन कार्बाइड की ओर से इस प्रकार दिए गए आवेदन-पत्र में खामियों व परस्पर विरोधों पर विस्तार से प्रकाश डालते हुए उसे निरस्त कर दिया और लिखा कि वास्तव में यह आश्चर्यजनक है कि प्रतिवादी लोग समय-समय पर अपनी राय

(Stand) को बार-बार बदलते रहते हैं और जो वायदे करते हैं, बाद में उससे मुकर जाते हैं। अंत में उन्होंने कहा कि विशेषज्ञों ने जो पहले राय दी है उसे मान्य करते हुए पूर्व में दिए गए आदेश को बदलना संभव नहीं है और तब जिस सैंपल को रखना असंभव बता रहे थे वह उच्च न्यायालय की डाँट के बाद संभव हो गया।

इस प्रकार ये वरिष्ठ लोग एक तरफ तो उच्च न्यायालय के आदेश के कार्यान्वयन में प्रत्यक्ष तथा अप्रत्यक्ष रूप से रोड़े अटका रहे थे और दूसरी ओर उच्च न्यायालय में भी प्रयास कर रहे थे कि सैंपल रखने के आदेश को ही निरस्त करा दें। उनकी एक रणनीति यह भी प्रतीत होती है कि इसी प्रक्रिया में यदि ऑपरेशन फेथ का कार्य पूरा हो जाता तो एकाएक कह देते थे कि अब एम.आई.सी. गैस बची ही नहीं और जिला प्रशासन थोड़ी भी चूक करता तो पूरी जिम्मेदारी जिला प्रशासन पर डालने में न चूकते। ये सब हरकतें वास्तव में बहुत दुःखदायी थीं। इतने बड़े हादसे के बाद भी देश एवं समाज के प्रति ऐसा रवैया अपनाने में ये वरिष्ठ लोग संकोच नहीं कर रहे थे।

मध्य प्रदेश उच्च न्यायालय के आदेश (21 दिसंबर, 1984) की प्रतिलिपि गृह विभाग ने मुझे 22 दिसंबर, 1984 को प्रेषित की और पालन-प्रतिवेदन माँगा। मैंने उसी दिन इसकी प्रतिलिपि-पालन करने के लिए और प्रतिवेदन भेजने के लिए सभी संबंधित लोगों के पास भेज दी और जिला एवं सत्र न्यायाधीश भोपाल को इसकी प्रतिलिपि दी। अन्य लोगों ने तो इसे ले लिया, किंतु 22 दिसंबर को जब यह पत्र लेकर मेरे उप जिलाध्यक्ष अपराह्न तीन बजे यूनियन कार्बाइड फैक्टरी में पहुँचे तो वहाँ उपस्थित दो वैज्ञानिकों ने उसे लेने से इनकार कर दिया और कहा कि उच्च न्यायालय में वह पार्टी नहीं है। उन्होंने यह भी कहा कि डॉ. वर्द्धराजन ने यह पत्र लेने के बाबत उन्हें कोई निर्देश नहीं दिया है। दिल्ली के किसी मंत्रालय में पदस्थ एक अधिकारी से दूरभाष पर उन्होंने बात की और फिर उत्तर दिया कि श्रीमती लता सिंह ने निर्देश दिए हैं कि इस पत्र को न लें।

अजीब रवैया था। जिम्मेदारी लेने को कोई भी तैयार नहीं था और किसी को भी जनहित की चिंता नहीं थी। ऑपरेशन फेथ में शासन की ओर से लगाए गए वैज्ञानिकों का यह रवैया था। स्पष्ट है कि श्रीमती लता सिंह भारत सरकार की कोई वरिष्ठ अधिकारी रही होंगी। उन्होंने भी उच्च न्यायालय के निर्णयों के कार्यान्वयन में पालन न कराने का ही रुख क्यों अपनाया? उधर राज्य सरकार के विज्ञान एवं प्रौद्योगिकी सचिव के रवैए का उल्लेख पहले भी अनेक बार किया जा चुका है। ऐसा लगता है कि ये लोग यूनियन कार्बाइड के पक्ष में थे और उसके वर्क्स मैनेजर जे.

मुकुंद जो चाहते थे, वही ये अधिकारी करते थे। ऐसा लगता था कि केवल जिला प्रशासन ही जनहित व राज्य का हित देखने में जुटा था। वरिष्ठ अधिकारियों के इस रवैए के कारण कभी-कभी हम लोगों को काफी नीचा भी देखना पड़ता था। हजारों जानें लेनेवाले तथा लाखों लोगों को गंभीर रूप से बीमार करानेवाले अपराधी लोग सीना फुलाकर इन वरिष्ठ अधिकारियों से मिलकर हम लोगों के लिए निर्देश जारी कराते थे और परेशानियाँ खड़ी करते थे।

जो भी हो, 20 दिसंबर, 1984 को मैंने जिला एवं सत्र न्यायाधीश को साथ में लेकर जो काररवाई की, वह प्रभावकारी थी। उसका अच्छा असर रहा और उच्च न्यायालय के निर्णय के अनुसार काररवाई संपन्न हो गई। 23 दिसंबर को यूनियन कार्बाइड के वर्क्स मैनेजर जे. मुकुंद ने जिला एवं सत्र न्यायाधीश को सूचना दी कि उच्च न्यायालय के निर्देशों के पालन में डॉ. वर्द्धराजन द्वारा नियुक्त वैज्ञानिकों की उपस्थिति में 1,500 ग्राम एम.आई.सी. के सैंपल पाँच कंटेनर्स में रख लिये गए हैं इत्यादि।

अवकाश के दिन 25 दिसंबर, '84 को गृह विभाग से प्राप्त पत्र में कहा गया कि उसी दिन अपराह्न दो बजे तक उच्च न्यायालय के आदेश दिनांक 19.12.84 व 21.12.84 के पालन में की गई काररवाई का बिंदुवार विवरण निश्चित रूप से दिया जाए। मैंने निर्धारित समय में पूरा विवरण भेज दिया। कुछ ही घंटों के अंदर यह जानकारी माँगने कि इस मुस्तैदी का औचित्य तो समझ से परे है।

मध्य प्रदेश उच्च न्यायालय (जबलपुर) ने इस विविध याचिका पर अपना अंतिम आदेश 4 जनवरी, 1985 को दिया और इस आदेश की प्रतिलिपि 7 जनवरी, 1985 को गृह विभाग ने मेरे पास पालनार्थ भेज दी। मैंने उसकी प्रतिलिपि सभी संबंधित अधिकारियों को मध्य प्रदेश उच्च न्यायालय के निर्देशानुसार भेज दी। सामान्यत: मैं सभी आदेशों की प्रतिलिपियाँ पुलिस अधीक्षक (भोपाल) के पास भी भेजा करता था, किंतु जितने भी पत्र उनके पास भेजे गए थे उसपर या तो उन्होंने कोई काररवाई नहीं की अथवा कह दिया कि उस विषय का संबंध उनसे नहीं था। ऐसे प्रकरणों में न्यायालय के आदेशों का पालन सामान्यतया पुलिस के माध्यम से ही कराया जाता है। अत: उनकी भूमिका तो थी, किंतु वे कोई भी जिम्मेदारी लेने से बचते ही रहे। इसलिए उच्च न्यायालय के आदेश (4 जनवरी, 1985) वाली प्रतिलिपि सभी संबंधित लोगों के पास भेजते हुए पहली बार मैंने यह पुलिस अधीक्षक, भोपाल के पास नहीं भेजी।

4 जनवरी, 1985 को उच्च न्यायालय, जबलपुर ने तीन बार सुनवाई की। दिए

गए समय में सरकारी वकील वांछित जानकारी नहीं दे पाए, तब न्यायालय ने उसी दिन पूरी याचिका पर सभी पक्षों को सुना व अपना आदेश दिया।

शासन की ओर से ऑपरेशन फेथ के प्रभारी विज्ञान एवं प्रौद्योगिकी सचिव अपने अधिकारों का पूरा उपयोग कर रहे थे, किंतु किसी भी बिंदु पर जिम्मेदारी लेने को तैयार नहीं थे। गृह विभाग न्यायालय एवं अन्य आदेशों को मेरे पास पालन करवाने के लिए भेजने की औपचारिकता तो निभाते थे, किंतु जिला पुलिस के नकारात्मक रवैए से अवगत होते हुए भी खामोश थे।

जिस तरह हत्यारी गैस का सैंपल लेने में कठिनाई के संबंध में यूनियन कार्बाइड एवं ऑपरेशन फेथ में लगे वैज्ञानिकों के प्रस्ताव सचिवालय सीधे लेता था, उसपर काररवाई करता था और उच्च न्यायालय, जबलपुर में पैरवी के लिए उन्हें महाधिवक्ता के पास भेजता था, उसी प्रकार सैंपल रखने के लिए उच्च न्यायालय के आदेशों को सचिवालय इन वैज्ञानिकों व यूनियन कार्बाइड के पास सीधे भेज सकता था। उससे मेरा जो समय बचता, उसे भी मैं बचाव व राहत के ज्यादा महत्त्वपूर्ण कार्यों में लगा पाता, किंतु सचिवालय घुमावदार प्रक्रिया अपनाकर हमारे लिए बहुत सी उलझनें उत्पन्न कराता था। मजेदार बात यह है कि जिला प्रशासन को संबद्ध किए बिना सचिवालय उच्च न्यायालय में पैरवी करने के अपने अधिकार को सीधे उदारतापूर्वक अपना रहा था, किंतु उच्च न्यायालय के आदेशों का कार्यान्वयन सीधे कराने की जिम्मेदारी लेने के लिए तैयार नहीं था। ऐसा कहा जाता है कि गैस त्रासदी के बाद ली गई शोध परियोजनाओं के निष्कर्षों के प्रकाशन का विरोध हमारे वैज्ञानिकों ने इस आधार पर किया था कि जिस गैस का रिसन हुआ था, वह युद्ध में उपयोग आनेवाली गैस थी, अत: निष्कर्षों का प्रकाशन मानव-हित में न होगा। इस प्रकार इस गैस का सैंपल रखना और हमारी निष्पक्ष एजेंसी द्वारा उसकी जाँच जरूरी थी। सैंपल रखाने में तो हमें सफलता मिली थी, किंतु उसकी निष्पक्ष जाँच हो पाई या नहीं, मुझे पता नहीं चल सका। हत्यारी गैस के नमूनों की निष्पक्ष जाँच यदि हुई थी तो उसकी जानकारी के अभाव में यह कहना संभव नहीं है कि जो गैस लीक हुई थी वह कौन सी गैस थी या किन-किन गैसों का सम्मिश्रण उसमें था। शुरू-शुरू में लोगों का कहना था कि यूनियन कार्बाइड नौ खतरनाक जहरीले रासायनिकों से 'सेविन' नामक पेस्टीसाइड बनाता था। बाद में प्रकाशित कुछ शोध-पत्रों से पता चला कि अट्ठाईस रासायनिक मिश्रणों की गैस से यह हादसा हुआ था और इसी शोध-पत्र में इस कथन व विश्वास को नकार दिया गया कि उसमें केवल चौदह मिश्रण थे। ऐसा लगता है कि इसमें एम.आई.सी. मुख्य गैस रही होगी, किंतु उसमें

ढेर सारी अन्य जहरीली गैसें व रसायन भी थे। पुनः जो-जो तथ्य बाद में सामने आए, उनसे यह भी लगता है कि उसमें हाइड्रोजन सायनाइड भी था। जानकार लोगों का कहना था कि यही कारण था कि इतनी अधिक जानें गईं और इससे पशु-पक्षी व वनस्पतियाँ तक नहीं बच पाईं।

□

मृतकों की संख्या एवं उनके परिजनों को अनुग्रह-राशि का भुगतान

जब किसी व्यक्ति की अकाल मृत्यु होती है तब पुलिस तत्काल आवश्यक छानबीन करके जरूरी काररवाई करती है। इस गैस त्रासदी में बहुत बड़ी संख्या में लोग मारे गए। प्रतिदिन अखबारों में छपता था कि कितने लोगों की मृत्यु हुई। उधर शासन की ओर से भी प्रतिदिन मृतकों की अधिकृत संख्या दी जाती थी। पहले ही दिन से पुलिस का हिसाब-किताब गड़बड़ा गया था। गृह विभाग जितने मृतकों की संख्या मीडिया को बताता था, उससे लगभग दो-तीन गुना अधिक लोग वास्तव में दिवंगत हो चुके होते थे और समाचार-पत्रों में भी मृतकों की लगभग वास्तविक संख्या आती थी। व्यवस्था यह बनाई गई थी कि सभी शव हमीदिया मेडिकल कॉलेज में लाए जाएँ, फिर पहचान व पोस्टमार्टम के बाद ही उनका अंतिम संस्कार हो। ऐसा लगता है कि जिनका पोस्टमार्टम हो जाता था पुलिसवाले उन्हीं को मृतकों की अपनी सूची व संख्या में जोड़ते थे और गृह सचिव के माध्यम से प्रेस को देने के लिए आगे भेजते थे। प्रेसवाले स्वतंत्र रूप से मृतकों की संख्या एकत्रित करके छापते थे। अत: इतना बड़ा अंतर आ रहा था। नगर के राउंड लगाते समय नगर निगम के स्टाफ एवं वाहनों को मैंने शव एकत्रित करते देखा था। स्पष्ट है कि वे इन शवों को मेडिकल कॉलेज ले जाते थे। कुछ समय बाद मुझे शिकायतें/सूचनाएँ/जानकारियाँ मिलती रहती थीं कि ऐसे भी काफी शव अन्य कारणों से मेडिकल कॉलेज में लाए ही नहीं गए और अंतिम संस्कार कर दिया गया। बहुत से लोग शायद पोस्टमार्टम कराने की आवश्यकता को जान ही न पाए हों और अपने प्रियजनों का अंतिम संस्कार उन्होंने कर दिया हो। कुछ लोग अंतिम संस्कार करने सीधे नर्मदा तट पर ले गए। मुझे यहाँ तक शिकायतें मिली थीं कि नगर निगम के सार्वजनिक वाहनों पर भी दबाव डालकर उनमें भरे शवों को पोस्टमार्टम कराए बिना सीधे नर्मदा नदी के तट पर ले जाया गया। प्रेसवाले इन मृतकों को भी अपने आँकड़ों में जोड़ लेते थे। यदि जिला

पुलिस इस दिशा में सजग होती तो मृतकों के सरकारी आँकड़ों व समाचार-पत्र के आँकड़ों में न तो ज्यादा अंतर आता और न ही आम जनता, प्रशासन व शासन के सामने बाद में वे सब उलझनें आतीं।

ये सब अकाल मृत्यु के मामले थे, अतः पुलिस को प्रारंभिक क्षणों से ही अपना नेटवर्क फैलाकर प्रभावित मोहल्लों, सभी अस्पतालों, कब्रिस्तानों, श्मशानघाटों इत्यादि में पूरी चौकसी रखनी चाहिए थी। उनके पास इसके लिए पर्याप्त स्टाफ व साधन भी थे। जब मरे हुए मवेशियों की सूचियाँ बनाई जा सकती थीं तो मरे हुए लोगों की क्यों नहीं? लाशें न तो बाढ़ में बह गई थीं, न आग में जल गई थीं। क्या यह वास्तविका नहीं है कि इसके लिए जिम्मेदार लोग अपने कार्य के प्रति गंभीर व समर्पित नहीं थे? अपने कार्य को छोड़कर यदि अन्य कार्य में रुचि ली जाए, तब यही होता है और यही हुआ। जैसाकि मैं पहले उल्लेख कर चुका हूँ, गृह सचिव दूसरे या तीसरे दिन से लगभग रोज ही रात्रि में विलंब से मृतकों का सर्वेक्षण कराने के लिए मुझसे कहते थे। राजस्व तथा नगर निगम के कर्मचारियों को रात भर सर्वेक्षण करना होता था और सुबह आँकड़े दिए जाते थे। शुरू के दिनों में यह सब रोज होता रहा। बाद में जब संख्या लगभग स्थिर हो गई तब गृह सचिव ने इस प्रकार रात्रि में सर्वेक्षण कराना बंद किया।

गृह विभाग मृतकों के समस्त विवरण, जैसे—नाम, पते इत्यादि कंप्यूटर में अंकित कराता था और फिर उन सूचियों को अनुग्रह-राशि के भुगतान के सिलसिले में वित्त विभाग के पास भेजा करता था।

इस दुर्घटना के बाद शीघ्र ही राज्य सरकार ने मृतकों के परिजनों को दस हजार रुपए प्रति मृतक की दर से अनुग्रह-राशि का भुगतान करने की घोषणा कर दी थी। गंभीर रूप से बीमार को दो हजार रुपए प्रति व्यक्ति एवं अन्य घायलों को एक हजार रुपए तक आर्थिक सहायता देने की भी घोषणा की गई थी।

सामान्य प्रशासन विभाग ने अपने आदेश (4 दिसंबर, 1984) द्वारा प्रभावित लोगों को शासन की ओर से आर्थिक सहायता का वितरण करने तथा प्रभावित परिवारों को अन्य समस्त आवश्यक सहायता उपलब्ध कराने के लिए विशेष सचिवों एवं उपसचिवों के बीस दलों का गठन किया था और उन्हें सोलह क्षेत्रों में लगाया गया था। मेडिकल कॉलेज में तीन दल, जे.पी. अस्पताल में दो एवं बाकी अस्पतालों व प्रभावित क्षेत्रों में एक-एक दल लगाए गए थे। दुर्घटना में अनाथ हुए बच्चों के आश्रय हेतु अनाथालय की व्यवस्था के लिए इन बीस में से एक विशेष सचिव एवं एक उपसचिव के दल को लगाया गया था। इसी आदेश में निर्देश दिए गए थे कि ये

अधिकारीगण वित्त विभाग के अमुक विशेष सचिव से सहायता राशि प्राप्त कर अपने तैनाती के क्षेत्र में पहुँचेंगे तथा वित्तीय सहायता के वितरण का कार्य तुरंत प्रारंभ करेंगे। इस आदेश में कोई विस्तृत निर्देश तो नहीं दिया गया था, किंतु एक वाक्य लिखा गया था कि ये अधिकारी सहायता-राशि के वितरण का विधिवत् लेखा-जोखा निर्धारित कर उसे वित्त विभाग के समक्ष प्रस्तुत करेंगे।

इन सभी वरिष्ठ अधिकारियों को कहा गया था कि अपनी सहायता के लिए वे अपने विभागीय संगठन से आवश्यक संख्या में उपयुक्त अधिकारी एवं कर्मचारी स्वयं बुलाकर अपना-अपना दल संगठित करेंगे।

इन अधिकारियों ने तदनुसार वित्तीय सहायता देने का कार्य प्रारंभ किया। राशि-वितरण में जो अव्यवस्था हुई, उसका उल्लेख संक्षेप नें पहले किया जा चुका है, जिसमें यह भी बताया गया है कि वित्तीय सहायता-वितरण का कार्य एकाएक किस प्रकार बंद कर दिया गया। दो हजार एवं एक हजार रुपए की राशि गंभीर रूप से बीमार लोगों को देना बंद हो गया। जहाँ तक प्रत्येक मृतक के लिए दस हजार रुपए की राशि देने का प्रश्न था, यह कार्य किसी-न-किसी रूप में धीरे-धीरे चलता रहा।

वित्तीय सहायता देने का उद्देश्य तो बहुत अच्छा था, किंतु उद्देश्य की प्राप्ति किस प्रकार सुनिश्चित हो सकती है, इसे योजना बनानेवालों एवं क्रियान्वित करनेवालों ने ठीक से नहीं सोचा था। किसी झुग्गीवाले परिवार में यदि आठ सदस्य थे और एक वृद्धा को छोड़कर बाकी सभी मारे गए, तब वह वृद्धा दस हजार रुपए प्रति मृतक के हिसाब से सात मृतकों के नकद सत्तर हजार रुपए कहाँ रखेगी, किस प्रकार उसका उपयोग करेगी, उसके पास यह भारी राशि बच भी पाएगी या नहीं—शुरू में इन महत्त्वपूर्ण बिंदुओं पर किसी ने भी नहीं सोचा। फलस्वरूप जहाँ एक ओर व्यापक पैमाने पर राशि-वितरण करने से लोगों को संतोष मिला वहीं काफी गड़बड़ियाँ भी हुईं। ऐसा लगता है कि अधिकतर अधिकारी गणितीय ढंग से दस हजार रुपए प्रत्येक मृतक की दर से नकद राशि बाटँते गए और अन्य कोई सावधानी नहीं बरती। जिन लोगों को राशि दी गई उसका पूरा-पूरा हिसाब भी नहीं रखा गया। कुछ अपात्र लोगों को भी भुगतान हुआ।

सचिवालय स्तर पर भी गंभीर चूकें हुईं। रेलवे विभाग के अधिकारियों को बीस लाख रुपए दे दिए गए। उनसे भी राशि बँटवाई गई, जिसमें बहुत से अपात्र लोगों को राशि दे दी गई और उनका पूरा विवरण भी नहीं मिल पाया। आवश्यक एहतियात न लेने तथा तदर्थवाद के कारण ऐसा हुआ।

राज्य सरकार द्वारा गठित गण्यमान्य लोगों की राज्य स्तरीय समिति एवं आम जनता में वित्तीय सहायता वितरण पर काफी असंतोष उभरा। प्रारंभ के कुछ दिनों को छोड़कर बाद में ये अधिकारी अपने तैनाती क्षेत्रों/ मोहल्लों में जाना बंद करके, (कुछ लोग) अपने-अपने कार्यालय से या अपनी मनपसंद अन्य जगह से राशि बाँटने लगे; शेष लोग किसी-न-किसी बहाने राशि वितरण के कार्य से बचते रहे। समीक्षा बैठकों में अन्य बहाने बनाने के साथ-साथ वे कहने लगे कि मृतकों के परिजन भुगतान लेने के लिए नहीं आ रहे हैं अथवा वे मिल नहीं रहे हैं।

सचिवालय में एक चर्चा के दौरान मुझसे इस बाबत सहायता की अपेक्षा की गई। तब 28 मार्च, '85 के आदेश द्वारा मैंने गैस प्रभावित क्षेत्र को चार जोंस में बाँटकर प्रत्येक के लिए एक-एक टीम बनाई, जो मृतक के परिजनों को विशेष प्रयास कर नगर निगम कार्यालय में वित्त विभाग द्वारा नियुक्त अधिकारियों के समक्ष प्रस्तुत करे। प्रत्येक टीम में जोन के सभी पार्षदों, एक नायब तहसीलदार तथा एक पुलिस निरीक्षक को रखा गया। मृतकों के परिजनों को तलाश करके नगर निगम कार्यालय ले जाकर वित्तीय सहायता दिलाने का इन टीमों ने प्रशंसनीय कार्य किया।

जिन अधिकारियों ने अपनी सुरक्षा के लिए पुलिस बल की सहायता चाही, उन्हें पुलिस सुरक्षा दी गई।

कई बार राउंड में मैंने देखा कि मृतकों के परिवारजन तो नगर निगम कार्यालय में मौजूद थे, किंतु आर्थिक सहायता देनेवाले लोग ही वहाँ नदारद थे। घंटों प्रतीक्षा करके प्रायः लोगों को लौट जाना पड़ता था। हाँ, कर्तव्यनिष्ठ अधिकारी राशि का वितरण ठीक से जरूर कर रहे थे। लेकिन अन्य लोग तो जिम्मेदारी से बचने का प्रयास करते रहे और हमारे द्वारा उपलब्ध कराई गई सुविधा का लाभ उन्होंने नहीं लिया।

यद्यपि वित्तीय राशि का वितरण करनेवाले अधिकतर अधिकारी अच्छे थे, किंतु उनमें यह कार्य करने की इच्छा-शक्ति नहीं रह गई थी और उनके कार्य का समन्वय भी कोई नहीं कर रहा था। उन्हें सामान्य प्रशासन विभाग द्वारा नियुक्त किया गया था और राशि वित्त विभाग से मिलती थी; किंतु न तो कार्य को देखनेवाला कोई था और न उन्हें निर्देश देकर उसका पालन करानेवाला। इन लोगों की अनियमित उपस्थिति एवं कार्य करने की अनिच्छा के कारण भुगतान का कार्य कई माह बीत जाने पर भी पूरा नहीं हो सका। फलतः जनाक्रोश बढ़ता गया। जनाक्रोश का एक और भी प्रमुख कारण था। वह यह कि काफी मृतकों की पहचान नहीं हो सकी थी। बहुत से शव तो पोस्टमार्टम के लिए मेडिकल कॉलेज लाए ही नहीं गए थे। अतः

उनके परिवारजनों को यह सहायता नहीं मिल पाई थी। परिवारजन बार-बार आग्रह करते थे कि उन्हें भी वित्तीय सहायता दी जाए।

इस माहौल में लोगों ने ऐसे दावे भी करना प्रारंभ कर दिया, जिसमें यह निश्चित नहीं था कि मृत्यु जहरीली गैस के कारण हुई या अन्य कारण से। लोगों का तो यहाँ तक कहना था कि कुछ लोग भोपाल छोड़कर कहीं अन्यत्र चले गए और अपने परिवारजनों द्वारा स्वयं को मृतक घोषित करा लिया। किन-किन लोगों की मृत्यु गैस त्रासदी से हुई, इसका लेखा-जोखा रखने में गृह विभाग पूर्ण रूप से विफल रहा। फलत: स्थिति बहुत ही ऊहापोहवाली बन गई।

मुख्यमंत्रीजी की अध्यक्षता में सचिवालय के शीर्षस्थ अधिकारियों की एक बैठक 5 जनवरी, 1985 को हुई, जिसमें यह निर्णय लिया गया कि 'जिन मृत व्यक्तियों की सूची शासन ने अस्पतालों, कब्रिस्तानों आदि से पूरी जानकारी प्राप्त करके तैयार की है, वह कलेक्टर ऑफिस और नगर निगम में राहत समिति के कक्ष में तथा प्रभावित क्षेत्रों के थानों में प्रकाशित की जाए।' गृह विभाग ने ये सूचियाँ तैयार की थीं, जो शुरू से ही विवादों में घिरी रहीं। शासन के इस निर्णय के अनुसार उनका शायद प्रकाशन भी ठीक से नहीं हुआ। इसी बैठक में एक अन्य निर्णय लिया गया था कि 'जिन मृतकों के नाम ऊपर दरशाई गई सूची में नहीं हैं, उनके बारे में आवेदन-पत्र कंट्रोल रूम और पुलिस अधीक्षक को देने की जो व्यवस्था तब की गई थी, उसके बारे में पुन: जनता को जानकारी दी जाए। कंट्रोल रूम तथा पुलिस अधीक्षक कार्यालय में कार्यालयीन अवधि, अर्थात् प्रात: दस बजे से शाम पाँच बजे तक आवेदन-पत्र लिये जाएँगे। अधिकारियों को यह निर्देश दिए जाएँ कि ऐसे आवेदन-पत्र देनेवालों के साथ वे सहानुभूतिपूर्ण व्यवहार करें।'

स्पष्ट है कि मृतकों की अतिरिक्त सूची बनाने के लिए राज्य सरकार के निर्देशों का पालन पुलिस अधीक्षक द्वारा नहीं किया जा रहा था तथा तरह-तरह की शिकायतें आ रही थीं, अत: शासन को अपना निर्णय दोहराना पड़ा और आवेदन-पत्र देनेवालों के साथ सहानुभूतिपूर्ण व्यवहार करने की फटकार देनी पड़ी। शासन की इस कड़ी फटकार के बाद कुछ औपचारिकताएँ तो निभाई गईं, किंतु सरकार के निर्देशों का पालन निष्ठापूर्वक कभी भी नहीं किया गया। गैस त्रासदी के जिन मृतकों के नाम सूची में नहीं थे, उनके परिवारजन अपने आवेदन-पत्र पुलिस अधीक्षक कार्यालय (भोपाल) एवं कंट्रोल रूम में दे सकते थे।

सचिव, समाज-कल्याण विभाग—अर्थात् सचिव, राज्य स्तरीय राहत समिति ने पुलिस महानिदेशक को अपने अर्द्धशासकीय पत्र (7 जनवरी, 1985) में इस

संबंध में लिखते हुए यह भी निर्देश दिया था कि ऐसे आवेदन-पत्र प्राप्त करनेवाले कंट्रोल रूम एवं पुलिस अधीक्षक के कार्यालय के प्रभारी अधिकारी को स्पष्ट कह दिया जाए कि प्राप्त आवेदन-पत्रों पर काररवाई करनी है और तत्परता के साथ उसकी जाँच करानी है, ताकि जितने भी लोगों की मृत्यु हुई है अथवा गायब हैं, उनके बारे में सूची को अंतिम रूप दिया जा सके। इसमें यह भी कहा गया था कि यह विषय इसलिए भी महत्त्वपूर्ण है, क्योंकि अस्पताल, शमशानघाट इत्यादि के अभिलेखों के आधार पर बनाई गई मृतकों की सूची में जिन मृतकों के नाम नहीं हैं उनके परिवारवाले इस प्रकार सूची को अद्यतन करने पर बल दे रहे हैं। इस पत्र की प्रतिलिपि भोपाल के पुलिस उपमहानिरीक्षक एवं मुझे भी प्राप्त हुई थी।

शासन के इस पत्र का भी कोई विशेष असर नहीं पड़ा। सारांश यह है कि लिखा-पढ़ी के अलावा कोई ठोस प्रगति नहीं हुई और स्थिति बद से बदतर होती चली गई। 5 फरवरी, 1985 को 'दैनिक भास्कर' (भोपाल) में 'मृतकों की तस्दीक में ढील से कष्ट' शीर्षक समाचार में छपा कि ''गैस-कांड में मारे गए व्यक्तियों की तस्दीक का काम पुलिस को सौंपा गया है और वह यह काम कर नहीं पा रही है।...नागरिकों ने शिकायत की है कि तस्दीक के काम में ढील से उन्हें मुआवजा प्राप्त करने में कठिनाई आ रही है।''

पुलिस अधीक्षक का तर्क था कि जब मृतक की लाश न मिली हो और उसका पोस्टमार्टम न हुआ हो, तब पुलिस कोई काररवाई नहीं कर सकती। उनका यह तर्क शासन के सभी निर्णयों को निरर्थक बना रहा था और इस पृष्ठभूमि में उन्होंने जो आवेदन-पत्र आमंत्रित किए थे, वे भी निरर्थक से हो गए थे। अंततोगत्वा 11 अप्रैल, 1985 को वल्लभ भवन में एक बैठक हुई। इसमें कुछ महत्त्वपूर्ण निर्णय लिये गए। उनमें से एक निर्णय, जो सामान्य प्रशासन विभाग के उपसचिव ने अपने अर्द्धशासकीय पत्र (22 अप्रैल, 1985) द्वारा भेजा था, का सार इस प्रकार है—

''पुलिस अधीक्षक, भोपाल द्वारा ऐसे मृतकों के संबंध में, जिनका न तो शव-परीक्षण हुआ या जिनकी मृत्यु की औपचारिक जानकारी किसी स्तर पर उपलब्ध नहीं हो पाई, मृत्यु प्रमाण-पत्र देने में वैधानिक कठिनाइयों का उल्लेख किया गया। पुलिस अधीक्षक को बताया गया कि उपर्युक्त श्रेणी के मृतकों के संबंध में स्थानीय जाँच के आधार पर मृत्यु प्रमाण-पत्र जारी करें। यह प्रमाण-पत्र केवल क्षतिपूर्ति-दावों के हेतु उपयुक्त माने जाएँगे। मृत्यु प्रमाण-पत्र जिस प्रारूप में जारी किया जाएगा, उसका अनुमोदन विशेष सचिव विधि श्री दुबे से पुलिस अधीक्षक, भोपाल प्राप्त करेंगे।''

अब भी पुलिस अधीक्षक की ओर से कोई तत्परता नहीं दिखाई गई। पुलिस अधीक्षक ने सूची के अलावा अन्य मृतकों के परिवारजनों से आवेदन-पत्र माँगे थे और स्थानीय जाँच आदि कराकर मृतकों की अतिरिक्त सूची उन्हें बनानी थी। उनकी जो शंकाएँ थीं, उन्हें शासन दूर कर चुका था और जो भी वे लिखित में चाहते थे, शासन ने लिखित में यह मार्गदर्शन जारी कर दिया था।

उपर्युक्त पृष्ठभूमि में शासन मृतकों की अतिरिक्त सूची की माँग कर रहा था। पुलिस अधीक्षक ने तीन सौ इक्कीस लोगों की एक निरर्थक सी सूची भेजी, जिसे मूल रूप में मैंने राज्य सरकार के पास भेज दिया। राज्य सरकार की ओर से यह सूची उनके पत्र (3 मई, 1985) द्वारा मेरे पास इस आपत्ति के साथ प्राप्त हुई कि सूची का प्रमाणीकरण किसी भी अधिकारी के द्वारा नहीं किया गया है। उस सूची की पुष्टि करने का आग्रह भी किया गया था और कहा गया था कि संबंधित अधिकारी के हस्ताक्षर भी सूची के अंत में कराए जाएँ। अतः ऐसे प्रमाणीकरण व संबंधित अधिकारी के हस्ताक्षर के लिए उसे मैंने पुलिस अधीक्षक के पास वापस भेजा। जहाँ तक मुझे स्मरण है, उस सूची का प्रमाणीकरण पुलिस अधीक्षक ने कभी नहीं किया और किसी-न-किसी बहाने उसे टालते रहे। मुझे ऐसा स्मरण आ रहा है कि काफी विलंब से उन्होंने लिखा था कि पुनः इस सूची को तैयार करने में समय व धन का अनावश्यक व्यय होगा। उन्होंने यह भी लिखा कि जो सूची उन्होंने भेजी थी, वह वरिष्ठ अधिकारी द्वारा अनुमोदित प्रारूप के अनुसार भेजी थी। सूची में हस्ताक्षर करके उसे प्रमाणित करना तो दूर रहा, अपने पत्र तक में उन्होंने किसी ऐसी भाषा का उपयोग नहीं किया, जिससे लगता कि सूची को प्रमाणित करने की जिम्मेदारी वे ले रहे थे। इस प्रकार से गोल-मोल शब्दों में उन्होंने इस विषय को टाल दिया और शासन के लिखित आदेश को उन्होंने नजरअंदाज कर दिया। उन्होंने वह सूची किस वरिष्ठ अधिकारी के अनुमोदित प्रारूप के अनुसार भेजी गई थी, यह उन्होंने स्पष्ट नहीं किया। पुनः प्रारूप का अनुमोदित होना एक बात है और सूची का प्रमाणीकरण होना या न होना दूसरी बात है। अप्रत्यक्ष रूप से भी वह उस सूची को 'प्रमाणित' कहने का साहस नहीं जुटा सके और उन्होंने 'अनुमोदित प्रारूप' जैसे अस्पष्ट शब्दों का ही सहारा लिया।

लगता है कि मुख्य सचिव एवं अन्य वरिष्ठ सचिव लोग आम जनता की शिकायतों से और स्वयं द्वारा लिये गए निर्णयों का कार्यान्वयन न करा सकने की अपनी कमजोरी से थक गए थे। इस पृष्ठभूमि में कुछ बैटकों का नाटक करने के बाद सभी जिम्मेदारियों से अपना पल्ला झाड़ना ही मुख्य सचिव ने उचित समझा।

तदनुसार 9 मई, 1985 को सचिवालय में एक चर्चा आयोजित हुई। उससे स्पष्ट हुआ कि कम-से-कम 1402 लोगों को मृतक बताने के बावजूद मुश्किल से आठ सौ मृतकों के परिवारजनों को वित्तीय सहायता का भुगतान हो सका था और इतने सारे वरिष्ठ आई.ए.एस. अधिकारी पर्याप्त अमले के बावजूद बाकी लगभग छह सौ मृतकों के परिवारजनों को राशि वितरित नहीं कर पाए। सचिवालय अपने को असहाय महसूस कर रहा था। मृतकों की सही संख्या बताने के लिए जो लगभग आठ सौ आवेदन-पत्र पुलिस अधीक्षक को प्राप्त हुए थे, उनके बारे में वे न तो शासन के आदेशों का पुलिस अधीक्षक से पालन करा पा रहे थे, न ही कुछ कर पा रहे थे। तब 9 मई को सचिवालय की उस बैठक में शासन ने निर्णय लिया कि विशेष सचिवों एवं उपसचिवों के बीस दलों द्वारा जो अनुग्रह-राशि का भुगतान किया जा रहा था, उसके बजाय अब यह कार्य मेरे (अर्थात् कलेक्टर) के माध्यम से कराया जाए। बिना किसी संकोच के यह भी कहा गया कि दो सप्ताह के अंदर शेष राशि का भुगतान लोगों को करा दिया जाए और अपवादस्वरूप ही कोई व्यक्ति उससे वंचित रहे। वे अच्छी तरह से जानते थे कि जितने भी मामले बचे हुए थे, वे अपवाद स्वरूप ही व उलझे हुए थे और ये उलझनें वितरण की उनकी नीतियों ने एवं इन बीस वरिष्ठ अधिकारियों के नेतृत्ववाले दलों ने ही उत्पन्न कराई थीं। केवल दो सप्ताह का समय देने में मुख्य सचिव को जरा भी संकोच नहीं हुआ। उनसे यह कौन पूछता कि जिस कार्य को बीस विशेष सचिव सैकड़ों लोगों की सहायता से लगभग छह माह में पूरा नहीं कर पाए थे, उसको बिना किसी अतिरिक्त स्टाफ और उनके द्वारा उत्पन्न की गई समस्याओं को सुलझाए बिना केवल दो सप्ताह में मैं कैसे पूरा करा सकता था? यह है वरिष्ठ अधिकारियों के कार्य करने की शैली!

दूसरा तुगलकी फरमान यह मिला कि मृतकों की सूची का अंतिम सत्यापन मजिस्ट्रेट लोग दस दिन के अंदर कर लें। जिस कार्य को पुलिस का इतना बड़ा अमला छह माह में नहीं कर पाया, उसे मुट्ठी भर मजिस्ट्रेट अपने अन्य कार्यों को करते हुए दस दिनों के अंदर करें—यह था हुक्मनामा मुख्य सचिव का।

9 मई की उक्त बैठक में मृतकों के संबंध में यह स्पष्ट कहा गया था कि किसी व्यक्ति की मृत्यु का प्रमाण-पत्र जाँच-पड़ताल के बाद पुलिस ही देगी। वह मृत्यु एम.आई.सी. गैस से हुई या नहीं, इसका प्रमाण-पत्र मजिस्ट्रीरियल इन्क्वेस्ट करके मजिस्ट्रेट देंगे। पुलिस अधीक्षक किसी-न-किसी आड़ में अपनी जिम्मेदारी टालने का प्रयास कर रहे थे। उन्हें इसकी तनिक भी चिंता नहीं थी कि उन्हें प्राप्त आवेदन-पत्रों की जाँच में हो रहे विलंब से स्थिति बिगड़ती जा रही थी तथा शासन

की आलोचना बढ़ती जा रही थी। चर्चा में लिये गए निर्णयों के अनुसार पुलिस को क्या-क्या करना है, इसके संबंध में जिला मजिस्ट्रेट की हैसियत से मुझे मार्गदर्शन करना था। मैं उन्हें कोई बहाना करने का मौका अपनी ओर से दिए बिना तुरंत कार्य कराना चाहता था।

अत: बैठक से लौटकर रात में देर तक कार्यालय में रहकर उसी दिन मैंने न्यायालय जिला मजिस्ट्रेट (भोपाल) की हैसियत से दंड प्रक्रिया संहिता की धारा 174/176 के अंतर्गत विस्तृत निर्देश जारी कर दिए। उसका सारांश यही था कि 'यह संभव है कि बहुत से मृतकों का पोस्टमार्टम नहीं कराया जा सका हो और उनके परिवारजनों ने पुलिस अधीक्षक को आवेदन-पत्र दिए हों, पुलिस अधिकारी एवं मजिस्ट्रेट द्वारा संलग्न सिद्धांतों के अनुसार अनुसंधान व जाँच तुरंत की जाए तथा जहरीली गैस से मृत अतिरिक्त व्यक्तियों की सूची कंप्यूटर सूची के निर्धारित फॉर्म पर तैयार की जाए। इसी आदेश के अंत में मैंने लिखा कि 'यह सूची केवल गैस त्रासदी से राहत के लिए होगी।' पुलिस अधीक्षक की तकनीकी आपत्ति के समाधान और राज्य सरकार के स्तर पर लिये गए निर्णय के अनुसार यह विशिष्ट प्रावधान किया गया था। इस आदेश की प्रतिलिपि प्राय: सभी लोगों के पास भेजी गई। इस आदेश का परिशिष्ट-1 सात पृष्ठों का था। इसमें पुलिस अनुसंधान के लिए सात बिंदुओं पर मार्गदर्शन किया गया कि किस प्रकार वे स्थानीय जाँच में मृतक के निवास-स्थान और उसके पड़ोस में जाकर पूरा विवरण एकत्रित करेंगे कि दिए गए विवरण के अनुसार कोई व्यक्ति था भी या नहीं और कोई मृत्यु हुई भी है या नहीं, इत्यादि-इत्यादि। इसमें इसका भी प्रावधान था कि संबंधित व्यक्ति की मृत्यु की पुष्टि होने पर थाने के प्रभारी अधिकारी पृष्ठ 3 पर दिए गए फॉर्म में अतिरिक्त जिला मजिस्ट्रेट (भोपाल) को प्रतिवेदन देंगे और यदि थाना प्रभारी इस निष्कर्ष पर पहुँचते हैं कि मृत्यु की पुष्टि नहीं होती है तो वह उसके अनुसार सूचना पुलिस अधीक्षक को देंगे।

मजिस्ट्रियल इन्क्वेस्ट के लिए भी मैंने विस्तृत निर्देश जारी करके अन्य जिलों से प्राप्त मजिस्ट्रेट्स के पंद्रह दल बनाए। उन्होंने तत्काल सर्व प्राथमिकता से तेज गति के साथ कार्य किया, किंतु पुलिस ने रुचि नहीं ली। पुलिस अधीक्षक अपने पुराने तर्कों को दोहराते रहे। मुख्य सचिव स्तर से लिये गए निर्णयों को भी राज्य सरकार उनसे क्रियान्वित न करा सकी।

जब किसी व्यक्ति की मृत्यु की सूचना आती है, तब जाँच-पड़ताल करके पुलिस ही साक्ष्य एकत्रित करती है कि ऐसा व्यक्ति था भी या नहीं, मृत्यु कहाँ पर

हुई, अंतिम संस्कार कहाँ किया गया आदि। पुलिस ने प्राप्त आवेदन-पत्रों पर बहुत कम छानबीन की और शासन के स्पष्ट आदेशों के बावजूद गैस त्रासदी से राहत मात्र के लिए भी प्रमाणित नहीं किया कि मृत्यु हुई या नहीं। अत: यह सब कार्य हमारे पंद्रह मजिस्ट्रेटों को करने पड़े। वे मृतकों के घरों व मोहल्लों में जाकर छानबीन करते थे। इसी के साथ-साथ उन्हें श्मशानघाट, कब्रिस्तान, अस्पताल, नगर निगम कार्यालय इत्यादि में जाकर जाँच करनी पड़ती थी। लोगों के लापता होने के प्रकरण इसी जाँच में सामने आते थे। इन पंद्रह मजिस्ट्रेटों के कार्य का समन्वय व देख-रेख करने के लिए मैंने अपने एक अतिरिक्त कलेक्टर, दो अन्य मजिस्ट्रेट तथा बहुत सारे सहायक स्टाफ को लगाया था। कार्य में प्रगति पर्याप्त गति के साथ हो रही थी।

अनुग्रह-राशि के वितरण का कार्य चूँकि मुख्य सचिव के पत्र (9 मई, 1985) द्वारा वित्त विभाग से अब मुझे हस्तांतरित कर दिया गया था, अत: अब तक की जो स्थिति थी उसे जानने के लिए 10 मई को मैंने दो वरिष्ठ डिप्टी कलेक्टर को विशेष सचिव, वित्त के पास भेजा। किंतु वित्त विभाग यह जानकारी नहीं दे पाया कि किन-किन मृतकों के परिवारजनों को अनुग्रह राशि का भुगतान हुआ और किन-किन को नहीं। हमारे दोनों डिप्टी कलेक्टर रोज सचिवालय जाते थे और जानकारी लेने के लिए दिन भर वहीं कार्य करते थे। वहाँ कोई जानकारी मिल नहीं रही थी। विशेष सचिव, वित्त के पास जो अभिलेख थे वे अस्त-व्यस्त थे और ऊहापोह भरे थे। लोग एक-दूसरे पर जिम्मेदारी टालते थे। उन डिप्टी कलेक्टरों ने सचिवालय में बैठकर वहाँ के विभागों व अधिकारियों के बीच समन्वय कराकर कुछ कागजात एकत्रित कराए। निर्णय के अनुसार वित्त विभाग उन मृतकों, जिनके परिवारजनों को भुगतान हो गया था और दूसरे उन मृतकों की सूची जिनके परिवारजनों को भुगतान नहीं हुआ था, की सूची नहीं दे पाया। इसकी बजाय उन्होंने आधी-अधूरी ढेर सारी सूचियाँ अस्त-व्यस्त हालत में मेरे अधिकारियों को पकड़ा दीं।

13 मई, 1985 को वित्त विभाग के विशेष सचिव ने मेरे पास एक अर्द्धशासकीय पत्र भेजा। वह पत्र अनुग्रह-राशि के वितरण में हुई अव्यवस्था व घपलों का दस्तावेज मात्र था। जो कुछ बातें उस पत्र से उजागर हुईं, उनमें से कुछ का सारांश इस प्रकार था—

1. गृह विभाग से वित्त विभाग को गैस त्रासदी में मृतकों की पहली सूची 1320 व्यक्तियों की, बाद में समय-समय पर 47, 23, 13, 11 और 22—अर्थात् कुल 1436 व्यक्तियों की मिली। आगे कहा गया कि बाद में जो अतिरिक्त सूचियाँ प्राप्त हुईं, उनकी प्रविष्टियाँ मूल कंप्यूटर सूची में 'ए' और 'बी' नंबर देकर की गई

हैं। इस प्रकार वित्त विभाग कुल मृतकों की संख्या व सूची के बारे में गोल-माल कर गया और यह भी स्पष्ट नहीं कर सका कि 'ए' और 'बी' से क्या आशय है।

2. मृतकों के वारिसों को भुगतान करने के लिए मध्य रेलवे को बीस लाख रुपए दिए गए थे। उन्होंने 120 लोगों को दस-दस हजार रुपए का भुगतान करने की बात बताई है, किंतु सूची केवल 67 व्यक्तियों की ही प्राप्त हुई है। इस सूची के कुछ नाम वित्त विभाग की मृतकों की सूची में मिले हैं, शेष नहीं मिले। जो नाम नहीं मिले, उनमें 'ए' और 'बी' अंकित किया गया है।

वित्त विभाग ने इन 67 लोगों की भी सूची नहीं भेजी और कोई भी स्पष्ट विवरण नहीं दिया। यह जरूर स्पष्ट हुआ कि जिन लोगों के नाम मृतकों की सूची में नहीं थे, उनके वारिसों को भी मध्य रेलवे ने भुगतान कर दिया, किंतु ये लोग कौन थे, नहीं बताया गया। 'ए', 'बी' का आशय भी वित्त विभाग नहीं समझा पाया।

3. रेलवे व वित्त विभाग द्वारा अलग-अलग भुगतान करने के कारण कुछ लोगों ने एक से ज्यादा बार दस-दस हजार रुपए का भुगतान प्राप्त किया। अतः उन लोगों से राशि वापस वसूल करनी है। पर वित्त विभाग ने यह नहीं बताया कि वे कौन लोग हैं, जिनसे वसूली करनी है।

4. वित्त विभाग की ओर से वितरित कराई गई दस-दस हजार रुपए की राशि कुछ लोगों ने दो-दो बार ले ली। उनसे भी वसूली करनी है। पर वित्त विभाग ने यह नहीं बताया कि ये कौन लोग हैं।

5. दिसंबर 1984 में जिन लोगों को भुगतान हुआ था, उनमें कुछ लोगों के नाम वित्त विभाग की किसी भी सूची में नहीं हैं। उनका पता लगाकर आवश्यक होने पर वसूली की जाए।

दिसंबर 1984 में भी वित्त विभाग ने ही भुगतान कराया था, किंतु उन्होंने यह नहीं बताया कि ऐसे कौन लोग थे जिनसे वसूली करनी थी दिसंबर 1984 में किन-किनको भुगतान हुआ था, उसकी सूची भी नहीं दी गई। तब फिर जिला प्रशासन यह सब कैसे पता लगाता?

इस प्रकार पाँच माह से भी ज्यादा समय में इतने अधिक विशेष सचिवों के नेतृत्व में सैकड़ों लोगों की सहायता से वित्त विभाग मुश्किल से 50 प्रतिशत मृतकों के वारिसों को भुगतान करा पाया था, उसका भी कोई लेखा-जोखा नहीं था तथा गलत भुगतान की भरमार भी थी। किसे भुगतान हुआ, किसे नहीं हुआ—यह सब शोध का विषय हो गया था। विशेष सचिव, वित्त के लंबे पत्र का उद्देश्य मात्र यही दिखा कि राशि-वितरण में जो गड़बड़ियाँ व घपले हुए थे, उसके लिए भविष्य में

उन्हें जिम्मेदार न माना जाए।

इस पत्र के अवलोकन से स्पष्ट था कि वित्त विभाग यह बताने की स्थिति में ही नहीं था कि किसको भुगतान हुआ, किसको नहीं हुआ और किन लोगों को एक से ज्यादा बार भुगतान हो गया। रेलवे अधिकारियों ने बताया कि 120 व्यक्तियों को भुगतान किया गया है, किंतु केवल 67 लोगों की सूची होने की बात कही गई। यह सूची भी नहीं दी गई।

जिन 53 व्यक्तियों की सूची संभागीय रेल प्रबंधक से प्राप्त करनी थी, उसके लिए भी मैंने 14, 15 एवं 16 मई, 1985 को लगातार अपने डिप्टी कलेक्टर भेजे; किंतु रेलवेवालों से कोई संतोषजनक उत्तर नहीं मिला। वे केवल यह कहते रहे कि भुगतान का कार्य झाँसी में भी किया जा रहा है।

विशेष सचिव, वित्त के पत्र (13 मई, 1985) के संदर्भ में 15 मई, 1985 को मैंने जो पत्र लिखा, उसमें गंभीर कठिनाइयों की ओर उनका ध्यान आकर्षित किया और रेलवे द्वारा जिन 67 लोगों को भुगतान कर सूची भेजने की बात कही गई थी उनकी सूची माँगी। उन्हें यह भी बताया कि मेरे डिप्टी कलेक्टर तीन बार डी.आर.एम. कार्यालय गए। इसके बावजूद शेष 53 लोगों की सूची नहीं मिली है और यह कि केवल आठ लोगों को भुगतान करने की बाबत रेलवेवालों ने मौखिक कहा है। मैंने आगे लिखा कि किए गए भुगतान के विवरण के अभाव में ऐसे लोगों की सूची बनाना संभव नहीं हो पा रहा है, जिन्हें अभी अनुग्रह राशि का भुगतान होना है। मैंने यह भी सुझाव दिया कि चूँकि हम जिले की ओर से अब भुगतान कराने जा रहे हैं, अतः अब रेलवेवालों द्वारा भुगतान बंद कराया जाए, अन्यथा पुनः लोगों को दो-दो बार भुगतान हो जाएगा। मैंने अपने अधिकारियों को भी बार-बार सचिवालय भेजा, किंतु वांछित जानकारी नहीं मिल सकी। आम जनता व जन-प्रतिनिधियों की शिकायतें बढ़ती जा रही थीं। वरिष्ठ अधिकारी खामोशी की नीति (ostrich policy) अपनाए थे। वित्त विभाग से प्राप्त ढेर सारी सूचियों में बाहरी लोगों के भी नाम थे। ऐसा लगता है कि मनमाने ढंग से पैसा बाँटा गया। यह भी संभव है कि गृह विभाग से वित्त विभाग को मृतकों की जो सूचियाँ मिलीं, वे भी अपने आप में त्रुटिपूर्ण थीं।

जो भी हो, एक ओर हम सचिवालय द्वारा नियुक्त बीस दलों द्वारा उत्पन्न कराए गए भ्रम को सुलझाने का प्रयास कर रहे थे, वहीं दूसरी ओर इन सब कठिनाइयों के बावजूद हमारे मजिस्ट्रेट द्वारा इन्क्वेस्ट में एम.आई.सी. गैस से प्रमाणित मौत के प्रकरणों में हमने युद्ध-स्तर पर 16 मई, 1985 से उनके परिवारजनों को अनुग्रह राशि का भुगतान कराना प्रारंभ कर दिया। इस प्रकार 9 मई वाले मेरे आदेश के पालन में

प्राप्त 143 प्रकरणों में से 23 मई, 1985 तक 97 प्रकरणों की जाँच हमारे मजिस्ट्रेटों ने पूरी की। एम.आई.सी. गैस से मृत्यु के 53 प्रकरणों में अनुग्रह राशि का भुगतान कराया गया व 44 प्रकरण निरस्त किए गए। यदि शुरू से ही आवश्यक अमला के साथ यह कार्य मुझे दिया जाता तो एक माह में ही यह कार्य हो जाता।

छोटे-मोटे कार्यों में जब भी मैंने किसी कनिष्ठ पुलिस अधिकारी का सीधे उपयोग किया, उन्होंने बड़ी ही तत्परता एवं सक्षमता के साथ कार्य किया। पुलिस के पास काफी अमला था और योग्य लोग थे, किंतु पुलिस नेतृत्व के गलत रवैए के कारण पुलिस बल का उपयोग जनहित में करना संभव नहीं हो सका। मैंने विनम्रतापूर्वक पुलिस अधीक्षक का ध्यान इन चूकों की ओर मौखिक रूप से आकर्षित कराया। 14 मई की चर्चा के समय उन्होंने पुनः अपने पुराने तर्कों को दोहराया, जो बार-बार विचार-विमर्श के बाद शासन-स्तर पर निरस्त किया जा चुका था और शासन ने अपने स्पष्ट निर्देश जारी किए थे। इसी बीच उन्होंने यह भी कह दिया कि उन्होंने मुख्यमंत्रीजी को भी बता दिया है। स्पष्ट है कि वे ऐसे मुकाम पर पहुँच गए थे, जहाँ किसी की बात मानना या न मानना उनकी स्वयं की मरजी पर निर्भर था।

नए मुख्यमंत्रीजी इन बिंदुओं पर कानून व नियमों के विभिन्न पहलुओं से कितने अवगत थे, मुझे पता नहीं; किंतु ऊपर बताए अनुसार शासन के वरिष्ठ अधिकारियों के आदेशों को नजरअंदाज करके मुख्यमंत्रीजी को बताने की क्या आवश्यकता थी या उद्देश्य था, यह तो पुलिस अधीक्षक ही बेहतर जानते रहे होंगे। आम जनता की बढ़ती कठिनाइयों व उनके निराकरण में हो रहे विलंब से हम सब परेशान हो रहे थे। समस्याओं के निराकरण में पुलिस अधीक्षक का रवैया सहयोगात्मक नहीं था।

नए मुख्यमंत्रीजी के भी निकट पहुँचने का उनका अपना अंदाज था। एक रोचक घटना का उल्लेख कर रहा हूँ। भोपाल से दस-बारह कि.मी. दूरी पर स्थित ग्राम सूखी सेवनिया जाने के लिए पुलिस अधीक्षक मुख्यमंत्री सचिवालय तथा शायद मुख्यमंत्रीजी को भी अपनी हितैषीपूर्ण सलाह दे आए कि सड़क गैस प्रभावित क्षेत्र से गुजरती है, अतः सड़क यात्रा सुरक्षित नहीं है और मुख्यमंत्रीजी को हेलीकॉप्टर से जाना चाहिए। सरल स्वभाव के मुख्यमंत्रीजी को ऐसा करने में संकोच हो रहा था, किंतु पुलिस अधीक्षक अपना सुझाव मनवाने में एड़ी-चोटी एक कर रहे थे। अंत में परामर्श के लिए मुझे मुख्यमंत्री सचिवालय बुलाया गया। मैं अपनी हँसी न रोक पाया। सड़क मार्ग से जाने का निर्णय हो गया। तब पुलिस अधीक्षक मेरे पास आए और मुख्यमंत्री को हेलीकॉप्टर से ही ले जाने पर बल

दिया। मैंने उनके तर्कों को नजरअंदाज किया।

पुलिस अधीक्षक अभी भी शांत नहीं हुए। मान्य परंपरा के विपरीत वे मुख्यमंत्री के काफिले की पायलटिंग हम दोनों (जिला मजिस्ट्रेट व पुलिस अधीक्षक) द्वारा किए जाने का आग्रह करते रहे। मैं सहमत हो गया। रास्ते में ट्रैफिक बहुत कम था, पैदल भी नाम मात्र को यहाँ-वहाँ कुछ लोग दिखे, फिर भी पुलिस अधीक्षक वायरलेस पर कहते जा रहे थे कि 'रास्ते में यहाँ भीड़ है, हम उसे हटा रहे हैं, अतः पीछे की गाड़ियाँ धीरे-धीरे आएँ।' बड़ा हास्यास्पद था यह दृश्य। थोड़ा पीछे चल रहे मुख्यमंत्रीजी भी यह सुनकर शायद अपनी हँसी न रोक पाए होंगे।

□

खतरनाक गैस, द्रव व रसायनों का भंडारण एवं निराकरण

यूनियन कार्बाइड की फैक्टरी में भंडारित जहरीली व खतरनाक गैस, द्रव एवं रसायनों के संबंध में मुख्यमंत्रीजी द्वारा रिपोर्ट माँगे जाने पर किस प्रकार मुख्य सचिव ने कई रोज तक कुछ नहीं किया और किस प्रकार अंतत: 17 दिसंबर, 1984 को यह उपलब्ध कराई गई, इसका संक्षिप्त उल्लेख पहले ही किया जा चुका है।

17 दिसंबर, 1984 को प्रात: लगभग नौ बजे जब मुख्यमंत्रीजी ने मुझे टेलीफोन किया था, उसके तत्काल बाद मैंने हनुमानगंज के पुलिस निरीक्षक को बुलाकर उनसे एक रिपोर्ट ले ली थी और उसी पर एक प्रकरण प्रारंभ करके यूनियन कार्बाइड फैक्टरी के वर्क्स मैनेजर को पुलिस निरीक्षक के माध्यम से ही नोटिस भेजा था। उस नोटिस में मैंने डिस्ट्रिक्ट मजिस्ट्रेट की हैसियत से लिखा था—

> 'मुझे जानकारी दी गई है कि आपके कारखाने में एम.आई.सी. गैस के अलावा भी अन्य ऐसी गैस, द्रव एवं पदार्थ हैं, जो मानव-जीवन को जोखिम में डाल सकते हैं। अत: ऐसी समस्त जहरीली/खतरनाक गैसेज, द्रव एवं पदार्थों के स्टॉक का पूरा विवरण आज दिनांक 17 दिसंबर, 1984 को अपराह्न तीन बजे तक मेरे न्यायालय में आपके द्वारा स्वयं या आपके अधिकृत प्रतिनिधि द्वारा प्रस्तुत किया जाए।
>
> यह आदेश आज दिनांक 17.12.84 को प्रात: दस बजे मेरे हस्ताक्षर एवं न्यायालय की सील जारी किया गया।'

जब मैंने भोपाल के कलेक्टर का कार्यभार ग्रहण किया था, तभी लोगों ने मुझे बताया था कि मुख्य सचिव भोपाल में काफी रुचि लेते हैं, अत: उन्हें सभी महत्त्वपूर्ण घटनाओं से अवगत रखना चाहिए। इसी के अनुसार मैं कारवाई किया करता था। इसी पृष्ठभूमि में इस तथ्य को ध्यान में रखते हुए कि मुख्यमंत्रीजी ने मुख्य सचिव से

यह जानकारी माँगी थी, मैंने यह उचित समझा कि मुख्य सचिव को इन घटनाओं के बारे में अवगत करा दूँ। इसलिए पुलिस निरीक्षक के माध्यम से वर्क्स मैनेजर जे. मुकुंद को पत्र भेजने के बाद मुख्य सचिव को अवगत कराने के लिए मैं रवाना हुआ। सचिवालय में पता चला कि वे मुख्यमंत्रीजी से मिलने यूनियन कार्बाइड फैक्टरी गए हैं, अत: मैं भी फैक्टरी पहुँचा। मुख्य भवन के बाहर मुख्यमंत्रीजी किसी से चर्चा कर रहे थे, थोड़ी दूर खड़े मुख्य सचिव को वस्तुस्थिति से मैंने अवगत कराना प्रारंभ किया ही था कि नोटिस देखते ही वे नाराज हो गए और बोले, ''मुख्यमंत्रीजी ने तो इस बारे में मुझसे बात की थी, मैंने विधि सचिव को शाम पाँच बजे यूनियन कार्बाइड फैक्टरी को भेजे जानेवाले पत्र का प्रारूप बताने को बुलाया है।'' गुस्से में उन्होंने पूछा कि ''यदि फैक्टरीवालों ने आपके पत्र का उत्तर नहीं दिया तो आप क्या करेंगे?'' मैंने धीरे से कहा, ''सर, उत्तर तो आएगा।'' इतने में मुख्यमंत्रीजी भी वहाँ आ गए। मुख्य सचिव ने मेरे नोटिस को उन्हें दिखाते हुए कहा कि ऐसा पत्र यूनियन कार्बाइड फैक्टरी को भेजा जा रहा है। तब मैंने पुन: धीरे से कहा कि पत्र भेजा जा चुका है और फैक्टरी को शायद मिल भी गया होगा। मुख्य सचिव गुस्से में तमतमा उठे, किंतु मुख्यमंत्रीजी सब समझ गए और बिना कुछ कहे आगे बढ़ गए।

पुलिस निरीक्षक ने स्वयं जाकर यूनियन कार्बाइड कारखाने के वर्क्स मैनेजर से मेरे नोटिस की तामील की। तामील का जो प्रतिवेदन मुझे प्राप्त हुआ, उसमें 12.20 बजे दिन अंकित था और कई बहाने बताते हुए लिखा था कि जानकारी संगृहीत करने में समय लगेगा। अपनी आदत के मुताबिक यूनियन कार्बाइड कारखाने के अधिकारियों ने विषय को टालने का प्रयास जरूर किया, किंतु वे इतना साहस भी नहीं जुटा पाए कि यह जानकारी न देने का खतरा मोल लेते। वर्क्स मैनेजर जे. मुकुंद के हस्ताक्षर से 17 दिसंबर, 1984 को ही मेरे द्वारा दी गई समय सीमा में ही पूरी जानकारी प्राप्त हो गई। इस पत्र के शुरू में उन्होंने यह जरूर लिखा कि खतरनाक रासायनिकों का निश्चित एवं सही-सही आकलन करने में कुछ समय तो लगेगा, क्योंकि संबंधित लोग या तो उपलब्ध नहीं हैं अथवा एम.आई.सी. गैस के निष्प्रभावीकरण के प्राथमिकतावाले कार्य में लगे हैं, फिर भी ग्यारह प्रकार की जो गैसें, द्रव एवं पदार्थ थे, उनका पूरा विवरण वजन सहित वर्क्स मैनेजर ने दिया और शेष के बारे में लिखा कि ड्रम, सिलेंडर और अन्य पात्रों में जो थोड़ी-थोड़ी सामग्री है, उसका प्राकलन लगाना कठिन है। सफाई के द्वारा ही उन्हें निष्प्रभावी किया जा सकता है। इन ग्यारह मदों का कुल वजन 485 मीट्रिक टन था।

उसी दिन अपराह्न तीन बजे मैंने प्राप्त विवरण की एक प्रतिलिपि मुख्य सचिव

(मध्य प्रदेश शासन) के पास भी भेज दी। चर्चा में मुख्य सचिव ने संकेत दिया था कि वे इसपर विशेषज्ञों की राय लेना चाहते हैं। अतः उसी अनुसार मैंने अपनी फाइल में उनके निर्देशों की प्रतीक्षा करने का नोट अंकित कर दिया।

भोपाल गैस-कांड की एक बड़ी त्रासदी यह थी कि पहल करके तेज गति के साथ काम करने पर वरिष्ठ अधिकारियों की नाराजगी जरूर मिला करती थी। अतः मैंने कुछ रोज प्रतीक्षा की और फिर 20 दिसंबर को जाकर मुख्य सचिव से इस विषय पर चर्चा की। प्राप्त निर्देशों के अनुसार 20 दिसंबर को ही यूनियन कार्बाइड के वर्क्स मैनेजर को उनके पत्र 17 दिसंबर, 1984 का हवाला देते हुए मैंने लिखा कि शेष जानकारी भी जितनी जल्दी हो उतनी जल्दी भेजें। आगे मैंने यह भी लिखा कि वे यह बताएँ कि खतरनाक पदार्थों का निराकरण वे किस प्रकार करेंगे। उसी दिन अपराह्न 4.25 बजे जे. मुकुंद ने इस पत्र को प्राप्त करने की अभिस्वीकृति दी।

जब यूनियन कार्बाइड से मुझे कोई उत्तर नहीं आया तब 25 दिसंबर, 1984 को मैंने एक उप-जिलाध्यक्ष को यह सामग्री एकत्रित करने के लिए भेजा। उन्होंने लौटकर बताया कि मुकुंद पूरी जानकारी अगले दिन देंगे।

यूनियन कार्बाइड के पत्र 25 दिसंबर, 1984 द्वारा मुझे उत्तर मिला। उसमें उन्होंने पूर्व में दी गई जानकारी का हवाला देते हुए बताया कि वे इस सामग्री को या तो प्रदायकों अथवा उपयोग करनेवालों के पास भेजने का प्रयास कर रहे हैं; कुछ सामग्री की आवश्यकता उन्हें थी—वह भी लिखा। इसी पत्र में उन्होंने बताया कि केवल क्लोरिन और मोनो मिथाइल आमिन प्रेशर टैंक में रखे गए हैं। इसलिए अन्य सामग्री से खतरा कम स्तर का है। उन्होंने यह भी लिखा कि उच्च न्यायालय ने ऑपरेशन फेथ को पूरा करने के कार्य को छोड़कर बाकी काम कारखाने में नहीं करने का निर्देश दिया है, अतः उच्च न्यायालय से अनुमति लेने की आवश्यकता होगी। अंत में उन्होंने लिखा कि अद्यतन जानकारी वे समय-समय पर हमें देते रहेंगे।

26 दिसंबर, 1984 को जैसे ही यूनियन कार्बाइड का उपर्युक्त पत्र (25 दिसंबर वाला) मुझे मिला था, मैंने उसके तथा सुलभ संदर्भ के लिए 17.12.84 वाले पत्र की फोटो प्रतियाँ मुख्य सचिव, गृह सचिव एवं मुख्यमंत्री के विशेष सचिव के पास भेज दी थीं।

भोपाल नगर में यह अफवाह फैल गई थी कि 3 फरवरी, 1985 को यूनियन कार्बाइड कारखाने में कुछ होने वाला है, जिससे कि पूरा भोपाल खाली कराए जाने की योजना गोपनीय रूप से बनाई जा रही है। चर्चा यह थी कि लखनऊ में डॉ. वर्द्धराजन ने कोई वक्तव्य जारी किया है, जिसमें उन्होंने कहा है कि लोकसभा चुनाव

के तत्काल बाद यूनियन कार्बाइड कारखाने से शेष जहरीली गैस निकालने का कार्य पूरा किया जाएगा इत्यादि। गृह सचिव को संबोधित एवं आयुक्त, भोपाल संभाग को पृष्ठांकित अपने गोपनीय अर्द्धशासकीय पत्र (18 जनवरी, 1985) में मैंने उपर्युक्त का उल्लेख करते हुए अंत में लिखा कि 'यद्यपि हम अफवाह का खंडन कर रहे हैं, किंतु उससे वांछित असर नहीं पड़ रहा है और लोगों का स्पष्ट संकेत 'आस्था अभियान' के पूर्व गोपनीय रूप से की गई तैयारी की ओर है, अत: यह जरूरी है कि शासन स्तर पर प्रेस नोट जारी करके इस अफवाह का खंडन किया जाए। निवेदन है कि इसपर विचार कर उचित काररवाई करने की कृपा करें।'

दिल्ली के हवाले से 'नई दुनिया' में 20 जनवरी, 1985 को 'गैस टैंक को शीघ्र ही खोला जाएगा' शीर्षक के अधीन छपा कि 'वैज्ञानिक परिषद् के प्रमुख डॉ. एस. वर्द्धराजन ने आज कहा कि भोपाल में यूनियन कार्बाइड संयंत्र का वह टैंक जाँच के लिए शीघ्र ही खोला जाएगा, जिससे जहरीली गैस की रिसन हुई थी।' 20 जनवरी को ही समाचार-पत्रों में शहर के कुछ प्रतिष्ठित नागरिकों के वे वक्तव्य छपे, जिनमें उन्होंने अफवाहों के खंडन किए जाने का अनुरोध सरकार से किया था। सरकार का खंडनवाला वक्तव्य भी उसी दिन छपा कि यूनियन कार्बाइड के स्टोरेज टैंकों में कोई एम.आई.सी. गैस शेष नहीं है। लोगों में भय इस सीमा तक व्याप्त था कि छोटी-छोटी बातें भी गंभीर रूप धारण कर लेती थीं।

2 फरवरी, 1985 के 'नई दुनिया' में 'यूनियन कार्बाइड में सल्फोनिक अम्ल का भंडार पाया गया' शीर्षक से एक समाचार छपा, जिसमें कहा गया था कि 'भोपाल अभी पूरी तरह खतरों से मुक्त नहीं हुआ है, क्योंकि यूनियन कार्बाइड में रखी 150 टन क्लोरो सल्फोनिक एसिड के रूप में खतरा पनप रहा है।' विज्ञान एवं प्रौद्योगिकी सचिव को संबोधित एवं आयुक्त, भोपाल संभाग को पृष्ठांकित अपने अर्द्धशासकीय पत्र 2 फरवरी, 1985 में मैंने इस संबंध में लिखते हुए निवेदन किया कि इस संबंध में विशेषज्ञों से छानबीन कराकर वस्तुस्थिति का पता लगा लिया जाए और आवश्यक काररवाई की जाए। तरह-तरह की अफवाहों का उड़ना प्रारंभ हो गया था, अत: मैंने प्रेस नोट जारी करने का भी आग्रह किया।

वास्तव में शासन की ओर से विज्ञान एवं प्रौद्योगिकी सचिव ही यूनियन कार्बाइड को डील कर रहे थे और खतरनाक पदार्थों के निराकरण का कार्य करा रहे थे। यूनियन कार्बाइड के कारखाने के वर्क्स मैनेजर जे. मुकुंद उन्हें समय-समय पर प्रतिवेदन भी भेजा करते थे और कभी-कभी उसकी प्रतिलिपि मुझे दे दिया करते थे। इसी प्रकार का एक पत्र यूनियन कार्बाइड की ओर से विज्ञान एवं प्रौद्योगिकी सचिव

को 24 जनवरी, 1985 को भेजा गया था और उसकी प्रतिलिपि सी.बी.आई. के अलावा मुझे भी पृष्ठांकित की गई थी। इस पत्र में पदार्थों के निराकरण की प्रगति बताई गई थी।

विज्ञान एवं प्रौद्योगिकी सचिव ने 2 फरवरी, 1985 को गृह सचिव को एक अर्द्धशासकीय पत्र लिखा, जिसमें उन्होंने कहा कि क्लोरो सल्फोनिक अम्ल के निराकरण का मामला यूनियन कार्बाइड का विशुद्ध रूप से एक वाणिज्यिक मामला है और इसका संबंध विज्ञान एवं प्रौद्योगिकी विभाग से नहीं है। जहाँ तक इसके भंडारण से खतरे का प्रश्न है, फैक्टरी इंस्पेक्टोरेट के अधिकारियों का यह दायित्व है कि वे इसे देखें। अंत में उन्होंने सलाह दी कि प्रमुख सचिव, वाणिज्य एवं उद्योग, जो श्रम विभाग के भी प्रभार में हैं, को लिखा जाए। इस अर्द्धशासकीय पत्र की प्रतिलिपि उन्होंने प्रमुख सचिव (वाणिज्य, उद्योग एवं श्रम विभाग) तथा मुझे भी पृष्ठांकित की। लेकिन श्रम विभाग ने कोई संतोषजनक काररवाई नहीं की।

उपसंचालक (औद्योगिक स्वास्थ्य एवं सुरक्षा, भोपाल संभाग) ने अपने पत्र 19 फरवरी, 1985 द्वारा मुझे, अर्थात् कलेक्टर, भोपाल को क्लोरो सल्फोनिक एसिड स्टोरेज टैंक की रिपोर्ट यह कहते हुए भेजी कि 'यह उपसचिव महोदय, श्रम विभाग के आदेश से' भेजी जा रही है। मुझे क्यों भेजी और क्या काररवाई अपेक्षित थी, यह कुछ नहीं लिखा। यह तकनीकी स्वरूप की रिपोर्ट की फोटो प्रतिलिपि थी, जिसमें ढेर सारे आँकड़े, स्टोरेज टैंक के नक्शे इत्यादि दिए गए थे। स्पष्ट है कि कलेक्टर कार्यालय में इसे समझने की विशेषज्ञता नहीं थी। ऐसा लगता है कि विज्ञान एवं प्रौद्योगिकी सचिव के द्वारा प्रमुख सचिव (श्रम, वाणिज्य एवं उद्योग) को लिखने के बाद स्वयं दृश्य में आए बिना ही श्रम विभाग ने अपने उत्तरदायित्व से बचने के लिए अपने मातहत अधिकारियों द्वारा अर्थहीन लिखा-पढ़ी कराना प्रारंभ कर दिया था।

कलेक्टर की हैसियत से मैंने अपने गोपनीय अर्द्धशासकीय पत्र दिनांक 6 मार्च, 1985 के द्वारा प्रमुख सचिव, श्रम, वाणिज्य एवं उद्योग विभाग का ध्यान विज्ञान एवं प्रौद्योगिकी सचिव के पृष्ठांकन क्रमांक दिनांक 2 फरवरी, 1985 की ओर आकृष्ट करते हुए और श्रम विभाग के अधीन कार्यरत उप संचालक (स्वास्थ्य एवं सुरक्षा) के पत्र (दिनांक 19 फरवरी, 1985) की प्रतिलिपि संलग्न करते हुए अंत में निम्नानुसार लिखा—

> 'यूनियन कार्बाइड में जो जहरीले पदार्थ उपलब्ध हैं, उनके बारे में तरह-तरह की बातें समाचार-पत्रों में छप रही हैं और लोगों में चर्चाएँ हो रही हैं। यह बात स्पष्ट है कि यहाँ पर जो भी पदार्थ हैं, उनका निराकरण तकनीकी स्वरूप

का है और विशेषज्ञों द्वारा ही इस संबंध में अधिकृत बात कही जा सकती है। यदि निराकरण के लिए कुछ कदम उठाए जाने हैं तो विशेषज्ञों की राय के अनुसार उनकी देख-रेख में ही यह कार्य हो सकता है। अत: निवेदन है कि इस विषय पर योग्य काररवाई कराई जाए और जो भी वस्तुस्थिति हो, वह प्रेस नोट द्वारा जनता तक पहुँचाई जाए, अन्यथा भाँति-भाँति की अफवाहें फैलने से लोगों को शंका के वातावरण में रहना पड़ रहा है।'

इस पत्र की प्रतिलिपि मैंने विज्ञान एवं प्रौद्योगिकी सचिव एवं गृह सचिव के नाम से भेजी। वास्तव में समस्त पत्र-व्यवहार नाम से ही हो रहा था। प्रमुख सचिव श्रम ने विषय को गंभीरता से न लेकर टालने का प्रयास किया। उनके विशेष सचिव के लंबे-चौड़े पत्र दिनांक 15 मई, '85 से यह स्पष्ट है। विज्ञान एवं प्रौद्योगिकी विभाग के सचिव ने जो पत्र 2 फरवरी, 1985 को प्रमुख सचिव श्रम के नाम से भेजा था, उसके बारे में इस पत्र में लिखा गया था कि उस विभाग में प्राप्त नहीं हुआ है। उसकी प्रतिलिपि मुझसे माँगी गई।

वास्तव में यह विश्वास करने लायक बात नहीं थी। इतने महत्त्वपूर्ण विषय में नामजद भेजा गया पत्र प्रमुख सचिव श्रम को प्राप्त न हुआ हो, यह संभव नहीं है। जहाँ तक जहरीले पदार्थों के निराकरण का प्रश्न है, उन्होंने तर्क दिया कि कारखाने की अनुज्ञप्ति के नवीनीकरण करने के बाबत आवेदन-पत्र अस्वीकृत कर दिया गया। इसलिए कानूनी दृष्टि से कारखाना बंद है, अत: कारखाना अधिनियम के प्रावधान लागू नहीं होते। अंत में उन्होंने लिखा कि जिला मजिस्ट्रेट की हैसियत से जहरीले पदार्थों के निराकरण के बारे में हम उचित काररवाई कर सकते हैं।

इसी बीच नए मुख्यमंत्रीजी के कक्ष में 14 मार्च, 1985 को इस विषय पर वरिष्ठ अधिकारियों की एक बैठक हुई। इसमें विज्ञान एवं प्रौद्योगिकी सचिव ने जहरीले पदार्थों के निराकरण के संबंध में प्रगति का विवरण देते हुए कहा कि यूनियन कार्बाइड में कोई जहरीला पदार्थ नहीं बचा है।

इस प्रकार मेरे लिए बड़ी विषम स्थिति पैदा हो गई। एक उच्च स्तरीय बैठक में जब मुख्यमंत्रीजी को शासन से संबंधित सचिव सूचित कर चुके हैं कि कोई जहरीला पदार्थ नहीं बचा है और कलेक्टर की हैसियत से मैं लिखूँ कि जहरीले पदार्थ हटाए जाएँ, तो यह बड़ी अजीब सी स्थिति पैदा हो जाएगी। इसलिए श्रम विभाग के 15 मार्च, 1985 के संदर्भित पत्र के क्रम में अपने अर्द्धशासकीय पत्र दिनांक 19 मार्च, 1985 द्वारा मैंने उन्हें उनके चाहे अनुसार विज्ञान एवं प्रौद्योगिकी सचिव के पृष्ठांकन दिनांक 2 फरवरी, 1985 की प्रतिलिपि संलग्न करते हुए स्पष्ट

लिखा कि उन्होंने कारखाने की अनुज्ञप्ति के बाबत जो कठिनाई अंकित की थी, वह तकनीकी स्वरूप की थी और उस कठिनाई को हल करने के लिए हमसे जो भी अपेक्षा होगी, उसे पूरा किया जाएगा। मैंने आगे लिखा कि 'जहरीले पदार्थों के निराकरण का पूरा विषय तकनीकी स्वरूप का है। अतः मुख्य बात यह है कि विशेषज्ञों से पूरे विषय का परीक्षण करा लिया जाए और अगली कारवाई की जाए, जहाँ तक कानूनी कारवाई का प्रश्न है, इन विशेषज्ञों की राय के अनुसार इस कार्यालय द्वारा कारवाई की जा सकेगी।'

स्पष्ट है कि 14 मार्च की बैठक में विज्ञान एवं प्रौद्योगिकी सचिव ने मुख्यमंत्रीजी को जो ब्रीफिंग दी थी, वह त्रुटिपूर्ण थी। मैं उसकी पुष्टि अप्रत्यक्ष रूप से भी नहीं कर सकता था। इसीलिए मैंने दोनों विभागों के आपसी परामर्श पर बल देकर मार्गदर्शन माँगा और अपनी ओर से कारवाई करने का आश्वासन दिया। विषय के महत्त्व को देखते हुए शीघ्रता करना जरूरी था। अतः बिना समय गँवाए मैंने समस्त कारवाई करने की बात इस पत्र (दिनांक 19 मार्च, 1985) में लिखी थी।

विधानसभा में एक स्थगन प्रस्ताव भी आया था। उसमें मुख्यमंत्रीजी ने कहा था कि कोई जहरीला पदार्थ यूनियन कार्बाइड कारखाने में नहीं है। उधर एक अन्य संदर्भ में विधानसभा को जो जानकारी दी गई, उसमें जहरीले पदार्थों का विवरण भी दिया गया था। इसलिए मुख्यमंत्रीजी के विरुद्ध विशेषाधिकार हनन का मामला भी विधानसभा में उठा था।

श्रम विभाग ने इस विषय पर कोई ठोस कारवाई नहीं की और पुनः विषय को टालने की रणनीति अपनाई। वाणिज्य, उद्योग एवं श्रम विभाग के प्रमुख सचिव ने मुझे संबोधित अपने एकपृष्ठीय अर्द्धशासकीय पत्र (दिनांक 4 अप्रैल, 1985) में अपने पुराने तर्कों को दोहराते हुए लिखा कि 'जिला मजिस्ट्रेट को ही रासायनिकों के निराकरण एवं सुरक्षा की पूरी जिम्मेदारी लेनी होगी।' अंत में उन्होंने लिखा कि 'चूँकि स्थिति स्पष्ट कर दी गई है, अतः इस बिंदु पर तत्काल ध्यान दिया जाए।' मैंने जाकर प्रमुख सचिव से बात करने की सोची, किंतु पूर्व अनुभव को देखते हुए स्पष्ट था कि उसपर वे ध्यान नहीं देते, टाल देते। तब फिर मैं लिख भी न पाता, लिखित को ही वे गंभीरता से लेते थे। अतः इस पत्र के जवाब में मैंने उन्हें 4 अप्रैल को ही एक लंबा पत्र लिखा, जिसका सारांश यह था कि यदि यूनियन कार्बाइड में उपलब्ध जहरीले पदार्थों के निराकरण की विशेषज्ञता उपलब्ध होती तो मैं उनका निराकरण करा सकता था; किंतु ऐसी विशेषज्ञता न होने के कारण जिस प्रकार एम.आई.सी. के बचे हुए स्टॉक को निष्प्रभावी करने के लिए सी.एस.आई.आर. (CSIR) के महानिदेशक

डॉ. वर्द्धराजन की सेवाएँ ली गई थीं, उसी प्रकार इस प्रकरण में काररवाई की आवश्यकता है। अंत में विधानसभा में उठे स्थगन प्रस्ताव के सिलसिले में विज्ञान एवं प्रौद्योगिकी सचिव द्वारा मुख्यमंत्रीजी को दी गई ब्रीफिंग एवं शासन के जवाब इत्यादि का हवाला देते हुए मैंने लिखा कि प्रश्न यह है कि कोई खतरनाक पदार्थ यूनियन कार्बाइड कारखाने में है भी या नहीं। यदि नहीं है तब कोई काररवाई करने की आवश्यकता प्रतीत नहीं होती। इस पत्र की प्रतिलिपि मैंने विज्ञान एवं प्रौद्योगिकी सचिव को तथा उप-संचालक (औद्योगिक सुरक्षा) को भी कुछ बिंदुओं पर काररवाई के लिए दी। श्रम विभाग के उपसचिव ने मेरे अर्द्धशासकीय पत्र दिनांक 4 अप्रैल, 1985 का हवाला देते हुए अपने अर्द्धशासकीय पत्र दिनांक 16 अप्रैल, 1985 द्वारा मुझे लिखा कि प्रमुख सचिव दिनांक 19 अप्रैल, 1985 को पूर्वाह्न ग्यारह बजे अपने कार्यालय कक्ष में मुझसे चर्चा करना चाहते हैं, अत: मैं चर्चा के लिए पधारने का कष्ट करूँ।

जो पत्र-व्यवहार हुआ था और इन वरिष्ठ अधिकारियों का जो रवैया था, उससे स्पष्ट था कि वे कुछ करना नहीं चाहते थे, न ही कोई उत्तरदायित्व लेना चाहते थे। वे केवल अपने बचाव के कागजात तैयार कर रहे थे, उन्हें आम जनता के बचाव की कोई चिंता नहीं थी। वे लोगों को गुमराह करने में भी कोई चूक नहीं कर रहे थे।

मैं समझ गया था कि प्रमुख सचिव (श्रम) से यह चर्चा कोई रचनात्मक एवं गंभीर स्वरूप की नहीं होगी। मैं यह भी जानता था कि यह चर्चा उन्होंने जनहित में कोई ठोस काररवाई करने के लिए नहीं बल्कि अपनी नाराजगी व्यक्त करने के लिए आयोजित की थी। अब तक इन वरिष्ठ अधिकारियों से मेरा खूब पाला पड़ चुका था। कौन सा अधिकारी किस विषय पर क्या राय बनाएगा, इसका पूर्वाभास करना कठिन नहीं रह गया था। स्पष्ट था कि प्रमुख सचिव कोई उत्तरदायित्व लेना नहीं चाहते थे।

सामान्यत: इस प्रकार की गंभीर चर्चाओं में अपने साथ मैं संबंधित अतिरिक्त कलेक्टर या डिप्टी कलेक्टर को ले जाया करता था, ताकि वे विषय के सभी पहलुओं से अवगत हो जाएँ और बाद में मैं उन्हें आवश्यक निर्देश दे दूँ तथा बिना विलंब के कार्य हो जाए; किंतु इस चर्चा में, ऊपर बताए गए कारणों से, मैं किसी भी अधिकारी को अपने साथ नहीं ले गया और ठीक समय पर प्रमुख सचिव, श्रम के कक्ष में पहुँच गया। उस समय वे अपने कमरे में अकेले बैठे थे। मेरे पहुँचने के तत्काल बाद करीब सात-आठ आई.ए.एस. अधिकारी, जो उनके मातहत विभाग में या किन्हीं निगमों में कार्य कर रहे थे, कमरे में आ गए और चुपचाप मेरे पीछे व

बगल में पहले से रखी कुरसियों में बैठ गए।

प्रमुख सचिव (श्रम) ने चर्चा शुरू की और कोई तर्क न देते हुए बार-बार यही कहते रहे कि कलेक्टर एवं जिला मजिस्ट्रेट होने के नाते यह मेरी जिम्मेदारी थी कि यूनियन कार्बाइड की जहरीली गैस तथा अन्य सामग्री का निराकरण कराऊँ। मैंने पूरी नम्रता के साथ पहले अपने पत्रों में लिखित तर्कों को दोहराते हुए कहा कि यूनियन कार्बाइड कारखाने में जो जहरीले द्रव व अन्य सामग्री है, वह ऐसी नहीं है कि हमारे पास उपलब्ध सुविधाओं से उसपर कोई काररवाई हो सके और यह जरूरी है कि इन जहरीले गैस, द्रव एवं रसायनों के विशेषज्ञों को बुलाकर उनकी ही निगरानी में, उनकी ही राय के अनुसार काररवाई की जाए।

इसी दौरान मैंने यह बिंदु भी उठाया कि मुख्यमंत्रीजी द्वारा विधानसभा में यह वक्तव्य देने के बाद कि यूनियन कार्बाइड कारखाने में कोई जहरीली गैस एवं खतरनाक सामग्री नहीं बची है, क्या कलेक्टर की हैसियत से मेरा यह लिखना उचित होगा कि कारखाने में उपलब्ध जहरीली सामग्री का निराकरण किया जाए? मैंने स्पष्ट शंका व्यक्त की कि इस प्रकार की लिखा-पढ़ी एवं काररवाई करने से मुख्यमंत्रीजी के विरुद्ध लंबित विशेषाधिकार हननवाले मामले में विधानसभा में कठिनाइयाँ आ सकती हैं। किंतु प्रमुख सचिव ने इन उठाए गए महत्त्वपूर्ण बिंदुओं का कोई तार्किक उत्तर नहीं दिया। मैंने सुझाव दिया कि वे उचित समझें तो इन बिंदुओं का परीक्षण विधि विभाग से करा लें। इसपर प्रमुख सचिव उखड़ गए और व्यंग्यात्मक लहजे में बोले कि 'विधि विभाग से ही क्यों, यू.एस.ए. के माइकल ह्वी. सिरेसी की राय क्यों न ले ली जाए!' (यहाँ उल्लेखनीय है कि यू.एस.ए. में गैस त्रासदी पर जो मुकदमा चल रहा था, उसमें भारत की ओर से वकील माइकल ह्वी. सिरेसी थे)। प्रमुख सचिव ने न तो इन विषयों का कोई अध्ययन किया था और न ही समस्या को निपटाने में कोई रुचि रख रहे थे। वे कोई तार्किक बात न करके गुस्से में अप्रासंगिक बातें ही करते रहे।

इसी चर्चा के दौरान प्रमुख सचिव ने कहा, 'अब आप जानें और आपका काम। इसलिए मैंने गवाह के रूप में इन सभी आई.ए.एस अधिकारियों को बैठा रखा है, ताकि ये गवाह रहें कि मैंने आपको कह दिया है। अब जिम्मेदारी आपकी है।' उनकी इस प्रकार की अनुत्तरदायित्वपूर्ण, अतार्किक बातें सुनकर मुझे बड़ा दुःख हुआ। किंतु मैंने अपना संतुलन नहीं खोया और बड़े ही नम्रतापूर्वक किंतु स्पष्ट भाषा में कहा कि 'आप जैसे वरिष्ठ अधिकारी को इस प्रकार की बातें करना और बचाव पक्ष तैयार करने की आवश्यकता महसूस करना अच्छा नहीं लगता। मैंने तो अपेक्षा

की थी कि भोपाल की जनता जिस भय के वातावरण में जी रही है, उसको दूर करने के लिए आप हमें मार्गदर्शन देंगे और आवश्यक साधनों को जुटाने में हमारी सहायता करेंगे; किंतु ऐसा करना तो दूर रहा, आप अपने बचाव के लिए यहाँ गवाह बैठाए हुए हैं।' मैंने उन्हें आगे स्पष्ट किया कि 'मैं इस प्रकार की बातों की तनिक भी परवाह नहीं करता हूँ। मैं अपने कर्तव्य की चिंता करता हूँ। जनहित के कार्य करने में यदि मुझे कोई नुकसान होता भी है तो मैं उसे सहर्ष स्वीकार करूँगा।'

मैंने शिष्टता के साथ स्पष्ट कह दिया कि 'यदि केवल ईंट-पत्थरों को तोड़ना होता तब लोक-निर्माण विभाग, सिंचाई विभाग इत्यादि की सहायता से करा लेता; किंतु यहाँ तो ऐसी जहरीली गैसें, द्रव, रासायनिक एवं अन्य सामग्री के निराकरण का प्रश्न है, जिनके गलत संचालन (Handling) से लाखों लोग तबाह हो सकते हैं।' इसलिए मैं बार-बार विशेषज्ञों की आवश्यकता पर बल देता रहा। इसपर उन्होंने एकाएक कहा कि 'एम.वी.एम. एवं एम.ए.सी.टी. में रसायन शास्त्र के प्राध्यापक हैं। उनकी सहायता ले ली जाए।' मैंने इस सलाह के लिए उन्हें धन्यवाद देते हुए आभार व्यक्त किया और कहा कि मैं इन लोगों से संपर्क करके आगामी काररवाई करूँगा।

इसके पहले कि मेरा वाक्य पूरा हो पाता, उन्होंने कहा कि वे ऐसी कोई राय नहीं दे रहे हैं, तो मैंने नम्रतापूर्वक पूछा कि फिर उनके ऐसा कहने का आशय क्या था? इसपर उन्होंने कहा कि संचालक, औद्योगिक सुरक्षा से भी सहायता ली जा सकती है। इस मार्गदर्शन के लिए मैंने पुन: उन्हें धन्यवाद देते हुए कहा कि मैं संचालक, औद्योगिक सुरक्षा से परामर्श कर काररवाई करूँगा। इस निरर्थक चर्चा से मैं पूरा ऊब चुका था, बिना और विलंब के चर्चा समाप्त करना चाह रहा था, अत: वे जो भी सुझाव देते थे, उनके मार्गदर्शन के लिए धन्यवाद देते हुए आभार व्यक्त कर चर्चा समाप्त करने का संकेत मैं बार-बार देता था।

वे फिर बीच में ही बोले कि यह उनकी व्यक्तिगत राय नहीं है; किंतु इस प्रकार काररवाई की जा सकती है। मैंने इसपर कोई टिप्पणी नहीं की। चर्चा यहीं समाप्त हो गई और मैं उनके कक्ष से चला आया।

मेरे वहाँ से उठते ही प्रमुख सचिव के मातहत अधिकारी एवं गवाह भी कमरे से निकल पड़े। वे शायद अपने 'बॉस' को ज्यादा शर्मिंदा नहीं करना चाहते थे। प्रमुख सचिव का काबिलियत एवं रुतबेवाला मुखौटा उतर चुका था। उनमें से एक मेरे बैचमेट कॉरीडोर में सहमे-सहमे मेरे बगल में चल रहे थे। मैंने मुड़कर उनकी ओर देखा तो बोले, 'साहब, ऐसी बातें सुनने के आदी नहीं हैं।' मैंने कहा, 'नहीं सुनना है तो अपना कर्तव्य तो करें।'

प्रमुख सचिव से हुई यह चर्चा यद्यपि अनपेक्षित नहीं थी, किंतु वे लाखों लोगों की चिंता के प्रति इतने संवेदनशून्य होंगे और उनके पास मामूली से भी तर्क अपनी बातों की पुष्टि के लिए नहीं होंगे, इसका पूर्वानुमान मुझे नहीं था। मुझे पुनः हैरानी हुई कि शासन के उच्च पदों पर बैठे इतने वरिष्ठ अधिकारी आम जनता की समस्याओं पर क्यों नहीं सोचना चाहते और अपने उत्तरदायित्व को क्यों नहीं निभाना चाहते।

प्रमुख सचिव, श्रम के कहने के बावजूद औद्योगिक सुरक्षा संचालक को औपचारिक रूप से मैंने अपनी ओर से लिखना उचित नहीं समझा; क्योंकि ऐसा लिखने से मुख्यमंत्रीजी विशेषाधिकार वाले मामले में उलझन में पड़ सकते थे और तब प्रमुख सचिव, जो मुझे मौखिक राय दे रहे थे, कन्नी काट जाते। एक जिम्मेदार अधिकारी होने के नाते मेरा यह उत्तरदायित्व था कि शासन और मुख्यमंत्री को विषम स्थिति में पड़ने से बचाऊँ। इसलिए मैंने अपने ए.डी.एम. को निम्नानुसार नोट दिया, ताकि मुख्यमंत्रीजी द्वारा विधानसभा में दिए गए वक्तव्य के विरुद्ध कोई बात न जाने पाए—

> '19 अप्रैल, 1985 को श्री............प्रमुख सचिव, म.प्र. शासन उद्योग वाणिज्य एवं श्रम विभाग, के कक्ष में हुई चर्चा के तारतम्य में संचालक, औद्योगिक सुरक्षा एवं उपसंचालक, औद्योगिक सुरक्षा की सहायता से कृपया सुनिश्चित करें कि यूनियन कार्बाइड के स्थानीय कारखाने में जो सामग्री है, उसका रख-रखाव ठीक है।'

हमारे ए.डी.एम. ने इसी आधार पर इन दोनों अधिकारियों को 19 अप्रैल, 1985 को ही उपर्युक्त भाषा का उपयोग करते हुए एक पत्र लिखा। इस पत्र में मैंने लिखवाया था कि यूनियन कार्बाइड के कारखाने में जो सामग्री है, उसके स्टोरेज एवं रख-रखाव ठीक-ठाक हैं या नहीं, इस संबंध में मौके पर छानबीन करके प्रतिवेदन दें। और यदि कहीं सुधार आवश्यक हो तो विवरण दें। की गई कारवाई का विवरण 29 अप्रैल, 1985 तक माँगा गया था। इस पत्र की प्रतिलिपि सी.बी.आई. के पुलिस उप अधीक्षक (कैंप, भोपाल) एवं यूनियन कार्बाइड कारखाने के वर्क्स मैनेजर को भी दी गई।

प्रमुख सचिव (श्रम विभाग) के अधीन कार्यरत संचालक (औद्योगिक स्वास्थ्य एवं सुरक्षा, इंदौर) ने अपने पत्र 4175 दिनांक 27 अप्रैल, 1985 द्वारा जो उत्तर दिया, उसके अंतिम दो पैराग्राफ बहुत दिलचस्प हैं। अतः उन्हें नीचे उद्धृत कर रहा हूँ—

'इसके अतिरिक्त वस्तुस्थिति यह भी है कि इस विभाग के पास संबंधित सामग्री के स्टोरेज, रख-रखाव आदि के बारे में विशेषज्ञता उपलब्ध नहीं है। ज्ञातव्य है कि इसी कारण महत्त्वपूर्ण केमिकल कारखानों के निरीक्षणों के लिए शासन द्वारा दो लाख रुपए व्यय किए जाकर इंजीनियर्स इंडिया लिमिटेड नई दिल्ली के विशेषज्ञों की सेवाएँ प्राप्त की गई हैं।

'अत: उपर्युक्त परिस्थिति को देखते हुए सुझाव यह है कि यूनियन कार्बाइड के बचे हुए एम.आई.सी. जैसे पदार्थों को निष्क्रिय कराते समय उर्वरक एवं रसायन विभाग तथा कौंसिल ऑफ साइंटिफिक एंड इंडस्ट्रियल रिसर्च लेबोरेटरी, नई दिल्ली के विशेषज्ञों की सहायता प्राप्त करना उपयुक्त होगा।'

इस प्रकार प्रमुख सचिव, श्रम के अधीन कार्यरत संचालक, औद्योगिक सुरक्षा ने यूनियन कार्बाइड में बचे खतरनाक गैस, द्रव व रासायनिकों के निराकरण के बाबत वही राय दी, जो मैं चिल्ला-चिल्लाकर कह और लिख रहा था तथा जिसे वे अनसुनी कर रहे थे।

संचालक औद्योगिक सुरक्षा के पत्र से यह भी उजागर हुआ कि प्रमुख सचिव (श्रम) के अधीन केमिकल कारखानों के निरीक्षणों के लिए दो लाख रुपए के ठेके पर इंजीनियर्स भी थे। प्रमुख सचिव उनका उपयोग नहीं कर रहे थे। खतरनाक रसायनों इत्यादि के बारे में यूनियन कार्बाइड हमें जो विवरण दे रहा था, वे सही थे भी या नहीं, यह भी कहना संभव नहीं है। प्रमुख सचिव (श्रम) यदि चाहते तो इन विशेषज्ञों से तथ्यों का सत्यापन भी करा सकते थे; किंतु वे तो इस तरफ सोचने व बात तक करने को तैयार नहीं थे।

उदासीन एवं टरकाऊ रवैए के कारण पत्र व्यवहार के अलावा कोई ठोस काररवाई नहीं हुई। प्रमुख सचिव मेरी बात न मानते, किंतु अपने अधीन कार्यरत संचालक औद्योगिक सुरक्षा एवं स्वास्थ्य की अनुशंसा तो मानते (वे भी वही बात कह रहे थे)।

28 मार्च, 1985 को रात्रि में सवा नौ बजे यूनियन कार्बाइड के कारखाने से जहरीली गैस निकलने से भगदड़ की बात उठी थी। डिवीजनल रेलवे मैनेजर ने स्पष्ट लिखा था कि निशातपुरा के 'डी' केबिन में लोगों को आँखों एवं गले में जलन इत्यादि होने के कारण उन लोगों ने रात्रि में सवा नौ बजे घबराहट में केबिन छोड़ दिया था। रात्रि 9.35 बजे तक इस केबिन से कोई उत्तर नहीं मिला था। उन्होंने स्पष्ट लिखा कि लेबरमैन और पॉइंटमैन, जो कार्य पर थे, वहाँ से भाग गए थे। इसकी सूचना उन्होंने यूनियन कार्बाइड कारखाने को देनी चाही थी, किंतु वहाँ से कोई उत्तर

नहीं मिला। अखबारों व विधानसभा में भी यह मामला उठा था। सारांश यह है कि बीच-बीच में गैस तो लीक होती रही, किंतु शासन पक्ष द्वारा उसे छिपाने का प्रयास भी होता रहा। यह बात सही है कि थोड़ी भी अफवाह फैलने पर घबराहट फैल जाती थी और लोग भागना शुरू कर देते थे; किंतु कभी भी खतरनाक गैस या रसायन का रिसन यूनियन कार्बाइड से नहीं हुआ, यह मानने का कोई आधार नहीं है। कई बार रिसन हुई और मामला शांत हो गया।

6 जून, 1985 को स्थानांतरण के कारण कलेक्टर के पद से मैं भार-मुक्त हो गया था; किंतु अखबारों में पढ़ने को मिलता रहता था कि यूनियन कार्बाइड कारखाने में जहरीले पदार्थ अभी भी मौजूद हैं। यूनियन कार्बाइड के वर्क्स मैनेजर जे. मुकुंद ने विज्ञान एवं प्रौद्योगिकी विभाग के सचिव को नवंबर 1985 में लिखा कि क्लोरो सल्फोनिक एसिड बहुत ही खतरनाक है और बताया कि उसका निराकरण हाल ही में उन्होंने किया है। स्पष्ट है कि यह स्थिति नवंबर 1985 की थी, अर्थात् मार्च-अप्रैल 1985 में ये खतरनाक पदार्थ यूनियन कार्बाइड कारखाने में मौजूद थे।

मार्च 1985 में राज्य सरकार बदल जाने पर राजनीति इतनी अधिक हावी हो गई थी कि इस संबंध में किसी ठोस काररवाई की अपेक्षा करना निरर्थक होता जा रहा था। खतरनाक रसायनों एवं गैसों के निराकरण के कार्य का भी यही हाल हुआ।

सन् 1988 के प्रारंभ में श्री अर्जुन सिंह के नेतृत्व में जब नई सरकार बनी तब इसे पुनः गंभीरता से लिया गया। अच्छा कार्य हुआ। सन् 1988 में लगभग 370 मीट्रिक टन खतरनाक द्रवों का उचित तरीके से निपटारा हुआ। उसके बाद भी करीब 27 मीट्रिक टन खतरनाक रसायनों का कचरा वहाँ शेष था।

संयोग से बाद में कोई गंभीर दुर्घटना नहीं घटी, यद्यपि कई बार गैस के निकलने से भगदड़ मची। यदि कोई दुर्घटना हो भी जाती तो भी शायद कोई अंतर नहीं पड़ता, क्योंकि सन् 1981 में इसी यूनियन कार्बाइड कारखाने से गैस निकलने के कारण एक श्रमिक की मृत्यु हुई थी। उसपर प्राप्त रिपोर्ट को श्रम विभाग वर्षों दबाए रहा। 2-3 दिसंबर, 1984 की त्रासदी होने के बाद ही वह रिपोर्ट निकाली गई, लेकिन तब भी किसी को कुछ नहीं हुआ। प्रमुख सचिव, श्रम ने इससे भी कोई सबक नहीं लिया था।

□

द रिपोर्ट

भोपाल गैस त्रासदी से उत्पन्न मानवीय पीड़ा बहुत गहरी एवं व्यापक थी। आम जनता, अधिकारी व कर्मचारी बचाव, राहत एवं अन्य सेवा-कार्यों में लगे हुए थे; किंतु वरिष्ठ अधिकारियों के स्तर पर सभी जगह ऐसा माहौल नहीं था। उनमें से कुछ लोग कुछ पाने के लिए आतुर थे और शुरू से ही उसके लिए एड़ी-चोटी एक कर रहे थे। उनके इस व्यवहार से शुरू-शुरू में मुझे कुछ हैरानी जरूर होती थी, किंतु उनके इरादों का खुलासा समय गुजरने के साथ-साथ होता गया।

जिन्होंने निष्ठा एवं परिश्रम से कार्य किया था और करते जा रहे थे, वे लोग न तो सस्ती लोकप्रियता के लिए मीडिया का प्रयोग करना चाहते थे, न ही किसी अन्य लाभ या पुरस्कार के इच्छुक थे; किंतु बचाव एवं राहत-कार्य तथा अन्य सेवा-कार्य में जो कुछ ठोस नहीं कर पाए अथवा कुछ ठोस कर सकने की क्षमता जिनमें नहीं थी, वे लोग मीडिया के लोगों को साथ में लेकर घूमते थे और अपनी प्रशंसा में कुछ-न-कुछ छपवाते रहते थे तथा पुरस्कार पाने के लिए तरह-तरह के शासकीय अभिलेख भी निर्मित करना चाहते थे।

2-3 दिसंबर, 1984 की रात में रिसाव से हादसा हुआ था। शायद 4 दिसंबर से ही पुलिस अधीक्षक ने मुझसे बार-बार कहना शुरू कर दिया कि मैं अपने बयान लिखकर उन्हें दे दूँ। यह मुझे कुछ अटपटा सा लगा कि जिला मजिस्ट्रेट अपना बयान लिखकर पुलिस अधीक्षक को दे। मैं बहुत व्यस्त था और पुलिस अधीक्षक भी व्यस्ततम क्षणों में ही मुझे स्मरण कराते थे। मैं उनकी इस बात को नजरअंदाज कर देता था। जब कई बार उन्होंने मुझसे ऐसा कहा, तब मैंने पूछा कि कैसा बयान दूँ और किस उद्‌देश्य से वे ऐसा चाह रहे हैं? उन्होंने कहा, 'गैस त्रासदी के बारे में शासन को प्रतिवेदन भेजना चाहते हैं।' उनकी बात से ऐसा लगा कि वे ऊपर के लोगों से बात कर चुके थे और उसी के अनुसार एक प्रतिवेदन भेजना चाह रहे थे।

स्पष्ट है कि यह गलत था। जब कोई इस प्रकार की घटना होती है तो

कलेक्टर/जिला मजिस्ट्रेट ही शासन को प्रतिवेदन भेजते हैं। प्रतिवेदन तो मुझे भेजना था, न कि पुलिस अधीक्षक को। तदनुसार शालीन शब्दों में मैंने उन्हें कह दिया। कोई विशेष घटना होने पर उसकी रिपोर्ट आयुक्त तथा शासन को भेजना मेरे लिए आम बात थी। समय मिलते ही 5 दिसंबर, 1984 को बचाव एवं राहत-कार्य में लगे विभागों के कुछ विभागाध्यक्षों तथा शेष जिला स्तर के प्रमुखों को लिखकर उनके विभागों द्वारा की गई काररवाई का पूरा प्रतिवेदन मैंने तत्काल माँगा। समय पर मुझे सबसे प्रतिवेदन प्राप्त हो गया। कुछ राज्य स्तरीय विभागाध्यक्षों ने तो 6 दिसंबर को ही प्रतिवेदन दे दिए, किंतु पुलिस अधीक्षक से यह प्राप्त नहीं हुआ। मैंने उन्हें कई बार स्मरण कराया और अंत में कहा कि यदि वे पूरा प्रतिवेदन नहीं देना चाहते हैं तो अपने बारे में लिखकर दे दें कि उन्हें गैस-रिसन की जानकारी कब हुई और तब से लेकर उन्होंने क्या-क्या कार्य किया। उन्होंने न तो 'न' कहा और न ही कुछ भी लिखित में दिया। यह बात अवश्य हुई कि उसके बाद उन्होंने मेरा लिखित बयान माँगना बंद कर दिया।

शासन के कुछ विभागाध्यक्षों, अन्य अधिकारियों एवं संबंधित जिला अधिकारियों से प्राप्त प्रतिवेदनों के आधार पर शासन को एक विस्तृत रिपोर्ट भेजने के लिए मैंने प्रारूप बना लिया और उसमें पुलिस अधीक्षक ने जो भूमिका अदा की थी, उसके लिए कंडिका 13 के लिए पर्याप्त स्थान छोड़ दिया, ताकि जानकारी मिलते ही उसका समावेश अपनी रिपोर्ट के प्रारूप में कर लूँ। मैंने पुलिस अधीक्षक से कहा कि वे जो भी लिखकर देंगे, उसको मैं उसी भाषा में अपने प्रतिवेदन में जोड़ लूँगा; किंतु उनसे कुछ न मिला। फलतः प्रतिवेदन का मेरा प्रारूप कई दिनों तक उनके इसी लेख की प्रतीक्षा में लंबित रहा।

इसी बीच प्राप्त संकेतों से मुझे ऐसा लगा कि मैं क्या प्रतिवेदन दूँ, क्या न दूँ, इस संबंध में भी मुझपर दबाव डाला जाएगा। इसलिए जैसे ही मुझे यह आशंका हुई, मैंने प्रारूप के अनुसार तत्काल स्वच्छ प्रतियाँ कराकर मुख्य सचिव को संबोधित एवं आयुक्त (भोपाल संभाग, भोपाल) व गृह सचिव (म. प्र. शासन, भोपाल) को पृष्ठांकित कर अपना प्रतिवेदन क्रमांक 1292/स्टे/84 दिनांक 15 दिसंबर, 1984 को भेज दिया। जो प्रारूप बनाया गया था, उसमें पुलिस अधीक्षक द्वारा निभाई गई भूमिका के लिए कंडिका 13 का स्थान रिक्त था। जब जल्दबाजी में स्वच्छ प्रतियाँ टाइप हुईं तो बाद के कंडिकाओं को नया नंबर देना रह गया था, क्योंकि कंडिका 13 तो खाली ही था। जब स्वच्छ प्रतियाँ मेरे सामने आईं, तभी मुझे इस गलती का एहसास हुआ; किंतु विलंब व उलझनों से बचने के उद्देश्य से उस स्टेज पर उसमें

संशोधन करना मैंने उचित नहीं समझा और कंडिका 13 को रिक्त ही रहने दिया। इस कंडिका में लिखने के लिए उस पृष्ठ के अंत तक काफी स्थान रिक्त था, अत: एहतियात के तौर पर मैंने रिक्त स्थान पर ऊपर से नीचे तक एक लाइन खींच दी और अंत में आद्यक्षर कर दिया।

जैसे ही रिपोर्ट मुख्य सचिव को मिली, उनपर मानो आसमान टूट पड़ा। उन्होंने तत्काल मुझे बुलाया, अच्छी डाँट लगाई; किंतु उन्होंने यह नहीं बताया कि मेरी रिपोर्ट में क्या खामी थी। अगर वे कुछ ऐसा बताते, तब मैं कुछ सोचता-विचारता और नई रिपोर्ट भेजता। आक्रोश एवं नाराजगी में उन्होंने मेरी इस रिपोर्ट के अनुच्छेद 18 के कुछ उन शब्दों की ओर ध्यान आकर्षित किया, जिसमें प्रभावित क्षेत्र में हजारों की संख्या में मरे हुए मवेशियों की सड़न प्रारंभ होने, बदबू फैलने एवं हैजे आदि का प्रकोप संभावित होने आदि की बात लिखते हुए स्थिति को मैंने काफी भयावह कहा था। शासन को इस स्थिति से अवगत कराने और मुख्यमंत्रीजी द्वारा हमारे कंट्रोल रूम में 4 दिसंबर, 1984 को शाम साढ़े छह बजे बैठक करने का उल्लेख भी इस अनुच्छेद में था। यदि मैं इन घटनाओं का सही-सही उल्लेख नहीं करता तो मेरी रिपोर्ट यथार्थहीन होती। भोपाल नगर निगम के मेयर डॉ. आर.के. विसार्थ व्यवसाय से एक मशहूर सर्जन व चिकित्सक थे। उन्होंने भी अपने प्रतिवेदन (दिनांक 8 दिसंबर, 1984) में लिखा था कि मृत पशुओं को हटाने का कार्य यदि समय पर न होता तो नगर में भयंकर संक्रामक रोगों के फैलने का खतरा था। अत: मैं नहीं समझता कि रिपोर्ट के अनुच्छेद 18 में जो बातें मैंने लिखी थीं उनमें कुछ गलती रही हो। ए.डी.एम. के प्रतिवेदन के आधार पर आँखों पर गीला कपड़ा रखने से गैस से राहत मिलने का उल्लेख भी उस प्रतिवेदन में था। मेरे लिए यह अनुमान लगाना कठिन नहीं है कि मेरी इतनी अधिक व्यस्तता के बावजूद इतनी कम अवधि में आवश्यक आँकड़े देते हुए एक विस्तृत रिपोर्ट भेजने पर प्रशंसा न करके नाराजगी क्यों व्यक्त की गई।

सत्रह पृष्ठीय अपनी उस रिपोर्ट में मैंने गैस-रिसन व सबसे अधिक प्रभावित क्षेत्रों का उल्लेख करते हुए बचाव एवं राहत-कार्य के बारे में काफी विवरण दिया था। गैस-पीड़ितों का उपचार कितने चिकित्सालयों में हुआ, कितने डॉक्टर व नर्सें इस कार्य में लगे थे, बाहर से कितने डॉक्टर व नर्सें आईं, लाशों को जलाने/दफनाने, मृत पशुओं को उठाने, गैस-पीड़ितों के लिए दूध, चाय, भोजन एवं दवाई की व्यवस्था, बचाव राहत के लिए वाहनों की व्यवस्था और संख्या, गुमशुदा व्यक्तियों की तलाश तथा बचाव एवं राहत-कार्य का संचालन और समन्वय किस प्रकार

किया गया—इन सब बातों का खुलासा करते हुए उन स्वयंसेवी संस्थाओं की सूची भी संलग्न की गई थी, जिन्होंने इन कार्यों में योगदान दिया था।

जब कोई गंभीर घटना होती है तब मौके के अधिकारियों द्वारा शासन को जल्दी-से-जल्दी अधिकृत प्रतिवेदन भेजा जाता है। इसी जिम्मेदारी का मैंने निर्वहन किया था। इस प्रकार की विस्तृत जानकारी पहले किसी भी स्तर पर थी भी नहीं। यह रिपोर्ट मेरे लिए मुसीबत बन गई।

मेरी रिपोर्ट में कमी कोई नहीं बता पाया। पहले उच्च स्तर पर कुछ लोग कहने लगे कि पुलिस अधीक्षक के साथ मुझे ज्वॉइंट रिपोर्ट भेजनी चाहिए थी, जो मैंने नहीं भेजी। यह दलील बिलकुल असंगत थी, क्योंकि नियमों, प्रक्रियाओं एवं परंपराओं में ऐसा कहीं कुछ भी नहीं था। शायद उनकी सोच यह थी कि पुलिस अधीक्षक वरिष्ठ अधिकारियों को ज्यादा सुविधाजनक लगते थे और वरिष्ठ लोग जो चाहते, वही लिखकर जाता। इसलिए शायद ऐसा तर्क दिया जा रहा था, अन्यथा जहाँ तक मुझे जानकारी है, जब कभी गोली-चालन होता है तो 'पुलिस रेगुलेशन' के अनुसार गोली चलाने का आदेश देनेवाले मजिस्ट्रेट एवं घटना-स्थल पर उपस्थित वरिष्ठतम पुलिस अधिकारी अपनी ज्वॉइंट रिपोर्ट जिला मजिस्ट्रेट को देते हैं। ऐसी दुर्घटनाओं के बारे में कलेक्टर व पुलिस अधीक्षक ज्वॉइंट रिपोर्ट दे, ऐसा कुछ मुझे ज्ञात नहीं है। जो भी हो, कलेक्टर को अधिकार है कि वह गंभीर घटनाओं के बारे में शासन को प्रतिवेदन दे। यह जरूर होता है कि कलेक्टर अपनी रिपोर्ट भेजने के पूर्व पुलिस अधीक्षक एवं अन्य संबंधित अधिकारियों से रिपोर्ट ले सकते हैं। मैंने सभी से रिपोर्ट माँगी थी और पुलिस अधीक्षक को छोड़कर सभी ने मुझे रिपोर्ट दी थी, यहाँ तक कि शासन के कई विभागों तक से इसपर मुझे प्रतिवेदन प्राप्त हुए थे। मैं नहीं समझता कि मैंने रिपोर्ट भेजकर कोई अपराध किया था। वास्तव में मैंने अपने कर्तव्य एवं जिम्मेदारियों का निर्वहन मात्र किया था।

जो भी हो, मुझपर ऊपर से दबाव बना कि मैं अपनी पुरानी रिपोर्ट को वापस ले लूँ और उसी क्रमांक एवं दिनांक पर पुलिस अधीक्षक के साथ एक ज्वॉइंट रिपोर्ट भेजूँ। ऐसा करने में मुझे कोई आपत्ति नहीं थी; किंतु पुराने संदर्भ से संयुक्त रिपोर्ट भेजने में मुझे संकोच हो रहा था, क्योंकि यह एक जालसाजी एवं धोखाधड़ी का कार्य था। मुझे यह भी मालूम था कि ये वरिष्ठ अधिकारी भले ही पुरानी रिपोर्ट अपने वायदे के अनुसार मुझे वापस दे दें; किंतु क्या गारंटी है कि उसकी फोटो प्रति किसी ने नहीं रख ली हो। जो भी हो, एक प्रकार से यह झूठा कार्य था, जिसे करने के लिए मैं सहमत नहीं था; किंतु जब वरिष्ठ अधिकारी इसी बिंदु पर बार-बार बात

करते थे तब उस बिंदु पर अपनी असहमति दोहराने की बजाय चुप रहना ही मैंने बेहतर समझा और ज्वॉइंट रिपोर्ट देने की बात तथा पुरानी रिपोर्ट वापस लेने की बात को मैंने स्वीकार कर लिया।

ज्वॉइंट रिपोर्ट का प्रारूप तैयार करने का काम प्रारंभ हुआ। वरिष्ठ अधिकारी क्या चाहते थे—यह तो बहुत स्पष्ट नहीं था, किंतु यह बात जरूर थी कि सभी लोग अपनी-अपनी प्रशंसा लिखवाना चाहते थे, ताकि भविष्य में उनकी तथाकथित उत्कृष्ट सेवाओं के लिए उनको मान्यता मिल जाए। जिला स्तर के जो अधिकारी ज्वॉइंट रिपोर्ट के लिए उच्च स्तर पर लॉबिंग कर रहे थे, वे भी कोई प्रारूप बना सकने की स्थिति में नहीं थे; केवल मौखिक रूप से अपनी-अपनी प्रशंसा कर लिया करते थे। तब मैंने सभी से कहा कि जो-जो लोग अपने-अपने बारे में ज्वॉइंट रिपोर्ट में लिखाना चाहते हैं, वे अपने-अपने द्वारा निभाई गई भूमिका के बारे में लिखित में दे दें, मैं ज्वॉइंट रिपोर्ट के प्रारूप में उसे ज्यों-का-त्यों शामिल कर लूँगा। अधिकतर लोगों ने तो लिखकर दे दिया, किंतु पुलिस अधीक्षक वह भी नहीं दे पाए। गैस त्रासदी को हुए एक माह से ज्यादा का समय बीत गया था। पुलिस अधीक्षक के साथ ज्वॉइंट रिपोर्ट देने के लिए ऊपर से मुझपर दबाव बढ़ता जा रहा था, किंतु पुलिस अधीक्षक बार-बार स्मरण कराने पर भी अपने द्वारा निभाई गई भूमिका के बारे में कुछ लिखकर नहीं दे रहे थे। ऐसा लगता है कि तब भी वे यह तय नहीं कर पा रहे थे कि क्या लिखाएँ, क्या न लिखाएँ। वे केवल इस बात को ज्यादा प्रचारित कर रहे थे कि सूचना मिलते ही वे कंट्रोल रूम पहुँच गए थे; किंतु बचाव व राहत के संबंध में उन्होंने ठोस क्या किया, इसपर वे लगभग खामोश थे। जब उन्होंने कुछ लिखकर नहीं दिया तब मौखिक उन्होंने जो कुछ मुझे बताया था, उसे मैंने ज्वॉइंट रिपोर्ट के प्रारूप में सम्मिलित कर लिया। स्पष्ट कारणों से मैं चाहता था कि उनकी वचनबद्धता लिखित में हो, अतः मैंने ज्वॉइंट रिपोर्ट का प्रारूप उनके अनुमोदन के लिए उन्हें दिया और कहा कि उनके अनुमोदन के बाद ही उसे फाइनल मानकर हम रिपोर्ट भेजेंगे। उन्होंने प्रारूप में अपने हाथ से कुछ बातें जोड़ीं। अधिकांश बातें तो राजभवन व मुख्यंमत्री निवास से फोन आने पर उसे अटेंड करने, पुलिस मुख्यालय के स्टेट कंट्रोल को फोन करके वरिष्ठ पुलिस अधिकारियों को सूचित कराने, राज्य परिवहन निगम व पच्चीसवीं बटालियन के कमांडेंट को अधिक-से-अधिक वाहन लोगों को बाहर निकालने के लिए फोन करने आदि से संबंधित थे। उनके द्वारा मौखिक बताई गई बातों के आधार पर मैंने प्रारूप में लिखवाया था कि पुलिस अधीक्षक सूचना पाते ही कंट्रोल रूम के लिए रवाना हुए। गैस का प्रभाव प्रथम बार उन्होंने रास्ते में

बुधवारा में महसूस किया। इसके आगे प्रारूप में पुलिस अधीक्षक ने स्वयं जोड़ा कि उस समय लोगों की वहाँ कोई आवाजाही नहीं थी।

मध्य प्रदेश राज्य सड़क परिवहन निगम के प्रबंध निदेशक के प्रतिवेदन (दिनांक 7 दिसंबर, 1984) में पुलिस अधीक्षक के उपर्युक्त दावे की पुष्टि नहीं होती है। जैसाकि पहले लिखा जा चुका है, परिवहन निगम की जो बसें गैस-प्रभावित क्षेत्र में थीं, उनपर भीड़ टूट पड़ी थी और ड्राइवरों ने तुरंत उन्हें सुरक्षित स्थानों पर ले जाकर लोगों की तथा अपनी जानें बचाईं। परिवहन निगम के प्रबंध निदेशक ने अपने उपर्युक्त प्रतिवेदन में किए गए कार्य का विवरण देते हुए लिखा था कि इस भयंकर दुर्घटना के बाबत कोई सूचना निगम के किसी उच्च अधिकारी को नहीं मिली; परिवहन निगम ने अपनी ओर से स्वयं पहल करते हुए बचाव-कार्य किया।

ज्वॉइंट रिपोर्ट के प्रारूप को अंतिम रूप देने में एक अन्य समस्या उत्पन्न हो गई। ए.डी.एम. ने अपने प्रतिवेदन (दिनांक 11 दिसंबर, 1984) में लिखा था कि जब यूनियन कार्बाइड के वर्क्स मैनेजर से फोन पर बात हुई थी तो उन्होंने बताया था कि गैस से बचने के लिए आँखों पर गीले कपड़े लगाए जाएँ। उन्होंने आगे लिखा था कि कंट्रोल रूम पहुँचकर नगर पुलिस अधीक्षक एवं अन्य स्टाफ को उपर्युक्त बात उन्होंने बताई। वे और अन्य लोग आनेवाले फोन कॉल्स पर भी सभी को यही जानकारी दे रहे थे। आगे उन्होंने लिखा कि जैसे ही पुलिस अधीक्षक कंट्रोल रूम में पहुँचे, उन्हें भी तत्काल आँखों पर गीले कपड़े लगानेवाली बात तथा फोन पर लोगों को सूचित करने की बात बताई और उनसे कहा कि 'मोबाइल वाहनों के माध्यम से भी इसे जनता को बतलाया जाए।' नगर पुलिस अधीक्षक ने भी अपने प्रतिवेदन (दिनांक 20 दिसंबर) में लिखा कि ए.डी.एम. ने कंट्रोल रूम में वर्क्स मैनेजर के इस सुझाव को बताया था कि गैस के दुष्प्रभाव से बचने के लिए गीले कपड़े का उपयोग किया जाए। स्पष्ट है कि पुलिस मोबाइल वाहनों के माध्यम से आम जनता को इस बारे में अवगत नहीं कराया गया। ए.डी.एम. का कहना था कि उनकी इस भूमिका का उल्लेख आना चाहिए। उधर चर्चा के समय पुलिस-अधीक्षक ने स्पष्ट रूप से न तो यह स्वीकार किया और न ही इनकार किया। उनका कहना था कि इस बात का उल्लेख रिपोर्ट में न किया जाए। इन मुद्दों को सुलझाने के लिए संभागीय आयुक्त के साथ अनेक बैठकें हुईं। अधिकांश बिंदुओं पर तो जिसने जैसा चाहा वैसा लिख दिया गया और समस्या का निराकरण हो गया; किंतु गीले कपड़े आँख-नाक पर लगानेवाले बिंदु पर अतिरिक्त जिला मजिस्ट्रेट एवं पुलिस अधीक्षक के

बीच मतैक्य नहीं हो पाया। 9 जनवरी, 1985 को दोपहर बारह बजे मुख्य सचिव के कक्ष में इस विषय पर हुई बैठक में गृह सचिव भी थे। इन दोनों अधिकारियों ने कहा कि ज्वॉइंट रिपोर्ट में 'गीली पट्टी' वाली कोई बात सम्मिलित ही न की जाए। स्पष्ट है कि पुलिस अधीक्षक ने ऊपरवालों को 'मैनेज' कर लिया था। अंत में इस बात पर समझौता हुआ कि केवल इतना उल्लेख किया जाए कि ए.डी.एम. के पूछने पर कि क्या किया जाए, यूनियन कार्बाइड के वर्क्स मैनेजर ने उत्तर दिया था कि आँखों में जलन होने पर पानी से राहत मिल सकती है। आगे जोड़ा गया कि ए.डी.एम, नगर पुलिस अधीक्षक तथा कंट्रोल रूम के अन्य लोग लोगों को सूचित करते रहे कि पानी के उपयोग से आँखों को राहत मिल सकती है। इस प्रकार इस विषय पर गीली पट्टी एवं पुलिस अधीक्षक से संबंधित बातें ज्वॉइंट रिपोर्ट के प्रारूप से निकाल दी गईं।

पुलिस मोबाइल वाहनों से आम जनता में यदि इसका प्रचार हो सकता था तो न कराना एक गंभीर चूक थी। 'न्यूयॉर्क टाइम्स' के एक लेख के हवाले फरवरी 1985 में 'नई दुनिया' समाचार-पत्र ने लिखा था कि गीले कपड़े से चेहरा ढक लेने से बहुत सी जानें बच सकती थीं।

सभी संबंधित लोगों के कथनों का समावेश करके ज्वॉइंट रिपोर्ट के प्रारूप को अंतिम रूप देने के लिए मुझे दर्जनों चर्चाएँ/बैठकें करनी पड़ीं। यह सब इतना उबाऊ था कि मैं थक चुका था। अंततोगत्वा ज्वॉइंट रिपोर्ट को अंतिम रूप दिया गया। यह अंग्रेजी में थी और पंद्रह पेज की थी। अब मेरे सामने प्रश्न उठा कि मैं वरिष्ठों के दबाव में अपनी पुरानी रिपोर्ट वापस ले लूँ और उसी क्रमांक से इस रिपोर्ट को डेढ़-दो माह बाद भेज दूँ या नहीं। मैंने पहले ही तय कर लिया था कि ऐसा नहीं करूँगा और आशा थी कि ज्वॉइंट रिपोर्ट शीघ्र ही चली जाएगी। इसलिए 31 दिसंबर, 1984 का मैंने एक जावक क्रमांक रख लिया था। उसी का उपयोग मैंने किया, ताकि वरिष्ठ अधिकारियों के गले वह उतर सके। यदि डेढ़-दो माह के बाद के दिनांक पर मैं रिपोर्ट भेजता तो सचिवालय में बैठे ये वरिष्ठ अधिकारी कभी सहमत नहीं होते। यह ज्वॉइंट रिपोर्ट अपनी तरह की निराली ही थी।

हुआ वही, जो मुझे आशंका थी। अपनी पुरानी रिपोर्ट वापस लेने जब मैं गया तो भोपाल संभाग के आयुक्त ने बड़ी सज्जनता के साथ वह रिपोर्ट मुझे तत्काल वापस दे दी, किंतु अन्य लोगों ने वापस नहीं की। मुख्य सचिव से रिपोर्ट वापस माँगना आसान काम नहीं था, किंतु चूँकि उन्होंने भी कहा था कि पुरानी रिपोर्ट वापस ले ली जाए और उसी संदर्भ से ज्वॉइंट रिपोर्ट भेजी जाए, अत: हौसला जुटाकर मैं पुरानी रिपोर्ट माँगने उनके पास पहुँचा। अपनी आदत के मुताबिक उन्होंने

झिड़की लगाई और डाँटते हुए कहा, 'तुम्हारी रिपोर्ट लेकर क्या हम भागे जा रहे हैं?' मैंने नम्रता से कहा, 'सर, ऐसा कुछ नहीं है, उच्च स्तर पर निर्णय हुआ था कि पुरानी रिपोर्ट वापस लेकर नई रिपोर्ट दी जाए, इसीलिए मैंने ऐसा निवेदन किया।'

अब नैतिक रूप से भी मैं पुराने संदर्भ एवं दिनांक में ज्वॉइंट रिपोर्ट देने के लिए बाध्य नहीं रह गया था, क्योंकि जो आश्वासन मुझे दिया गया था उन आश्वासनों की पूर्ति इन वरिष्ठ अधिकारियों ने नहीं की थी। इस पृष्ठभूमि में कोई मुद्दा बनाए बिना मैंने 31 दिसंबर, 1984 का जो जावक नंबर रिजर्व रखा था, उसे देकर यह ज्वॉइंट रिपोर्ट मुख्य सचिव के पास भेज दी और उसकी प्रतिलिपियाँ संभागीय आयुक्त एवं गृह सचिव को पृष्ठांकित कर दीं।

सचिवालय के वरिष्ठ अधिकारियों को विशेष लाभ तो इससे हुआ नहीं, क्योंकि उनके स्तुति-गान में बहुत ज्यादा नहीं लिखा जा सका। इतना अवश्य था कि उनके उल्लेख किसी-न-किसी रूप में उस रिपोर्ट में आ गए। पुलिस अधीक्षक को जरूर कुछ लाभ हुआ।

15 दिसंबर, 1984 को रिपोर्ट भेजने के बाद मुझे जो मानसिक पीड़ा हुई और ज्वॉइंट रिपोर्ट बनाने में जो परेशानियाँ झेलनी पड़ीं, उसके बाद आगे और रिपोर्ट भेजने का मेरा हौसला पस्त हो गया। यदि ऐसा न होता तो विभिन्न पहलुओं पर शासन को मैं सैकड़ों रिपोर्टें भेजता। पुनः जैसे-जैसे समय गुजरता गया, यह स्पष्ट होता गया कि सचिवालय की रुचि तथ्यात्मक प्रतिवेदनों में नहीं थी। यह दुर्भाग्य ही था कि नौकरशाही में शीर्षस्थ पदों पर बैठे लोग भी अखबारों में अपना नाम पढ़ने के लिए ज्यादा उत्सुक रहते थे और यथार्थ से मुँह मोड़ लेते थे। फील्ड में जो कार्य हो रहे थे और वहाँ जो कठिनाइयाँ थीं या सुझाव थे, उनके बारे में रिपोर्ट लेने की मानसिकता किसी की नहीं रह गई थी।

इस रिपोर्ट के अवलोकन मात्र से स्पष्ट होता है कि जनहित में यह निरर्थक सी रिपोर्ट थी। फोकस गैस-पीड़ितों पर न होकर अधिकारियों के गुणगान की ओर तथा कुछ गंभीर चूकों को ढकने मात्र पर ही था। दुर्घटना कैसे हुई, कौन-कौन क्षेत्र ज्यादा प्रभावित हुए, कितने लोगों की मौत हुई और क्या-क्या बरबादी हुई, बचाव व राहत-कार्य किस प्रकार किए गए, कितने साधन जुटाए व लगाए गए, प्रभावित क्षेत्र में हालात क्या थे, वहाँ क्या-क्या कठिनाइयाँ थीं और क्या-क्या किया जाना चाहिए—इन एवं अन्य महत्त्वपूर्ण मुद्दों पर उस रिपोर्ट में कुछ भी नहीं था।

एक अजीब सा माहौल बना कि हम लोगों ने जिला स्तर से लगभग लिखना ही बंद कर दिया और वरिष्ठ अधिकारियों की बातचीत से भी स्पष्ट था कि वे कुछ

चाहते भी नहीं थे। इसके विपरीत यूनियन कार्बाइड के खिलाफ जो महत्त्वपूर्ण अभिलेख थे, उन्हें गायब कराने या नष्ट कराने की प्रवृत्तिवाले तत्त्व हावी होने का प्रयास कर रहे थे। यह सब देखकर मैं हैरान था और जो भी रिकॉर्ड था उसको सँभालकर रख रहा था तथा कभी-कभी संदर्भ के लिए छोटे-छोटे नोट्स बनाकर मैं अपने पास रख लेता था। मेरी कार्य-प्रणाली ही ऐसी थी कि 2 व 3 दिसंबर की रात से ही बचाव व राहत-कार्यों के अभिलेख अपने आप बनने लग गए थे। उदाहरण के लिए, विभिन्न केंद्रों पर समन्वय करने के लिए लगाए गए अधिकारियों की हाजिरी एवं ड्यूटी का रजिस्टर, कंट्रोल रूम के प्रभारी डिप्टी कलेक्टर द्वारा रखा गया रोजनामचा टाइप का रजिस्टर, जिसपर फील्ड से प्राप्त सूचनाओं व उनपर की गई काररवाई का विवरण प्रभारी अधिकारी अंकित किया करते थे तथा राउंड लगाकर कंट्रोल रूम वापस आने के बाद कभी-कभी मैं भी अपने निर्देश इसी रजिस्टर में अंकित करता था (अधिकांशतः मौखिक निर्देश ही देता था) इत्यादि। बाद में ये सभी रजिस्टर कार्यालय अधीक्षक की अलमारी में रखवाए गए, यथासंभव शेष अभिलेख मैंने अन्य गोपनीय अभिलेखवाली अलमारी में रखवाया।

□

गैस-पीड़ितों की क्षतिपूर्ति के लिए अमेरिका में मुकदमेबाजी

भोपाल गैस त्रासदी में हजारों लोगों की जानें गईं, लाखों लोग गंभीर रूप से बीमार हुए—इतनी भीषण तबाही मचाने के लिए आज तक किसी को कोई सजा नहीं हुई है। गिरफ्तारी के तत्काल बाद जमानत न मिलने तक तो दोषियों को हिरासत में रहना पड़ा। इसके अलावा उन्हें कोई सजा नहीं हुई। यह है हमारे देश की न्यायिक व्यवस्था और अब शायद आरोपों में से गंभीर अपराधों को निकाल दिया गया है, केवल छोटे-मोटे अपराध मात्र आरोप-पत्र में रह गए हैं। मुआवजे के नाम पर प्राप्त तुच्छ राशि गैस-पीड़ितों के साथ क्रूर मजाक ही है।

दुर्घटना के तत्काल बाद ही अमेरिका के बहुत से वकील भोपाल पहुँच गए थे और गैस-पीड़ितों से संपर्क कर उन्हें मुआवजा दिलाने के लिए बातचीत शुरू कर दी थी। 7 दिसंबर, 1984 को वहाँ के वकीलों ने अमेरिका में पहला मुकदमा दायर किया था। उसके बाद और भी मुकदमे दायर हुए। उपलब्ध जानकारी के अनुसार ऐसे मुकदमों की संख्या लगभग 144 तक पहुँच गई। भारत सरकार ने 9 मार्च, 1985 को भोपाल गैस लीक डिसॉस्टर एक्ट, 1985 बनाया। इसके प्रावधानों के अनुसार सभी गैस-पीड़ित दावेदारों के प्रतिनिधित्व का एकमात्र अधिकार भारत सरकार के पास चला गया। इसी क्रम में 8 अप्रैल, 1985 को भारत सरकार ने अमेरिका में अन्य वादियों की तरह भोपाल के गैस-पीड़ितों की ओर से दावा प्रस्तुत किया। भारत सरकार के अमेरिकी एटॉर्नी श्री माइकल वी. सिरेसी ने यह वाद न्यायालय में दायर किया। अमेरिका के डिस्ट्रिक्ट जज ने बाद में इन सभी दावों को एक साथ सम्मिलित कर दिया और उनपर सुनवाई करने के बाद निर्णय दिया।

इस मुकदमे के संबंध में समस्त काररवाई भारत सरकार एवं राज्य सरकार के स्तर पर हुई। जिला प्रशासन को कोई विशेष भूमिका नहीं दी गई। और हमसे कोई विवरण भी नहीं लिये गए। फिर भी यदा-कदा मेरी सूचना में कुछ जानकारी आती

दुर्घटना के तत्काल बाद आए अमेरिकी वकील अपना धंधा करते हुए

रही, जो बड़ी रोचक थी।

सन् 1985 में 29 मार्च की रात को गैस-राहत आयुक्त (जो स्वास्थ्य सचिव के प्रभार में भी थे) ने फोन पर मुझे बताया कि प्रातः भारत सरकार के कुछ अधिकारी और उनके साथ कुछ लोग हवाई जहाज से भोपाल आ रहे हैं, मैं उन्हें हवाई अड्डे पर रिसीव कर लूँ। आनेवालों का विवरण अपूर्ण होने, उनके लिए वाहन व ठहराने के बारे में क्या व्यवस्था थी या करनी थी, इस बाबत अस्पष्टता थी। अतः मैंने विनम्रतापूर्वक इन मामलों पर बात करनी चाही। इसपर वे चिढ़ते हुए अपनी बात को वहीं विराम देते हुए बोले, 'संचालक, स्वास्थ्य सेवा से पता पर लीजिए।' राहत आयुक्त की इस प्रकार की अधिकांश काररवाइयों में शुरू से ही पारदर्शिता का अभाव रहा करता था।

प्रयास के बावजूद संचालक, स्वास्थ्य सेवा न तो रात में और न ही प्रातः हवाई अड्डा जाने के पहले तक मिले। उस जमाने में शासकीय विभागों में मोटरकारें नाम मात्र को हुआ करती थीं, अतः मैंने इस अल्पावधि में कुछ जीपों की व्यवस्था करा ली थी। अनुमान यह था कि राहत आयुक्त सह स्वास्थ्य सचिव ने संचालक स्वास्थ्य को यह कार्य दिया था तो वाहन व ठहराने की समुचित व्यवस्था उन्होंने की होगी।

हवाई अड्डे पर स्वास्थ्य विभाग के अधिकारी मिले। हवाई जहाज भी तत्काल आ गया। वस्तुस्थिति यह थी कि गैस-पीड़ितों की ओर से हमारी सरकार द्वारा लगाए गए चार अमेरिकी वकील और उनके साथ भारत सरकार के तीन वरिष्ठ अधिकारी भी दिल्ली से आए थे। स्वास्थ्य विभाग के अधिकारी इन चारों अनेरिकी वकीलों, जिनमें दो पुरुष एवं दो महिलाएँ थीं, को लेकर 'जहाँनुमा पैलेस' होटल चले गए। वहाँ उनके ठहरने के लिए पहले से ही व्यवस्था कराई गई थी। भारत सरकार के तीन वरिष्ठ अधिकारियों के लिए कोई व्यवस्था नहीं थी। स्वास्थ्य विभागवाले उन्हें वहीं छोड़ गए। अतः मैंने उन्हें अपनी कार में बैठा लिया और रास्ते में स्थित वी.आई.पी. सर्किट हाउस ले गया। वहाँ के केयर-टेकर ने इन लोगों को ठहराने में असमर्थता व्यक्त की। इन अधिकारियों को सचिवालय में गैस-राहत आयुक्त के यहाँ प्रातः दस बजे बैठक में भाग लेने जाना था और इतना समय नहीं बचा था कि आरक्षण के बिना व्यस्त सर्किट हाउस में इन्हें मैं ले जाता। अतः वी.आई.पी. सर्किट हाउस के केयर-टेकर को सभी परिस्थितियों से अवगत कराते हुए मैंने दबाव डाला कि वह इन अधिकारियों को ठहरा ले। बड़ी मुश्किल से वह सहमत हुआ और ये अधिकारी अपना सामान वहीं रखकर चलने को तत्पर हुए। इन वरिष्ठ अधिकारियों के लिए वाहन की कोई व्यवस्था नहीं थी और जीप में उन्हें भेजना उचित नहीं होता। अतः मैंने कहा कि मैं उन्हें सचिवालय छोड़ दूँगा। तदनुसार अपनी कार में मैं उन्हें सचिवालय छोड़ने गया।

सचिवालय में उन्हें छोड़ने के बाद सामान्यतः मुझे वापस चला जाना चाहिए था, क्योंकि इस बैठक की न तो मुझे सूचना थी और न ही मुझे उसमें बुलाया गया था; किंतु वह कोई अवकाश का दिन था, इसलिए इन अधिकारियों से बात करते-करते और उन्हें रास्ता बताते हुए लिफ्ट से शायद उनके आग्रह पर बैठक-कक्ष तक मैं भी पहुँच गया। यह बैठक चौथी मंजिल पर मुख्य सचिव के एंटी रूम में थी। वहाँ पर गैस-राहत आयुक्त बैठक की अध्यक्षतावाले सोफे पर आराम से बैठे हुए थे। उनके हाथ में कोई कागजात नहीं थे। उनके सामने की तरफ स्वास्थ्य विभाग के अधिकारी बैठे हुए थे और बाईं ओर उनकी बगल में एक उपसचिव बैठे हुए थे। चार अमेरिकी वकील उनके सामने दोनों बगलों में बैठे थे। इनमें से जो दो पुरुष थे वे वरिष्ठ थे और जो महिलाएँ थीं वे कनिष्ठ दिख रही थीं; क्योंकि चर्चा इन पुरुषों द्वारा ही मुख्यतः की जा रही थी और दोनों महिलाएँ नोट्स ले रही थीं। चूँकि बिना बुलाए मैं वहाँ था, इसलिए मुझे कुछ संकोच हो रहा था; किंतु मुझे जानने की उत्सुकता जरूर थी, इसलिए भी मैं गैस-राहत आयुक्त को दाईं ओर पीछे की

लाइनवाली एक सीट पर बैठ गया।

चर्चा प्रारंभ करते हुए गैस-राहत आयुक्त ने चिकित्सा-संबंधी समस्याओं का सामान्य विवरण दिया। तत्पश्चात् जब अमेरिकी वकीलों ने बहुत सारे आँकड़े पूछने शुरू कर दिए तब इससे-उससे पूछकर गैस-राहत आयुक्त राउंड फिगर में कुछ आँकड़े बताते गए। स्थानीय मेडिकल कॉलेज के विभागाध्यक्ष (मेडिसिन) ने इसी चर्चा के दौरान एक नोट अमेरिकी वकीलों को दे दिया। राहत आयुक्त ने इसपर आपत्ति करते हुए पहले मना किया, फिर चुप हो गए। चर्चा में ज्ञात हुआ कि नोट सभी मेडिकल समस्याओं के बारे में न होकर विभागाध्यक्ष के स्वयं विभाग मात्र से संबंधित था। आँख इत्यादि के उपचार के संबंध में इसमें कोई उल्लेख नहीं था।

गैस त्रासदी में हुई मौतों के संबंध में काफी विवरण उन लोगों ने माँगे। गैस-राहत आयुक्त ने याददाश्त के आधार पर एक-दो आँकड़े बताए और बाद में मेरी ओर इशारा किया। तब मैंने बताया कि यह सब जानकारी उपलब्ध है; किंतु मुझे इस मीटिंग में नहीं बुलाया गया है, अत: मैं अभी साथ में नहीं लाया हूँ। फिर भी अपनी याददाश्त के आधार पर मैंने काफी विवरण दिया। मेडिकल कॉलेज के फॉरेंसिक साइंस के विभागाध्यक्ष से भी जानकारी माँगी गई, तो उन्होंने कुछ बातें बताईं और कहा कि उन्हें अभी-अभी बैठक के बारे में मालूम हुआ है, इसलिए पूरी तैयारी करके नहीं आए हैं।

गैस-राहत आयुक्त सामान्य बातें करते थे, किंतु जब ज्यादा घिर जाते थे तब या तो स्वास्थ्य विभाग के अधिकारियों को या उपसचिव को कह देते थे कि अमुक-अमुक जानकारी एकत्रित कर दी जाए। चर्चा काफी लंबी चली और बाद में गृह सचिव, विधि सचिव एवं पंचायत और समाज कल्याण विभाग सचिव भी सम्मिलित हुए। इन सभी लोगों ने मौखिक बातें बताईं, वे कोई नोट या फाइल नहीं लिये थे। चारों अमेरिकी वकील पहले से लिखित बिंदु व प्रश्न लिये हुए थे और चर्चा के समय उन चारों ने काफी नोट्स लिये। भारत सरकार की ओर से आए एक अधिकारी ने और मैंने भी नोट्स लिये। राहत आयुक्त के बगल में बैठे उपसचिव यदा-कदा कुछ नोट कर लेते थे। भारत सरकार की ओर से आए नोट्स लेनेवाले इस अधिकारी ने मेरे कान में कहा, 'अमेरिकी वकील खूब नोट्स ले रहे हैं; किंतु उन्हें ब्रीफिंग करनेवाले लोग, जो बहुत सारे हैं और जानकारी देने की व्यवस्था कर रहे हैं, न तो कुछ नोट्स लाए हैं और न ही कुछ नोट कर रहे हैं।'

मुख्य सचिव यद्यपि ग्यारह बजे आने वाले थे और अपने चैंबर में बैठे भी थे, किंतु वरिष्ठ अधिकारी उन्हें काफी देर से बुलाकर लाए (उनसे लोग लगातार संपर्क

बनाए हुए थे)। उन्होंने विधि सचिव को बुलाकर कुछ चर्चा की और फिर विधि सचिव ने प्रश्न उठाया कि शासकीय सेवकों ने जो ज्यादा काम किया है, उसका मुआवजा मिलना चाहिए। अमेरिकी वकीलों ने पूछा कि क्या अन्य लोगों की तुलना में उन्हें ज्यादा मानसिक-शारीरिक रिस्क उठाना पड़ा है ? उन्होंने आगे कहा कि शासकीय अधिकारियों एवं कर्मचारियों का कर्तव्य ही है कि जनता की तकलीफों में रिस्पॉण्ड करें, इसलिए उन्हें मुआवजा देने का कोई मामला नहीं बनता। राहत आयुक्त ने उदाहरण दिया कि यदि गैस त्रासदी नहीं होती तो स्वास्थ्य विभाग अपना कार्य करता, जिससे परिवार नियोजन के कार्यक्रम चलते, किंतु ऐसा न होने से जो ज्यादा बच्चे पैदा हुए, उसका भार समाज पर आया, उसके लिए मुआवजा मिलना चाहिए। वकीलों ने कहा कि यह काल्पनिक है और इस तरह के मुआवजे का कोई औचित्य नहीं है। मेडिकल कॉलेज के डीन ने कहा कि दो माह तक मेडिकल कॉलेज के छात्रों की पढ़ाई का नुकसान हुआ, जिससे उनका कैरियर पीछे हो गया, अत: उनको भी मुआवजा मिलना चाहिए। इसको भी वकीलों ने नहीं माना और कहा कि नॉर्मल बिजनेस में गतिरोध हो जाने पर मुआवजे का प्रकरण बनता है। विषय को और स्पष्ट करते हुए वकीलों ने कहा कि उत्पादन में हानि, होटल इत्यादि पर प्रतिकूल प्रभाव, दुकानदारों के बिजनेस पर प्रभाव, सिनेमाघर न चलना इत्यादि मुआवजे के आधार बनते हैं। मैंने कहा कि गैस त्रासदी के तत्काल बाद बचाव एवं राहत कार्यों के लिए बहुत बड़ी संख्या में बाहर से लोगों को बुलाया गया था और बहुत बड़ी संख्या में अन्य गाड़ियाँ लगाई गई थीं, उनके पेट्रोल, डीजल इत्यादि पर काफी खर्च हुआ है। अमेरिकी वकीलों ने कहा कि यह मुआवजे का आधार बनता है।

यह बैठक बड़ी हास्यास्पद व सतही रही। इस बैठक में तथा बाद में घटी घटनाओं से स्पष्ट था कि भोपाल के लाखों गैस-पीड़ितों की ओर से उन्हें न्याय दिलाने के लिए अमेरिका में जो मामला दायर किया जाना था, उसकी संपूर्ण तैयारी के लिए यह सब हो रहा था। सरकार ने उन महँगे अमेरिकी वकीलों को भारी राशि खर्च करके लगाया था। उनके ढेर सारे प्रश्न थे। गैस त्रासदी कब हुई, कैसे हुई, व्यापक पैमाने पर क्या-क्या तबाही हुई, कितने लोग मरे, कितने गंभीर रूप से बीमार हुए, बचाव एवं राहत-कार्य कैसे व कितना किया गया, इसमें कितने लोग व कितने वाहन लगाए गए, शासन ने किस प्रकार कितना-कितना खर्च किया, भविष्य की हमारी क्या-क्या आवश्यकताएँ हैं—इन एवं इनसे जुड़े अनेक अन्य मुद्दों पर कोई नोट्स बैठक में नहीं दिए गए। सभी संबंधित अधिकारियों को इस बैठक में बुलाया भी नहीं गया था। घंटों चली चर्चाओं में किसी ने भी भोपाल गैस त्रासदी का समग्र

चित्रण प्रस्तुत नहीं किया। मौके पर जिसके मन में जो आया, कह दिया; एक बिंदु का दूसरे से कोई तारतम्य नहीं था। लाखों गैस-पीड़ितों के व्यापक हित की ओर इन दिग्गजों का ध्यान नहीं गया। पता नहीं यह लापरवाही थी या गोपनीयता थी, किंतु अमेरिका के वकीलों ने इन अधिकारियों के बारे में क्या धारणा बनाई होगी, इसका अनुमान लगाना कठिन नहीं था। गैस-राहत आयुक्त भी जिस मूड व पोशाक में थे उससे ऐसा लगता था कि वे भारत भवन में कोई सांस्कृतिक कार्यक्रम देखने आए हों। इतने महत्त्वपूर्ण एवं गंभीर मुद्दों को सतही ढंग से निपटाना दुःखद ही था।

लंच के बाद वे लोग यूनियन कार्बाइड फैक्टरी देखने गए। वहाँ अमेरिकी वकीलों ने बड़ी बारीकी से अध्ययन किया और कई चाट्र्स एवं कई सामग्रियों के फोटोग्राफ लिये। एक जगह कुछ लूज रिकॉर्ड पड़ा था। उन्होंने कहा कि यह बहुत महत्त्वपूर्ण रिकॉर्ड है। उन्होंने डी.एस.पी. (सी.बी.आई.) को वह रिकॉर्ड जब्त करने का निर्देश दिया। प्लांट के भी फोटोग्राफ्स लिये। इसी दौरान मैंने उप पुलिस अधीक्षक (सी.बी.आई.) से आपराधिक प्रकरण में हुए अनुसंधान की प्रगति जाननी चाही तो उन्होंने कहा कि विशेषज्ञों के अभाव में यह काम रुका पड़ा है। तब मैंने वहीं पर उपस्थित एक वरिष्ठ विशेषज्ञ से बात की तो वे सी.बी.आई. के उप पुलिस अधीक्षक पर नाराज हो गए और कहा कि कोई विशेषज्ञ की सहायता चाहे, तब न दी जाए। इस अजीब स्थिति में मैंने उन दोनों को शांत किया। तब दोनों ने एक-दूसरे से उपयोगी बातें कीं।

सचिवालय में हुई बैठक में किसी एक बिंदु पर जानकारी उपलब्ध कराने के लिए मुझसे कहा गया था। मैंने तत्काल कलेक्टरेट जाकर वह जानकारी भिजवा दी। जो सैकड़ों प्रश्न उन वकीलों ने पूछे थे, मैं नहीं जानता कि वह जानकारी बाद में उन वकीलों को दी गई या नहीं। मेरा अनुमान है कि जो भी जानकारी दी गई, वह आधी-अधूरी थी। हमारा पक्ष प्रस्तुत करने का गंभीरतापूर्वक कोई प्रयास ही नहीं किया गया। बाद में जो कुछ देखने व सुनने का अवसर मिला, उससे ऐसा लगता है कि जहरीली गैस से मृत एवं घायल लोगों की सूची सहित पूरी जानकारी राहत आयुक्त समय पर प्रस्तुत नहीं कर पाए। गैस-पीड़ितों को उनका हक दिलाने के लिए जब तक जहरीली गैस से हुए विनाश का विश्वसनीय विवरण प्रस्तुत नहीं किया जाए तब तक चाहे अमेरिकी न्यायालय हो या हमारा उच्चतम न्यायालय, न्याय की आशा करना व्यर्थ था। अपारदर्शिता के आवरण में बार-बार अमेरिका की यात्रा तथा यहाँ-वहाँ चर्चाएँ मात्र सार्वजनिक धन की बरबादी थीं। कुछ समाचार-पत्रों में प्रकाशित भी हुआ था कि अमेरिका में बिना तैयारी के मुकदमा दायर किया गया और साक्ष्य में

पर्याप्त दस्तावेज नहीं लगाए गए थे।

कुछ दिनों बाद पता चला कि न्यूयॉर्क के डिस्ट्रिक्ट जज मिस्टर जॉन एफ. कीनन ने गैस-पीड़ितों का पक्ष जानने के लिए कुछ गैस-पीड़ितों को गवाह के रूप में वहाँ बुलाया है। राहत आयुक्त सभी कार्य बड़ी गोपनीयता के साथ कर रहे थे। लोगों में गुपचुप तरीके से सचिवालय में चर्चाएँ थीं और बाद में समाचार-पत्रों में भी छपा कि गवाहों के चयन उपयुक्तता की बजाय अन्य आधारों पर हो रहे थे। मैं भी उस समय सचिवालय में ही पदस्थ था। अत: मैंने मुख्य सचिव से संपर्क करके उन्हें बताया था कि मैं सरकार की ओर से यूनियन कार्बाइड के खिलाफ महत्त्वपूर्ण गवाह हूँ। मेरी इस बात को जानबूझकर नजरअंदाज कर दिया गया। बाद में मुझे कुछ लोगों ने बताया कि वास्तविक रूप से गैस-पीड़ितों व जानकार लोगों को तो अमेरिका ले नहीं जाया गया और न ही ऐसे लोगों को ले जाया गया, जो बचाव एवं राहत-कार्य से भी जुड़े थे और जिन्हें संपूर्ण जानकारी थी। कुछ तो नए भोपाल के बाहरी गवाह नकली थे। एक भी ठोस गवाह नहीं था। इन गवाहों को अमेरिका ले जाया गया और जज कीनन से मिलवाया गया। जब इन नकली एवं सतही जानकारीवाले गवाहों ने जज कीनन से चर्चा की, तब स्पष्ट है वे इस भीषण गैस त्रासदी के स्वरूप व बरबादी के बाबत ठीक-ठीक नहीं बता सके। खुद पर बीती बता सकने की स्थिति में या तो वे थे नहीं या बता नहीं पाए। सुनी-सुनाई बातें बताने का कोई असर जज कीनन पर नहीं पड़ा होगा। जज ने तो खोद-खोदकर पूछा होगा। तब इन गवाहों की पूरी कलई खुल गई होगी। मेरा खयाल है कि ये ही वे क्षण थे, जब भारत के मुकदमा हारने की पुख्ता नींव जज के मन में पड़ गई होगी। समाचार-पत्रों में यह भी छपा था कि कार्बाइड के खर्च पर चिकित्सा विशेषज्ञ अमेरिका घूम आए। कुछ डॉक्टर शायद जज कीनन से भी मिले थे। ये कौन थे, पता न चल सका। जज कीनन ने अधकचरी जानकारी से क्या दृष्टिकोण बनाया होगा, उसका अनुमान लगाना कठिन नहीं है। यह सब 12 मई, 1986 को दिए गए उनके फैसले से स्पष्ट है।

यद्यपि मैं अब भोपाल का कलेक्टर नहीं था, तथापि मेरी रुचि इस प्रकरण में बनी रही। न्यायाधीश कीनन द्वारा पारित इस आदेश की एक प्रति मैंने किसी स्रोत से प्राप्त की। इस निर्णय को देखने से ऐसा लगता है कि हमारी सरकारों ने यूनियन कार्बाइड के दावों का मुकाबला किए बिना ही उसे विजय (वॉक ओवर) दे दी। यूनियन कार्बाइड की ओर से जो तर्क दिए गए, उसकी विवेचना बड़े विस्तार से न्यायाधीश ने की है; किंतु गैस-पीड़ितों के पक्ष का उल्लेख नगण्य है। कारण, उनका पक्ष ठीक से न्यायालय के समक्ष रखा ही नहीं गया।

न्यायाधीश ने यूनियन कार्बाइड द्वारा प्रस्तुत साक्ष्य और तर्क की जो विवेचना विस्तार से की है, उन तर्कों के खंडन के रूप में गैस-पीड़ितों के पक्ष का उल्लेख लगभग नदारद ही है। लगता है कि प्रत्युत्तर के रूप में कोई दलील ठीक से प्रस्तुत ही नहीं की गई, अन्यथा उनका भी उल्लेख यथास्थान जरूर होता।

यूनियन कार्बाइड की ओर से प्रस्तुत जिस साक्ष्य का उल्लेख न्यायाधीश ने सबसे अधिक किया है, वह है वारेन वूमर का हलफनामा। यह वही वारेन वूमर हैं, जिन्हें उनके साथियों सहित विज्ञान एवं प्रौद्योगिकी सचिव ने यूनियन कार्बाइड के कारखाने में प्रवेश दिलाया था। ऐसा लगता है कि वूमर का भोपाल-प्रवास मुख्यतया यूनियन कार्बाइड को बचाने के लिए बचाव पक्ष तैयार करने हेतु ही था। जिला जज कीनन ने वारेन वूमर के हलफनामे की जो विवेचना अपने ऐतिहासिक फैसले में की है, उससे स्पष्ट हुआ कि गैस त्रासदी के कुछ समय पहले तक वारेन वूमर ही यूनियन कार्बाइड की भोपाल इकाई के प्रमुख थे। राज्य सरकार के श्रम विभाग को पता होगा कि शायद उन्हीं के कार्यकाल में 24 दिसंबर, 1981 को भी यूनियन कार्बाइड कारखाने में फासजीन गैस रिसी थी, जिसके फलस्वरूप एक श्रमिक की मौत हो गई थी। 9 फरवरी, 1982 को भी एक दुर्घटना हुई थी। यू.सी.सी. व वारेन वूमर ने इसपर भी कारखाने की सुरक्षा-प्रणालियों को सुधारने के लिए काररवाई करने की बजाय उसे धरातल की ओर जाने दिया; किंतु धन कमाने के लालच में उत्पादन बंद नहीं किया। हाँ, वारेन वूमर स्वयं पलायन कर गए थे।

जो भी हो, विज्ञान एवं प्रौद्योगिकी सचिव को मालूम था कि प्रवेश पाने के बाद वारेन वूमर अपने साथियों सहित यूनियन कार्बाइड कारखाने में काफी समय तक कार्यरत थे; ऑपरेशन फेथ का कार्य भी उस समय चल रहा था। वारेन वूमर ने अमेरिकी न्यायालय में भारत सरकार तथा म.प्र. सरकार के दावे को निरस्त कराने के लिए जो ढेर सारे तर्क दिए थे उनके खंडन में उनकी भोपाल-यात्रा से जुड़े मुद्दों को शामिल किया जाना चाहिए था, जो नहीं किया गया।

दुर्घटना के समय जो परिस्थितियाँ थीं, उनका वारेन वूमर ने अपने हलफनामे में विस्तार से वर्णन किया है और यूनियन कार्बाइड (भोपाल) की सात इकाइयों का उल्लेख करते हुए कहा है कि प्रत्येक इकाई के प्रमुख भारतीय थे। प्रश्न यह उठता है कि उन इकाई-प्रमुखों की भारतीय नागरिकता होने मात्र से क्या यूनियन कार्बाइड कॉरपोरेशन का दायित्व समाप्त हो गया? यदि ऐसा था तो फिर यूनियन कार्बाइड कॉरपोरेशन की ओर से अमेरिकी नागरिक वारेन वूमर अपने दल-बल के साथ ऑपरेशन फेथ के संचालन हेतु भोपाल क्यों आए? यदि नागरिकता से ही जिम्मेदारी

बनती है, तब वारेन वूमर एवं साथियों की अमेरिकी नागरिकता होने से यूनियन कार्बाइड कॉरपोरेशन की जिम्मेदारी भी आ गई। स्पष्ट है कि वे सब गैस त्रासदी के लिए जिम्मेदार थे और हैं। किंतु जज के फैसले में कोई जिक्र न होने से लगता है कि ये तथा अन्य तथ्य गैस-पीड़ितों की ओर से न्यायालय के समक्ष रखे ही नहीं गए। फैसले में यूनियन कार्बाइड के साक्ष्य के आधार पर लिखा गया है और इसका कोई खंडन नहीं है कि भारत सरकार तथा राज्य सरकार की निरीक्षण इकाइयाँ समय-समय पर यूनियन कार्बाइड कारखाने की जाँच करती थीं; सन् 1981 व 1982 की दुर्घटनाओं के बाद, विशेष रूप से। 1984 की गैस त्रासदी के दो सप्ताह पूर्व, एक नियमित निरीक्षण का भी संकेत है। उधर प्रमुख सचिव (श्रम विभाग) ऐसा रवैया अपनाए हुए थे जैसे उनके विभाग का यूनियन कार्बाइड कारखाने से कोई संबंध ही न हो। फैसले में कही गई बातें यदि सही हैं तो दोषी व्यक्तियों पर जिम्मेदारी निर्धारित की जानी चाहिए थी, अन्यथा उन तर्कों का खंडन न्यायालय में किया जाना चाहिए था।

श्री वूमर के हवाले से ही फैसले में कहा गया है कि दिसंबर 1984 की इस दुर्घटना के बाद तकनीकी विशेषज्ञों की एक टीम ने 193 कर्मचारियों का साक्षात्कार लेना चाहा, किंतु सी.बी.आई. ने केवल दो वरिष्ठ अधिकारियों के साक्षात्कार की सलाह दी। न्यायालय की टिप्पणी से ऐसा आभास मिलता है कि यूनियन कार्बाइड का कारखाना सी.बी.आई. के नियंत्रण में था। अत: यह टेक्निकल टीम इन 193 कर्मचारियों का साक्षात्कार नहीं ले पाई। यह सही नहीं है। यूनियन कार्बाइड कारखाने के प्राय: सभी कर्मी कारखाने का प्रवेश-पत्र लिये हुए थे और कारखाने के लंबे-चौड़े परिसर में ही रहा करते थे। उस परिसर में अनेक भवन थे। वहाँ तो मुख्यत: यूनियन कार्बाइड के ही लोग थे—कौन कहाँ क्या कर रहा है तथा कौन किससे क्या बात कर रहा है—इसपर सी.बी.आई. के मुट्ठी भर लोगों का कोई नियंत्रण नहीं था। वारेन वूमर अपने साथियों सहित दुर्घटना के तत्काल बाद ही अमेरिका से भोपाल आ गए थे और यूनियन कार्बाइड कारखाने में ही पूरे समय रहते थे। स्पष्ट है कि उन लोगों ने जिससे चाहा, संपर्क किया; जो जानकारी चाही एकत्रित की और वापस अमेरिका जाकर न्यायालय में यूनियन कार्बाइड के पक्ष में तथा भारत के खिलाफ लंबा-चौड़ा हलफनामा प्रस्तुत कर दिया। साक्षात्कारवाला तर्क मात्र मुखौटा लगता है। यह कैसा साक्षात्कार था—यह स्पष्ट नहीं है, किंतु शंका होती है कि यूनियन कार्बाइड की टीम शोध कार्य के लिए आँकड़े भी एकत्रित कर रही थी। ऊपर से तो दिखता रहा कि हमारे वैज्ञानिक शोध कर रहे हैं और अंदर-ही-अंदर

दूसरे लोग शोध करके चले गए।

साक्ष्य तक पहुँच के संबंध में न्यायालय के निर्णय में कहा गया है कि भारत सरकार ने अपने अधिकारियों एवं कर्मचारियों को जाँच के दौरान स्वयं प्रस्तुत करने का आश्वासन दिया था। आगे कहा गया है कि उस आश्वासन में म.प्र. शासन के अधिकारियों एवं भोपाल नगर निगम के अधिकारियों का कोई उल्लेख नहीं है। ऐसा उल्लेख क्यों नहीं था, यह भी समझ से परे है; क्योंकि म.प्र. सरकार के राहत आयुक्त एवं कभी-कभार मुख्य सचिव इस मुकदमे के नाम पर अमेरिका जाया करते थे।

जिला जज कीनन के निर्णय में की गई विवेचना को पढ़ने मात्र से स्पष्ट हो जाता है कि हमारी ओर से पर्याप्त साक्ष्य व तर्क प्रस्तुत ही नहीं किए गए। उधर यूनियन कार्बाइड की ओर से ढेर सारे तर्क दिए गए। वूमंर के हलफनामे के उल्लेख से जज कीनन का फैसला भरा पड़ा है। निर्णय (पृष्ठ 61) में भारत सरकार के हवाले से कहा गया है कि भारत के न्यायालय ऐसी जाँच करने के योग्य नहीं हैं, ब्रिटेन की गुलामी के बंधनों के कारण भारत की न्याय-प्रणाली अभी पूरी तरह परिपक्व नहीं हुई है आदि। जज ने आगे लिखा है कि अजीब विडंबना है, क्योंकि यदि इस मामले में अमेरिका के न्यायालय निर्णय करते हैं तो साम्राज्यवादी नीति का यह एक और उदाहरण बनेगा। जो भी हो, शायद हमारे करोड़ों रुपए खर्च हुए और न्यायालय का निर्णय हमारे प्रतिकूल गया। यह समझ में नहीं आता कि यदि कोई ठोस तर्क नहीं था, तब अमेरिका में मुकदमा दायर ही क्यों किया गया?

लोगों की जानें लेना अथवा ऐसे कृत्य करना या लापरवाही करना, जिससे हजारों लोगों की जानें जाएँ और लाखों लोग गंभीर रूप से प्रभावित हों, अक्षम्य अपराध है; किंतु यूनियन कार्बाइड से मात्र 650 करोड़ मुआवजे के लिए समझौते में लगता है कि इस आपराधिक कृत्य को भी माफ कर दिया गया।

अमेरिका में उपर्युक्त मामले के चलते यूनियन कार्बाइड ने भारत के पक्ष को कमजोर करने के लिए न्यायालय में पेशकश की थी कि वह गैस-पीड़ितों की राहत के लिए पचास लाख डॉलर की अंतरिम राहत देना चाहता था। भारत सरकार उनकी चाल समझ गई और इस पेशकश को अस्वीकार कर दिया। तब यूनियन कार्बाइड ने अमेरिका की अरीजोना स्टेट यूनिवर्सिटी के माध्यम से राहत-राशि देने का नाटक रचा।

अप्रैल 1985 में अमेरिका में यह मुकदमा दायर हुआ था और मई 1985 से अरीजोना स्टेट यूनिवर्सिटी के प्रतिनिधि भोपाल में आकर राहत आयुक्त से बैठकें

करने लगे थे। मुख्य सचिव से भी चर्चाएँ होती थीं। राहत आयुक्त और मुख्य सचिव जब अमेरिका जाते तो वहाँ भी इन संपर्कों का दौर चलता। भोपाल सचिवालय में राहत आयुक्त अंग्रेजी में लंबे-चौड़े नोट हाथ से लिखकर मुख्य सचिव को देते, वे उनमें अपनी अंग्रेजी में टीपें दर्ज करते और कुछ समय बाद जब उलझनें आने लगीं तब मुख्यमंत्रीजी को भी टीपें जाने लगीं। वे चुपचाप दस्तखत कर देते—शायद प्रस्तावों की लपेट (Implications) को पूरा समझे बिना। विदेशी सहायता के इस मामले में भारत सरकार से शुरू से ही संपर्क करना चाहिए था, किंतु ऐसा न करके जब भंडाफोड़ होने की नौबत आई तब भारत सरकार की आड़ में मुँह छिपाने के प्रयास किए गए। एक बार तो यह प्रस्ताव भी दे दिया गया कि मुख्यमंत्रीजी भारत सरकार से बात करें। तब शायद मुख्यमंत्रीजी इन लोगों की चालें समझ गए और फाइल पर आगे कोई काररवाई न करने का आदेश दिया।

यूनियन कार्बाइड कॉरपोरेशन के अध्यक्ष वारेन एंडरसन ने अरीजोना स्टेट यूनिवर्सिटी को पत्र द्वारा सूचित किया था कि भोपाल में टेक्निकल एंड वोकेशनल ट्रेनिंग सेंटर खोलने के लिए प्रारंभिक सीड-मनी के रूप में वे बीस लाख डॉलर का अनुदान देंगे। फीजिविलिटी रिपोर्ट तैयार करने के लिए यूनियन कार्बाइड ने डेढ़ लाख डॉलर अरीजोना स्टेट यूनिवर्सिटी को रिलीज भी कर दिया था और लगता है कि उसके प्रोजेक्ट प्रभारी ने यह पैसा बहाना शुरू भी कर दिया था।

शुरू-शुरू में शायद हमारे गैस-राहत आयुक्त को यह पता नहीं था कि अरीजोना स्टेट यूनिवर्सिटी के पीछे यूनियन कार्बाइड था, किंतु यह तो पता था कि वह यूनिवर्सिटी अपनी राशि से कोई सहायता देने नहीं जा रही थी और लोगों से चंदा करना चाहती थी, जो अंततोगत्वा वह नहीं कर पाई; मात्र तीन सौ डॉलर चंदा एकत्रित कर पाई। अतः पर्याप्त राशि के बारे में आश्वस्त हुए बिना ही मध्य प्रदेश सरकार को संबद्ध करने के लिए भोपाल में व्यावसायिक प्रशिक्षण केंद्र खुलने से पूरे म.प्र. के विकलांगों के लाभान्वित होने तथा राज्य के औद्योगिकीकरण की गति में इजाफा होने जैसे खोखले तर्क ये वरिष्ठ अधिकारी देते रहे। जब स्पष्ट हो गया कि यूनियन कार्बाइड के अनुदान से यह सब होने जा रहा था तव भी गैस-राहत आयुक्त घुमा-फिराकर उसको आगे बढ़ाने में लगे रहे, तब तक जब तक मुख्यमंत्रीजी ने प्रकरण को बंद करने का आदेश नहीं दिया। इन काररवाइयों में पारदर्शिता का सर्वथा अभाव था। यदि गैस-राहत आयुक्त यह सब श्रम, समय व साधन आदि अमेरिका में दायर मुकदमे को और अधिक मजबूत करने में लगाते तो शायद भोपाल के अभागे गैस-पीड़ितों को और अधिक राहत मिल पाती।

यूनियन कार्बाइड की पैतृक संस्था एंडरसन की अध्यक्षता वाली यू.सी.सी. पूरी तरह से इस हादसे के लिए जिम्मेदार थी। भोपाल स्थित कारखाने के सभी सूत्र उसके हाथ में थे। सुरक्षा संबंधी अधिकतर उपकरणों ने कार्य करना बंद कर दिया था। इस हादसे से उसे अचंभा नहीं हुआ होगा, क्योंकि उसे सारे हालात मालूम थे। यूनियन कार्बाइड तो कहीं भी मुकदमा चलाने के पक्ष में नहीं था। पहले अमेरिका में मामला चलने का विरोध किया, बाद में भारत में चलाने का। उसके अपने हथकंडे थे, जिनका उपयोग वह करती थी। उसकी घुसपैठ भी जोरदार थी। भोपाल के लोकसभा सदस्य तथा कुछ राजनीतिक दलों ने खुलेआम आरोप लगाया था कि यूनियन कार्बाइड की लॉबी सचिवालय और डॉक्टरों के क्षेत्र में सक्रिय थी। तरह-तरह के आरोप लगाए जा रहे थे। जो भी हो, मेरा मानना है कि उपयुक्त पैरवी के अभाव में हम अमेरिका में वह मुकदमा हारे।

□

गैस-प्रभावित क्षेत्र में राशन एवं दूध का निःशुल्क वितरण

'ऑपरेशन फेथ' (आस्था अभियान) के समय दक्षिण भोपाल में जो कैंप लगाए गए थे, उनमें से काफी लोगों ने ऑपरेशन फेथ का कार्य प्रारंभ होने के दूसरे दिन से ही वापस अपने-अपने घर जाना शुरू कर दिया था। पहले लोगों को डर था कि ऑपरेशन फेथ प्रारंभ होते ही शहर में कुहराम मच जाएगा; किंतु जब लोगों ने देखा कि ऐसा कुछ नहीं हुआ, बल्कि यह कार्य बड़ी शांति के साथ चल रहा है, ऑपरेशन फेथ के समय स्वयं मुख्यमंत्रीजी कारखाने में ही रहते हैं और रात में यह काम बंद रहता है, तब लोगों में विश्वास जागा और भय दूर होने लगा। वैसे भी इन कैंपों में बहुत कम लोग आए थे, ज्यादा-से-ज्यादा बारह-तेरह हजार लोग थे। अधिकतर लोग तो भोपाल छोड़कर काफी दूर चले गए थे, वे जल्दी लौट नहीं सके। इन कैंपों में रहनेवालों में से अधिकतर लोग अपने घर जाकर देख आते थे कि सब ठीक-ठाक है और मकान सुरक्षित है; किंतु भोजन एवं नाश्ता इत्यादि के समय सामान्यत: लोग कैंप में लौट आया करते थे।

जैसे-जैसे समय गुजरता गया और ऑपरेशन फेथ का कार्य गति के साथ होता गया, इन कैंपों में लोगों की संख्या घटती गई, अर्थात् लोग अपने-अपने घर वापस जाने लगे। अनुमान था कि 20-21 दिसंबर तक ऑपरेशन फेथ का कार्य पूरा हो जाएगा और लोग वापस अपने-अपने घर चले जाएँगे।

जब लोग किसी स्थान पर एकत्रित होते हैं तब तरह-तरह की बातें होती हैं और कुछ लोग मुखिया बनकर सामने आ जाते है। यों तो इन कैंपों में रहनेवाले अधिकतर लोग गरीब तबके के थे, किंतु उनमें दो-एक व्यवसाय से वकील भी थे। उन्होंने कुछ लोगों को संगठित किया और यह कहना प्रारंभ कर दिया कि गैस त्रासदी में लोगों के धंधे चौपट हो गए हैं। अब यदि घर जाते भी हैं तो क्या खाएँगे। इसी आधार पर कुछ वित्तीय सहायता दिए जाने की माँग करनी उन्होंने शुरू कर दी।

उनका कहना था कि जब तक उन्हें वित्तीय सहायता नहीं दी जाएगी तब तक वे कैंप छोड़कर नहीं जाएँगे।

राहत-कार्य से जुड़े सचिवालय के अधिकारी बहुत जल्दी घबरा जाते थे और मैदानी अधिकारियों से परामर्श किए बिना तथा विषय के सभी पहलुओं को जाने बिना ही निर्णय ले लेते थे। इस मामले में भी ऐसा ही हुआ। लोगों को चिंता हो गई कि कहीं ऐसा न हो कि लोग कैंप छोड़कर जाएँ ही नहीं। अत: उसके लिए रास्ते ढूँढ़े जाने लगे; किंतु जो रास्ता ढूँढ़ा गया वह अत्यधिक खर्चीला था और कार्यान्वयन करने के दौरान बड़ा ही जटिल कार्यक्रम साबित हुआ। लोग वास्तव में कुछ वित्तीय सहायता की माँग कर रहे थे। यद्यपि यह स्पष्ट नहीं हुआ था कि उन्हें कितनी-कितनी राशि चाहिए, तथापि मेरा खयाल है कि प्रति व्यक्ति तीन सौ से पाँच सौ रुपए तक की राशि यदि दे दी जाती तो लोगों की माँगें पूरी हो जातीं और ऐसे लोग, जिन्हें यह भुगतान करना पड़ता, पाँच-छह हजार से ज्यादा की संख्या में नहीं होते। इस प्रकार अधिक-से-अधिक पच्चीस-तीस लाख रुपए व्यय होते और मामला तुरंत निपट जाता।

सचिवालय के अधिकारी सोचते थे कि नकद वित्तीय सहायता देना उचित नहीं होगा और इसकी बजाय होनेवाले परिणाम का अनुमान लगाए बिना उन्होंने लोगों के कैंप से घर चले जाने पर नि:शुल्क राशन देने का निर्णय ले लिया।

18 दिसंबर, 1984 को सचिवालय के निर्णय में कहा गया कि यूनियन कार्बाइड कारखाने के निकटस्थ ग्यारह नगर निगम वार्डों में रहनेवाले लोग विशेष रूप से गैस रिसन से प्रभावित हुए हैं। उस संपूर्ण क्षेत्र में जनजीवन अस्त-व्यस्त सा चल रहा है, रोजनदारी पर काम करनेवालों को अपने जीवनयापन के लिए रोजगार उपलब्ध नहीं हैं इत्यादि। इसी आधार पर एक सप्ताह के लिए नि:शुल्क राशन-वितरण के लिए जो निर्णय लिया गया, उसकी शर्तें निम्नानुसार थीं—

1. प्रत्येक राशन कार्ड पर सार्वजनिक वितरण की दुकान से प्रति यूनिट तीन किलो अतिरिक्त राशन नि:शुल्क वितरित कराया जाए। इस तीन किलो राशन में दो किलो गेहूँ एवं एक किलो चावल होगा। यदि कोई व्यक्ति चावल न लेना चाहे तो उसके बदले में उतना ही गेहूँ दे दिया जाएगा।

2. यह अतिरिक्त राशन सार्वजनिक वितरण प्रणाली की प्रत्येक दुकान पर राज्य सहकारी विपणन संघ पहुँचाएगा। राशन कार्ड पर उपर्युक्त दरों से गेहूँ व चावल का वितरण विपणन संघ के कर्मचारियों एवं खाद्य विभाग के निरीक्षकों की देखरेख में होगा। पूरी व्यवस्था की देखरेख के लिए प्रत्येक वार्ड में कलेक्टर

(भोपाल) द्वारा भी एक जिम्मेदार अधिकारी तैनात किया जाएगा।

3. एक सप्ताह तक मुफ्त राशन-वितरण के लिए शासन के मोटे-मोटे अनुमान के अनुसार छह सौ क्विंटल गेहूँ और तीन सौ क्विंटल चावल की आवश्यकता अनुमानित की गई। इस खाद्यान्न का भुगतान आयुक्त, भोपाल संभाग को दिए गए दस लाख रुपए में से किया जाना था। यदि उन्हें ज्यादा राशि की आवश्यकता होगी तो वे वित्त सचिव से प्राप्त करेंगे।

4. सार्वजनिक वितरण प्रणाली के दुकानदारों को इस राशन के वितरण के लिए अतिरिक्त तौर पर जो कमीशन दिया जाने वाला था, उसका निर्धारण संचालक, खाद्य एवं नागरिक आपूर्ति द्वारा किया जाना था। इस कमीशन की राशि को खाद्यान्न की लागत में जोड़कर राज्य सहकारी वितरण संघ द्वारा वहन किया जाना था।

5. वितरण पूरा हो जाने के बाद संचालक, खाद्य एवं नागरिक आपूर्ति हितग्राहियों की संख्या तथा वितरित गेहूँ एवं चावल की वार्डवार जानकारी वित्त सचिव को उपलब्ध कराएँगे और राज्य सहकारी विपणन संघ भी अपना अंतिम बिल आयुक्त भोपाल संभाग के समक्ष प्रस्तुत करेगा। अग्रिम में उपलब्ध कराई गई राशि यदि बच जाए तो विपणन संघ उसे आयुक्त, भोपाल संभाग को वापस करेगा।

उपर्युक्त व्यवस्था तत्काल प्रभाव से लागू की गई। 21 दिसंबर, 1984 को वितरण-कार्य प्रारंभ होना था। इसकी प्रतिलिपियाँ मुख्य सचिव, अपर मुख्य सचिव, संबंधित उपसचिव, महापौर (नगर निगम, भोपाल), आयुक्त (भोपाल संभाग, भोपाल), कलेक्टर (भोपाल) एवं सभी संबंधित संस्थाओं को दी गई।

खाद्य सचिव एक निष्ठावान्, योग्य, परिश्रमी एवं जमीन से जुड़े अधिकारी थे। जिस समर्पण भावना से गैस त्रासदी में बचाव एवं राहत-कार्य होना चाहिए था, उस भावना से वे यह कार्य कर रहे थे। इसलिए प्रारंभ से लेकर अंत तक बड़ी मुस्तैदी के साथ प्रत्येक बारीकी में वे गए और ऐसी व्यवस्था बनाई कि किसी बिंदु पर कोई चूक न रह जाए। वास्तव में देखा जाय तो मुफ्त खाद्यान्न-वितरण का कार्य बहुत विशाल एवं कठिन कार्य था और बहुत अधिक जन-बल की आवश्यकता थी। दूसरी ओर खाद्यान्न का प्रदाय कराना, उसका पूरा लेखा-जोखा रखना, अतिरिक्त राशन कार्ड बनवाना इत्यादि के कार्य लाखों लोगों से संबंधित थे। फिर भी समय-समय पर लिये गए निर्णयों एवं योजना के कार्यान्वयन में आनेवाली व्यावहारिक कठिनाइयों का अधिक-से-अधिक पूर्वानुमान लगाकर बनाई गई व्यवस्था की बदौलत पूरा कार्यक्रम बहुत ही सक्षमता के साथ संचालित किया गया।

पुराने भोपाल शहर के जिस गैस-प्रभावित क्षेत्र में उपभोक्ताओं को अनाज

का नि:शुल्क वितरण होना था, उसकी 180 दुकानों को दस सेक्टरों में विभाजित किया गया और प्रत्येक सेक्टर के लिए उपसचिव/अतिरिक्त संचालक स्तर के दस अधिकारियों को सेक्टर कमांडर के रूप में नियुक्त किया गया। इनमें से अधिकतर लोग आई.ए.एस. अधिकारी थे। प्रत्येक सेक्टर कमांडर की सहायता के लिए मैंने एक-एक डिप्टी कलेक्टर, खाद्य निरीक्षक, राजस्व निरीक्षक एवं कई पटवारियों को लगा दिया। डिप्टी कलेक्टरों की संख्या कम थी, अत: जहाँ डिप्टी कलेक्टर देना संभव नहीं हुआ वहाँ अन्य राजस्व अधिकारियों, अर्थात् कम-से-कम नायब तहसीलदार स्तर के अधिकारियों को लगा दिया गया। सेक्टर कमांडर के रूप में नियुक्त करने के लिए इन अधिकारियों के नाम सामान्य प्रशासन विभाग ने मुझे दिए। अत: यह संभव हुआ कि दलों का गठन करके तत्काल (20 दिसंबर, 1984) मैंने आदेश जारी कर दिया। सामान्य प्रशासन विभाग ने 21 दिसंबर को इसके बाबत औपचारिक रूप से लिखकर उनकी सेवाएँ केवल 27 दिसंबर, 1984 तक के लिए दीं। कार्य-भार को देखते हुए यह बहुत कम समय था। बाद में आदेश द्वारा उनकी सेवाएँ 30 दिसंबर, 1984 तक के लिए बढ़ा दी गईं। 30 दिसंबर के बाद ये सचिवालयीन अधिकारी तो चले गए, उनके स्थान पर अन्य अधिकारियों को सेक्टर कमांडर बनाया गया।

वास्तव में प्रत्येक सेक्टर में दो तरह के कार्य थे। एक तो जिन लोगों के पास राशन कार्ड थे, उन्हें अनाज का वितरण कराना और जिन लोगों के पास राशन कार्ड नहीं थे, उन्हें अस्थायी राशन कार्ड बनाकर देना, ताकि उसपर वे राशन ले सकें। अधिकतर सेक्टर कमांडरों ने तो उनको दिए गए स्टाफ से काम करा लिया, किंतु कुछ सेक्टर कमांडरों ने अतिरिक्त स्टाफ की माँग की थी। इसलिए आदेश दिनांक 22 दिसंबर, 1984 द्वारा चार सेक्टरों के लिए अतिरिक्त स्टाफ हमारे द्वारा दिया गया। उन आदेशों में यह भी स्पष्ट कर दिया गया कि अमुक-अमुक लोग अस्थायी राशन कार्ड बनाने के लिए हैं और अमुक-अमुक लोगों का कार्य अनाज के वितरण की व्यवस्था देखना है। चादंबड एवं जहाँगीराबाद क्षेत्र के लिए काफी स्टाफ दिया गया।

उपर्युक्त के साथ-साथ प्रत्येक सेक्टर में स्थित सार्वजनिक वितरण प्रणाली की दुकानों का पूरा विवरण, जैसे—दुकान का स्थान, दुकानदार का नाम, कार्ड संख्या एवं उनमें यूनिट की संख्या इत्यादि का विवरण देते हुए सूचियाँ भी प्रसारित की गईं और इन दलों को दी गईं, जिनसे उन्हें अपने-अपने कार्यभार का आकार मालूम हुआ तथा कार्य-निष्पादन में सुविधा हुई। इस प्रकार 180 उचित मूल्य की दुकानों में राशन कार्डों की संख्या 72010 एवं यूनिट की संख्या 382084 थी।

अस्थायी राशन कार्ड बनाने के लिए जो आवेदन-पत्र प्राप्त हुए थे, उनमें ध्यान देने योग्य महत्त्वपूर्ण बातों के बाबत खाद्य सचिव द्वारा विस्तृत निर्देश जारी किए गए थे। वे इस प्रकार थे—

1. प्राप्त आवेदन-पत्रों को सेक्टर कमांडर मोहल्लेवार छँटवाकर एक मोहल्ले के आवेदन-पत्र एक ही या आवश्यकतानुसार अधिक व्यक्ति को जाँच के लिए देंगे।

2. जाँच अधिकारी आवेदन-पत्र में बताए हुए मकान पर पहुँचकर आवेदन-पत्र में दिए गए तथ्यों की जाँच विशेष तौर पर निम्नलिखित बातों की करेंगे—

क. आवेदक को उसका आवेदन-पत्र दिखाए बिना उससे सदस्यों के नाम, उम्र एवं संबंध की पूछताछ करके आवेदन-पत्र में दिए गए विवरण का सत्यापन करेंगे।

ख. आवेदक से पूछा जाए कि उसके परिवार में किसी अन्य व्यक्ति के नाम से राशन कार्ड है अथवा नहीं। यदि किसी सदस्य के नाम से राशन कार्ड है तो उस राशन कार्ड पर किस दुकान से राशन मिलता है। अस्थायी राशन कार्ड की पात्रता तभी होगी, जब परिवार के किसी सदस्य के नाम से पूर्व से राशन कार्ड न हो।

ग. आवेदक उस मकान में कब से रह रहा है ?

घ. यदि आवेदक लंबे समय से उस मकान/भोपाल में निवास कर रहा है तो उनसे पूछा जाए कि अभी तक राशन कार्ड न लेने का क्या कारण है।

ङ. परिवार के वयस्क लोगों के व्यवसाय की तथा मासिक आय की भी जानकारी ज्ञात कर अंकित की जाए।

च. जाँच अधिकारी, आवेदक एवं उसके परिवार के सदस्यों से शिष्टता के साथ व्यवहार करें और किसी भी स्थिति में किसी घर के अंदर न जाएँ। पर्दानशीन महिलाओं से वही जानकारी ली जाए जो वे स्वेच्छा से दें; उनसे ज्यादा पूछताछ न की जाए।

छ. यह देख लिया जाए कि आवेदक द्वारा सभी आवश्यक विवरण दिए गए हैं या नहीं; यदि कोई और विवरण वांछित हो तो आवेदन-पत्र पूर्ण करा लिया जाए।

ज. जाँच अधिकारी जाँच के पश्चात् आवेदन-पत्र पर अपनी स्पष्ट अनुशंसा करें। यदि अस्थायी राशन कार्ड देना अनुशंसित किया जाए तो उस संबंध में स्पष्ट लिखें कि कितने लोगों के लिए राशन कार्ड देना अनुशंसित

किया जा रहा है। यदि अस्थायी राशन कार्ड देने की अनुशंसा नहीं की गई है तो स्पष्ट करें कि किन-किन कारणों से राशन कार्ड देना अनुशंसित नहीं किया जा रहा है, ताकि निर्णय लेने में दिक्कत न हो।

झ. बारह वर्ष तक की उम्र के बच्चों का आधा यूनिट और इससे ऊपर के सदस्य को एक यूनिट माना जाएगा।

27 दिसंबर, 1984 को अपराह्न 3 से 6.30 बजे तक पाँच सौ शिक्षकों को हमने राशन कार्ड बनाने के कार्य का प्रशिक्षण दिया।

इस प्रकार इन अधिकारियों को स्पष्ट एवं विस्तृत निर्देश दिए गए थे कि नए राशन कार्ड बनाने में क्या-क्या सावधानी बरतनी है और मुफ्त राशन-वितरण किस प्रकार किया जाना है। अधिकतर अधिकारियों ने बड़ा अच्छा कार्य किया; किंतु कुछ अधिकारियों ने काफी संभ्रम भी उत्पन्न किया। एक वरिष्ठ आई.ए.एस. अधिकारी ने अपना कार्य पूरा करके 31 दिसंबर, 1984 को जाते समय एक नोट आयुक्त, भोपाल संभाग, खाद्य सचिव व मुझे दिया, जिसमें लिखा कि उनके द्वारा मुफ्त राशन वितरण व्यवस्था को सुव्यवस्थित किया गया और जिन व्यक्तियों के पास राशन कार्ड नहीं थे उनको राशन कार्ड दिए गए। इस प्रकार 28 दिसंबर तक तैयार किए गए राशन कार्डों की संख्या 1931 तक पहुँच चुकी है। उन्होंने आगे लिखा कि—

> 'इस संबंध में आयोजित बैठकों के दौरान मेरे द्वारा इस बात को बार-बार ध्यान में लाया गया कि जिस गति से कार्ड बनाए जा रहे हैं, उसमें भारी गलतियाँ होने की संभावना है तथा एक ही व्यक्ति द्वारा कई कार्ड बनवा लिये जाने की स्थिति को भी निरस्त नहीं किया जा सकता। यह कार्य 30 दिसंबर, 1984 को जोन क्रमांक 3 में समाप्त कर दिया जा रहा है। लेकिन संभवत: चूँकि शासन इन्हीं कार्डों के आधार पर अगले दो माह तक मुफ्त राशन वितरण की व्यवस्था करने वाला है, अत: संभव है कि बोगस कार्ड के आधार पर कई अनधिकृत व्यक्तियों द्वारा राशन प्राप्त कर लिया जाएगा। चूँकि समयाभाव के कारण विस्तृत जाँच संभव नहीं थी, अत: उचित होगा कि इस संबंध में ऐसे कदम उठाए जाएँ, जिनसे कार्ड-वितरण में हुई त्रुटियों को यथाशीघ्र सुधार लिया जाए।'

इन वरिष्ठ अधिकारियों को अच्छी व बड़ी टीम के साथ भेजा गया था कि मौके पर घर-घर जाकर जाँच करके सही नए राशन कार्ड बनाएँ और उनको सौंपें। इन सज्जन ने राशन कार्ड तो दिया और जाते-जाते खुद ही बोगस राशन कार्ड बनने

की संभावना व्यक्त कर दी और कह गए कि जाँच ठीक से नहीं हुई है। जल्दी काम करने का उद्देश्य यह तो नहीं था कि बिना छानबीन किए नए राशन कार्ड दे दिए जाएँ। जब ढेर सारे लोग सहायता के लिए दे दिए गए थे, तब यह पूरी तरह से संभव था कि जो लोग राशन कार्ड न होने के आधार पर नया राशन कार्ड माँग रहे थे, उनके आवेदन-पत्रों की जाँच मौके पर ठीक से करके उसी अनुसार काररवाई करते। प्रत्येक सेक्टर में उचित मूल्य की दुकानें एवं राशन कार्ड की संख्या का विवरण पहले ही उन्हें दे दिया गया था। अत: सा.वि. प्रणाली की दुकान से भी छानबीन कर सकते थे। यह सोचने की बात है कि भारी-भरकम अतिरिक्त स्टाफ जिस कार्य को न कर पाए तो उनके जाने के बाद कम स्टाफ से उनकी चूकों को दुरुस्त करना कैसे संभव होता?

पहले तो केवल एक सप्ताह के लिए मुफ्त राशन-वितरण की योजना थी, किंतु इसे और आगे बढ़ाने की माँग का दबाव शासन पर बढ़ता जा रहा था तथा यह लगभग निश्चित हो गया था कि दो माह और मुफ्त राशन का वितरण किया जाएगा। शासन के औपचारिक आदेश प्रतीक्षित थे। इसी बीच 10 सेक्टर कमांडर लोग अपना कार्य पूरा करके वापस जाने की तैयारी में थे। एक उच्च स्तरीय बैठक में निर्णय लिया गया था कि चूँकि अस्थायी राशन कार्ड केवल एक बार राशन के लिए था। अत: राशन देने के बाद इन अस्थायी राशन कार्डों को संबंधित व्यक्ति को वापस न किया जाए, बल्कि सा.वि. प्रणाली की दुकान में जमा करा लिया जाए। तदनुसार कार्य प्रारंभ हो गया था। इसी बीच एकाएक यह निर्णय हो गया कि मुफ्त राशन की व्यवस्था दो माह और आगे जारी रखी जाए। स्पष्ट था कि जिन लोगों को अस्थायी राशन कार्ड मिला था, उन्हें भी आगे मुफ्त राशन देना था। उनके अस्थायी राशन कार्ड सा.वि. प्रणाली की दुकान में चले जाने से खतरा यह था कि एक ओर वह गलत हाथ में जा सकता था और दूसरी ओर उचित मूल्य का दुकानदार इस कार्ड का दुरुपयोग कर सकता था। इसलिए उच्च स्तर पर चर्चा करके मैंने तत्परता के साथ तुरंत कदम उठाया और सभी सेक्टर कमांडर को और जहाँ सेक्टर कमांडर वापस चले गए थे, वहाँ पर प्रभारी सेक्टर कमांडर को यह अर्द्धशासकीय पत्र 2 जनवरी, 1985 को भेजा—

'प्रिय श्री,

जैसा आप जानते हैं—दिसंबर 1984 में राशन कार्ड से प्रति यूनिट तीन किलो अनाज दिया गया है। बहुत से लोगों के पास राशन कार्ड नहीं थे। अत: उनसे आवेदन-पत्र प्राप्त होने पर एक अभियान चलाकर अस्थायी राशन कार्ड बनाए

गए और उन्हें भी मुफ्त राशन उसी दर से दिया गया। ये अस्थायी राशन कार्ड इसी मुफ्त अनाज-वितरण के लिए बनाए गए थे तथा उच्च स्तरीय बैठक में लिये गए निर्णय के अनुसार राशन देने के बाद राशन कार्ड को उसी सा.वि. प्रणाली की दुकान पर मार्केटिंग फेडरेशन के प्रतिनिधि के पास ही रखवा लिये गए थे।

बाद में शासन का निर्णय हमें बताया गया कि जनवरी और फरवरी 1985 में भी प्रति यूनिट पर बारह किलो अनाज दिया जाएगा। तदनुसार काररवाई हो रही है। इसलिए यह जरूरी है कि जो अस्थायी राशन कार्ड बाद में बनाए गए थे, वे संबंधित राशन कार्डधारी को दे दिए जाएँ। अतः तदनुसार काररवाई करें और यह सुनिश्चित करें कि अस्थायी राशन कार्ड सही व्यक्ति को ही वापस किया जाए। यह सुनिश्चित करना आवश्यक है कि राशन कार्ड सही व्यक्ति को ही मिलें, गलत व्यक्ति को नहीं।

प्राप्त जानकारी के अनुसार, अस्थायी राशन कार्ड के लिए पैंतीस हजार से अधिक आवेदन-पत्र प्राप्त हुए हैं। उनमें से बाईस-तेईस हजार अस्थायी राशन कार्ड बनवाकर वितरित किए जा चुके हैं। शेष में से अधिकतर आवेदन-पत्र पात्रता न होने के कारण निरस्त किए गए हैं। जिनके आवेदन-पत्र निरस्त किए गए हैं वे यहाँ-वहाँ अस्थायी राशन कार्ड लेने के प्रयास में लगे रहते हैं और कहते हैं कि उन्हें आवेदन-पत्र निरस्त होने की जानकारी नहीं है। अतः एक बैठक में लिये गए निर्णय के अनुसार अनुरोध है कि ऐसे निरस्त आवेदन-पत्रों की सूची सा.वि. प्रणाली की दुकानों में लगा दी जाए।

भवदीय

मोती सिंह'

इस प्रकार यह व्यवस्था की गई कि अस्थायी राशन कार्ड सही व्यक्तियों को दे दिए जाएँ और चूँकि सेक्टर कमांडरों ने उनके दल के द्वारा ही मौके पर घर-घर जाकर जाँच कराने के पश्चात् ये अस्थायी राशन कार्ड बनाए थे, अतः उनके लिए यह संभव था कि आवश्यक होने पर घर-घर जाकर सही व्यक्ति को राशन कार्ड लौटाएँ। इन अस्थायी राशन कार्डों पर ही इन लोगों को आगे का राशन दिया जाना प्रारंभ हुआ। यहाँ यह उल्लेखनीय है कि लोगों में न तो इतना धैर्य था और न ही प्रशासन कहता था कि जिनके पास अस्थायी राशन कार्ड नहीं हैं वे नियमित राशन कार्ड की प्रतीक्षा करें। अस्थायी राशन कार्ड के लिए प्रथम चरण में जो पैंतीस हजार आवेदन-पत्र मिले थे, उसमें बाइस-तेईस हज़ार अस्थायी राशन कार्ड बड़ी उदारतापूर्वक

बनवाकर वितरित किए गए और शेष आवेदन-पत्र निरस्त किए गए।

सन् 1985 के जनवरी तथा फरवरी में बारह किलो प्रति यूनिट की दर से मुफ्त खाद्य वितरण के लिए शासन ने स्पष्ट एवं विस्तृत औपचारिक आदेश 4 जनवरी, 1985 को जारी किए। बारह किलो खाद्यान्न में से नौ किलो गेहूँ एवं तीन किलो चावल होना था और भी बहुत सारे निर्देश दिए गए थे। बाद में आम जनता की माँग पर शक्कर व तेल भी प्रदाय किया गया। समय भी बढ़ता गया और लंबे अरसे तक वितरण हुआ।

जैसे ही गैस-प्रभावित क्षेत्र में मुफ्त खाद्यान्न वितरण का प्रश्न उठा था वैसे ही इस बात पर विवाद छिड़ गया कि गैस-प्रभावित क्षेत्र में कौन-कौन से वार्ड आते हैं। इस विषय पर सचिवालय की नीति बहुत ही ढुलमुल थी, जन प्रतिनिधियों का तो दबाव उनपर था ही, किंतु गुण-दोष के आधार पर उन्होंने हम लोगों से कोई राय नहीं ली और न कोई आदेश जारी किया, बल्कि बात को यों ही टालते रहे। नगर निगम के ग्यारह वार्डों में मुफ्त खाद्यान्न वितरण का कार्य शुरू हुआ था। बाद में क्षेत्र बढ़ता गया और राशन कार्डों की संख्या भी बढ़ती गई। मई '85 की स्थिति के अनुसार पुराने भोपाल शहर की सा.वि. प्रणाली की 180 दुकानों के अलावा जनवरी '85 में लिये गए निर्णय के मुताबिक नब्बे झुग्गी बस्तियों के निवासियों को 31 अतिरिक्त सा.वि. प्रणाली की दुकानों से मुफ्त राशन-वितरण कराया गया। ये झुग्गी बस्तियाँ लगभग पूरे भोपाल में थीं। पुराने भोपाल शहर में प्रचलित 72,010 स्थायी राशन कार्डों के अलावा साठ हजार आवेदन-पत्रों के विरुद्ध लगभग बत्तीस हजार अस्थायी राशन कार्ड अप्रैल '85 तक जारी हुए थे और लगभग पंद्रह हजार आवेदन-पत्र अभी जाँच के लिए लंबित थे। 21 दिसंबर, 1984 से 17 मई, 1985 तक आठ करोड़ रुपए से भी अधिक की राशि का मुफ्त राशन वितरित किया जा चुका था।

गैस त्रासदी के संबंध में सभी वरिष्ठ अधिकारी सचिवालय में ही चर्चा करते थे और वहीं निर्देश देते थे। किसी ने कभी भी मुझसे मौका देखने की इच्छा व्यक्त नहीं की। कुछ मामलों में मैंने सुझाव भी दिया, किंतु उसे अनसुना कर दिया गया। खाद्य सचिव इसके अपवाद थे। बाद में सचिव, राज्य राहत समिति ने निर्णय लिया कि प्रतिदिन एक से दो बजे अपराह्न तक वे नगर निगम कार्यालय में बैठा करेंगी। समय मिलने पर कभी-कभार मैं भी वहाँ जाया करता था। सचिव भी कभी-कभार मुझे बुलाया करती थीं, तब मैं जरूर जाता था।

ऐसी ही एक बैठक में 21 जनवरी, 1985 को डॉ. आर.के. विसार्या (महापौर

नगर निगम, भोपाल) ने सचिव, राज्य राहत समिति के समक्ष एक साधारण कागज में मुद्रलिखित निम्नानुसार टीप मुझे दी—

'' 'निम्नलिखित वार्डों को गैस-प्रभावित क्षेत्र माना जाएगा। वार्ड क्रमांक, 5 6……………54 एवं 55

हस्ता.	हस्ता.—के. एन. प्रधान
आर.के. विसार्या	उपाध्यक्ष
	राज्य स्तरीय भोपाल
	त्रासदी राहत समिति

सत्य प्रतिलिपि
आर.के. विसार्या''

इस टीप के नीचे महापौर ने अंग्रेजी में लिखा कि मुख्यमंत्रीजी के चैंबर में आयोजित बैठक में चाहे-अनुसार उपर्युक्त सूची एतद् द्वारा भेजी जा रही है और इसे भोपाल कलेक्टर को (अर्थात् मुझे) अंकित कर दी। भोपाल के छप्पन वार्डों में से चालीस वार्डों के नंबर उक्त टीप में अंकित थे। सचिव, राज्य राहत समिति ने यह सब देखा व सुना, किंतु वे खामोश रहीं।

यह शासन का आदेश नहीं था, सिर्फ अशासकीय लोगों की टीप मात्र की प्रतिलिपि थी। उसपर शासन ही औपचारिक आदेश जारी कर सकता था; किंतु ऐसा कोई आदेश जारी नहीं किया गया था। इसलिए उसी दिन, अर्थात् 21 जनवरी को ही, मैंने सचिव, पंचायत एवं ग्रामीण विकास विभाग, जो राज्य स्तरीय समिति की सचिव भी थीं, को अर्द्धशासकीय पत्र भेजकर इन वार्डों का क्रमांक भेजते हुए उनका मार्गदर्शन चाहा; किंतु कोई उत्तर नहीं आया, अर्थात् सचिवालय अनिर्णय की स्थिति में था।

मुफ्त राशन प्रदाय का कार्य लगभग पूरे पुराने भोपाल में होने और कई लाख लोगों से संबंधित होने के कारण बहुत विशाल कार्यक्रम था। सभी ओर से खींचतान व दबाव के कारण स्थिति कठिन थी। लोगों में अधिक-से-अधिक फर्जी राशन कार्ड बनवाने व मुफ्त खाद्यान्न हड़पने की मानो होड़-सी लगी थी। सा.वि. प्रणाली के दुकानदार भी अपना कमाल दिखा रहे थे। कुछ दुकानों में तो हमने सैकड़ों फर्जी राशन कार्ड पकड़े थे। आयकर देनेवाले लोग तक मुफ्त राशन पा रहे थे। जिस हड़बड़ी व जल्दबाजी में यह कार्य प्रारंभ हुआ था, वह कुछ तो स्वाभाविक था और अस्थायी राशन कार्ड बनाने के लिए जो निर्देश जारी किए गए थे, उनका पालन जिन

सेक्टरों में ठीक से नहीं हुआ, वहाँ भर्रेबाजी ज्यादा ही हो गई।

राशन-वितरण में तथा नए राशन कार्ड बनने के संबंध में शिकायतों का तो अंबार लग रहा था। खाद्य सचिव को पूरे कार्यक्रम के सभी पहलुओं का उच्च कोटि का व्यावहारिक ज्ञान था। वे अनुकरणीय निष्ठा व परिश्रम से पूरे कार्यक्रम का संचालन करा रहे थे। सप्ताह में एक दिन वे सभी संबद्ध एजेंसियों के प्रमुखों की बैठक लिया करते थे। बैठक भी वल्लभ भवन में न लेकर या तो मार्क-फेड के ऑफिस में या किसी अन्य संबद्ध कार्यालय में लेते थे। इन बैठकों में सभी समस्याओं का निराकरण किया जाता था और अगले सप्ताह में आनेवाली समस्याओं का पूर्वानुमान लगाकर विचार किया जाता था। अत: इन बैठकों से बहुत लाभ हुआ। कलेक्टर कार्यालय की ओर से मैं स्वयं इन बैठकों में भाग लेता था। मैं तो बचाव एवं राहत के सभी कार्यक्रमों से जुड़ा हुआ था, प्रतिदिन औसतन आठ-दस बैठकों तक में भाग लेना पड़ता था। उसी के साथ-साथ विभिन्न कार्यक्रमों के कार्यान्वयन के सिलसिले में प्रभावित क्षेत्रों में हो रहे कार्यों का पर्यवेक्षण और मार्गदर्शन करने जाना पड़ता था, बार-बार कंट्रोल रूम जाकर स्थिति का जायजा लेना व निर्देश देना पड़ता था। अत: मैं चाहते हुए भी कुछ बैठकों में स्वयं नहीं जा पाता था।

भोपाल शहर में जहाँ कहीं भी मैं जाता था वहाँ ढेर सारी समस्याएँ उठाई जाती थीं, जिनका हल हमें करना होता था। इस प्रकार हर समय मेरे पास दर्जनों समस्याएँ हुआ करती थीं। उदाहरण के लिए, नगर निगम कार्यालय में राज्य स्तरीय समिति के उप कार्यालय में एक दिन निम्नलिखित चार समस्याएँ मेरे समक्ष लाई गईं—

1. राजेंद्र नगर कॉलोनी में व्यवस्था न होने से मुफ्त दूध वितरण की व्यवस्था।
2. अशोका गार्डेन में गैस-पीड़ित बहुत सारे लोगों के लिए उपयुक्त चिकित्सा की व्यवस्था।
3. मुफ्त राशन-वितरण के संबंध में अशोका गार्डेन में सा.वि. प्रणाली की दुकान नहीं थी। अत: आवश्यक व्यवस्था करने के बाबत।
4. रेलवे स्टेशन क्षेत्र में केवल रेलवे के कर्मचारियों को ही सारी सुविधाओं का लाभ मिल रहा था, अन्य लोगों को नहीं। अत: ऐसी व्यवस्था बनानी थी कि सभी लोगों को शासन के कार्यक्रमों का लाभ मिले।

उसी दिन सभी संबंधित लोगों को आवश्यक लिखित निर्देश दिए गए और मॉनीटरिंग करके पालन सुनिश्चित किया गया। ऐसी ही ढेर सारी समस्याएँ दिन भर हर जगह लाई जाती थीं और उनका निराकरण तत्परता से कराया जाता था

मुफ्त दूध-वितरण

श्रीमती सरोज सिंह की अध्यक्षतावाली उप समिति की अनुशंसा पर आयुक्त, भोपाल संभाग ने गैस त्रासदी के तत्काल बाद गर्भवती महिलाओं, स्तनपान करानेवाली महिलाओं तथा छोटे बच्चों के लिए मुफ्त दूध-वितरण प्रारंभ कराया था। मेरे एक अतिरिक्त कलेक्टर के प्रभार में यह कार्य हो रहा था। शेष सात अधिकारी एवं पचास ग्राम सहायक (पंचायत एवं सहायक समाज कल्याण विभाग) के लगाए गए थे। बाद में वे कार्य छोड़कर चले गए। तब इनके स्थान पर शिक्षकों को लगाया गया। संभागीय आयुक्त ने काफी रुचि लेकर इस कार्यक्रम को बड़ी कुशलतापूर्वक संचालित कराया।

असामाजिक स्वार्थी तत्त्व यहाँ भी अपना खेल खेल रहे थे। जिन मोहल्लों में मुफ्त दूध बँटता था वहाँ से कहीं-कहीं पर वे दूध लूटकर अन्य मोहल्लों में बेचा करते थे। लोगों ने मुझे बताया था कि गैस प्रभावित राजेंद्र नगर मोहल्ला छूट गया था, मौका देखकर वहाँ भी मैंने मुफ्त दूध वितरण शुरू कराया। कुछ असामाजिक तत्त्वों ने विरोधस्वरूप उत्पात मचाया और दूध के बरतनों को उलटकर पूरा दूध बहा दिया, ताकि लूटकर जो दूध वे लाया करते थे वह वहाँ बिकता रहे। जब मोहल्ले में जाकर मैंने ऐसे तत्त्वों के खिलाफ सख्त काररवाई की धमकी दी तब फिर वहाँ व्यवस्थित ढंग से मुफ्त दूध बँटना प्रारंभ हुआ।

शुरू-शुरू में रेड क्रॉस सोसाइटी ने 178 टन स्किम्ड मिल्क पाउडर उपलब्ध कराया था। अत: उसी के एवज में 'भोपाल दुग्ध संघ' दूध प्रदाय कर रहा था। बाद में शासन द्वारा दी गई राशि से संभागीय आयुक्त, भोपाल दुग्ध संघ को भुगतान कर रहे थे। इस प्रकार गैस-प्रभावित क्षेत्र में 28 केंद्रों के माध्यम से लगभग उनतीस हजार लीटर से भी ज्यादा दूध प्रतिदिन मुफ्त बाँटा जा रहा था। 19 मई, 1985 तक लगभग एक करोड़ रुपए का दूध वितरित किया जा चुका था।

□

सर्वे और आर्थिक सहायता

सन् 1984 के दिसंबर के अंत अथवा 1985 की जनवरी में टाटा इंस्टीट्यूट ऑफ सोशल साइंसेज (मुंबई) की एन.एस.एस. यूनिट के व्याख्याता खलील अहमद मुझसे मिले और इंस्टीट्यूट के संचालक डॉ. कु. अरमाइती एस. देसाई का एक पत्र दिया। पत्र का सारांश था कि उस संस्था के स्टाफ के सदस्य व छात्रगण भोपाल गैस त्रासदी से काफी दुःखी हुए हैं और राहत-कार्य में वहाँ के लोग हाथ बँटाना चाहते हैं। आंध्र प्रदेश, तमिलनाडु तथा उड़ीसा में तूफान से हुई तबाही, मोरवी की बाढ़ और बँगलादेश के शरणार्थियों के राहत-कार्य इत्यादि के पुराने अनुभवों का हवाला भी इस पत्र में दिया गया था। संयोग से खलील अहमद भोपाल के शाहजहाँनाबाद मोहल्ले के ही निवासी थे। मैंने उनसे विस्तारपूर्वक चर्चा की।

मैंने उन्हें बताया कि स्वयंसेवक तो बहुत आ रहे हैं, किंतु उनकी ज्यादा आवश्यकता नहीं है। टाटा इंस्टीट्यूट ऑफ सोशल साइंसेज के अनुभव को देखते हुए क्यों न वे कोई ज्यादा महत्त्वपूर्ण कार्य करें। प्रतिदिन जो सैकड़ों लोग मुझसे मिलने आते थे और आर्थिक सहायता इत्यादि न मिलने की शिकायत करते थे, वह सब मेरे मस्तिष्क में था। शासन के अलावा स्वयंसेवी संस्थाओं एवं आम जनता ने भी पीड़ित लोगों की भरपूर सहायता की थी। इस प्रकार लोगों को अनेक स्रोतों से सहायता मिल रही थी। मैं यह जानना चाह रहा था कि कितने-कितने लोगों/परिवारों को क्या-क्या सहायता मिली और ऐसे कौन से लोग हैं, जिन्हें कोई भी सहायता नहीं मिली या अपर्याप्त सहायता मिली, ताकि हम उसी के अनुसार सहायता दिलाने के लिए प्रयास करते। खलील अहमद इससे सहमत हुए। इसी चर्चा के दौरान उन्होंने बताया कि मुझसे मिलने के बाद वे पंचायत एवं समाज-कल्याण विभाग के सचिव-सह सचिव, गैस-राहत समिति से भी मिलने वाले हैं। मैंने उन्हें सुझाव दिया कि अच्छा तो यह होगा कि वे सर्वे का कार्य करें, जिससे पता चल सके कि किन-किन लोगों या परिवारों को अभी सहायता की जरूरत है। मैंने यह भी कहा कि पंचायत

एवं समाज-कल्याण सचिव से वे मुलाकात के समय इस संबंध में भी चर्चा करें। चर्चा के बाद खलील अहमद चले गए और स्पष्ट है कि पंचायत एवं समाज-कल्याण सचिव से मिले। मुझे आशा थी कि समाज-कल्याण सचिव से मिलने के बाद वे पुनः मुझसे मिलने आएँगे और हम सर्वे का कार्य संगठित करेंगे; किंतु ऐसा नहीं हुआ। कुछ समय बाद पता चला कि समाज-कल्याण सचिव इन सुझावों से सहमत हो गई थीं और सर्वे का कार्य ले लिया गया था।

इस सर्वे से जुड़ने की अपनी इच्छा का जिक्र एक बार जब मैंने संभागीय आयुक्त से किया तो वे बोले, 'आप खैर मनाइए कि आप इस कार्य से बच गए। आप क्या-क्या करेंगे ?' इस नेक सलाह का महत्त्व मेरी समझ में तब आया जब सर्वे पर गंभीर विवाद उठे। दूसरी ओर मन में यह भी आया कि त्रुटिपूर्ण सर्वे के कारण जो जानकारी मैं एकत्र करना चाह रहा था, वह न हो पाई। व्यस्तता इतनी अधिक थी कि चाहते हुए भी मुझे यह देखने का अवसर नहीं मिला कि समाज कल्याण विभाग के अधीन सर्वे किस प्रकार चल रहा था।

आर्थिक सहायता वितरित करने में जो गंभीर कमियाँ रह गई थीं, उससे अनेक विवाद उठते रहे और शासन पर यह दबाव आता रहा कि जिन गैस-पीड़ितों को वित्तीय सहायता नहीं दी गई है, उन्हें तुरंत दी जाए। वित्त विभाग ने विशेष सचिवों द्वारा करोड़ों रुपए की वित्तीय सहायता गैस-पीड़ितों में बँटवाई तो थी, किंतु समन्वय व इच्छाशक्ति के अभाव में वे कोई हिसाब-किताब ठीक से नहीं रख पाए। किस-किसको कितनी-कितनी राशि दी गई, इस जानकारी के अभाव में यह तय करना संभव नहीं था कि जो गैस-पीड़ित वित्तीय सहायता की माँग कर रहे थे उन्हें सहायता राशि मिल चुकी है या नहीं और यदि मिल चुकी है तो कितनी ? जिस ढंग से राशि बाँटी गई थी, उससे अन्य गैस-पीड़ितों में वित्तीय सहायता प्राप्त करने की लालसा होना स्वाभाविक था। जब उसकी पूर्ति नहीं हुई तो वह असंतोष में बदलती गई लेकिन वित्त विभाग ने गैस-पीड़ितों के रोष की परवाह नहीं की और यह कार्य यहीं पर अधूरा छोड़ दिया।

ऐसा लगता है कि उपर्युक्त समस्या से निजात पाने के लिए तथा गैस-पीड़ितों के रोष को ओझल करने के लिए एक अन्य कदम उठाया गया, जो और भी उलझनपूर्ण साबित हुआ।

फरवरी के पूर्वार्द्ध में शासन ने निर्णय लिया कि टाटा इंस्टीट्यूटवाले सर्वे के आधार पर ऐसे गैस-पीड़ित परिवार, जिनकी मासिक आय पाँच सौ रुपए या इससे कम थी, को पंद्रह सौ रुपए प्रति परिवार वित्तीय सहायता दी जाए। निर्णय हो गया

और घोषणाएँ भी हो गईं। संभवतः फरवरी में टाटा इंस्टीट्यूट का सर्वे भी पूरा हो गया; किंतु जिन्हें वित्तीय सहायता दी जानी थी, उनकी सूचियाँ पंचायत एवं समाज-कल्याण सचिव नहीं बनवा सकीं। विलंब होता गया, लोगों में असंतोष बढ़ता रहा और अखबारों में तरह-तरह की बातें छपती रहीं, किंतु सचिवालय कार्य में कोई गति नहीं पकड़ सका। वित्तीय सहायता के जो भुगतान कराए गए थे, उसके अपने अनुभव थे। शायद इसलिए भी सचिवालय को हिम्मत नहीं हो रही थी कि वह यह कार्य कराए। अनिर्णय की इसी स्थिति में समय गुजरता गया।

जब शोर-शराबा ज्यादा हुआ तब अप्रैल 1985 के प्रथम सप्ताह में सचिवालय में यह निर्णय लिया गया कि इस वित्तीय सहायता का वितरण सचिवालय स्तर से न कराकर जिला प्रशासन से कराया जाए, किंतु उसके लिए कोई औपचारिक आदेश जारी नहीं किया गया। जब ज्यादा दबाव पड़ा तब समाज-कल्याण सचिव, जो राज्यस्तरीय राहत समिति की सचिव भी थीं, के द्वारा 2835 हितग्राहियों की सूची उनके ज्ञापन दिनांक 11 अप्रैल, 1985 द्वारा मेरे पास भेजी गई। वित्तीय सहायता देने का औपचारिक आदेश तो काफी विलंब से (30 मई, 1985 को) शासन द्वारा जारी किया गया, किंतु उसकी शर्तें पहले ही बता दी गईं और उसी अनुसार काररवाई प्रारंभ हो गई। इस आदेश (दिनांक 30 मई, 1985) में भुगतान की पात्रता इत्यादि के बाबत जो शर्तें थीं, उसके मुख्य बिंदु इस प्रकार थे—

1. गैस प्रभावित क्षेत्र के सर्वेक्षित परिवारों में से शारीरिक रूप से प्रभावित एवं आर्थिक रूप से कमजोर परिवारों को पंद्रह सौ रुपए की राशि प्रति परिवार की दर से दी जाए।

2. परिवार की कुल मासिक आय पाँच सौ रुपए या इससे कम हो और गैस-रिसन के कारण परिवार के सभी सदस्य या कोई सदस्य शारीरिक रूप से प्रभावित हुए हो।

3. आयुक्त (भोपाल संभाग), सचिव (राहत सनिति) द्वारा की गई सूचियों के आधार पर, राशि-वितरण का कार्य भोपाल कलेक्टर के माध्यम से कराएँगे।

4. राशि के प्रदाय के लिए चेक बैंक द्वारा दिया जाएगा।

5. मुख्य लेखाधिकारी (वल्लभ भवन), आहरण एवं वितरण अधिकारी नियुक्त किए गए और राशि भोपाल कलेक्टर को दी गई।

यह प्रक्रिया बड़ी उलझनपूर्ण व लंबी थी। सचिवालय के लेखा अधिकारी राशि निकालते थे, किंतु चेक बैंक बनाता था, वह भी तब जब हमारे अधिकारी उनके पीछे पड़ते थे। हितग्राहियों को चेक सौंपते समय उनके नाम तथा पते में अंतर पाए

जाने के कारण हमारे अधिकारी चेक में सुधार कराने के लिए पुनः बैंक में जाते थे।

समाज-कल्याण सचिव से हितग्राहियों की सूची प्राप्त होने पर हम लोगों ने भुगतान के लिए एक मजबूत प्रक्रिया निर्धारित की। तदनुसार हितग्राहियों को सूचनाएँ पुरानी परंपरा के अनुसार चपरासियों के माध्यम से तामील नहीं कराई जाती थी, बल्कि वरिष्ठ अधिकारी मोहल्ले में जाते थे और उन्हीं के मार्गदर्शन में राजस्व निरीक्षक, नजूल इंस्पेक्टर, पटवारी अपने-अपने अन्य कार्यों के साथ-साथ सुबह आठ से दस बजे तक एवं शाम पाँच से नौ बजे तक पर्चियाँ बाँटने का कार्य करते थे। वे घर-घर जाकर इन पर्चियों की तामीली करते थे और उन लोगों को भुगतान लेने के लिए नगर निगम कार्यालय आने को कहते थे। विभिन्न विभागों के वरिष्ठ राजपत्रित अधिकारियों के नेतृत्व में वार्डवार कई दल बनाए गए थे, जो नगर निगम कार्यालय में लाइन से क्रमवार बैठते थे और वहाँ विधिवत् पहचान कराकर भुगतान करते थे। तदनुसार 22 अप्रैल, 1985 से नगर निगम कार्यालय में पंद्रह सौ रुपए प्रति हितग्राही की दर से भुगतान करना शुरू हुआ।

हितग्राहियों की सूचियों के आधी-अधूरी होने से बड़ी दिक्कतें आ रही थीं। बहुत सारे लोगों के सही-सही व पूरे नाम अंकित नहीं थे। उनके पतों में या तो त्रुटियाँ थीं या पते थे ही नहीं। इसलिए हितग्राहियों को मौके पर तलाशने में काफी दिक्कतें हो रही थीं। इसके पहले जो वित्तीय सहायता बाँटी गई थी, उनमें ये सब सावधानियाँ नहीं बरती गई थीं, अतः भर्रेबाजी हुई थी। इस बार भी लोग भर्रेबाजी कराने का प्रयास कर रहे थे; लेकिन हमारे अधिकारियों ने ऐसा नहीं होने दिया और जो प्रक्रिया हमारे द्वारा निर्धारित की गई थी, उसे बिगड़ने नहीं दिया। मौके पर परची बाँटते समय टीला जमालपुरा में एक दिन लोगों ने परचियाँ लूट ली थीं, किंतु हमारी प्रक्रिया ऐसी थी कि वे उनके आधार पर भुगतान प्राप्त नहीं कर पाए।

22 से 27 अप्रैल तक 2835 हितग्राहियों में से 1096 को भुगतान हो चुका था, जिसकी पहली रिपोर्ट हमने 27 अप्रैल, 1985 को शासन के पास भेजी थी। 23 अप्रैल, 1985 को ही आधी-अधूरी सूचियाँ प्राप्त होने के कारण राशि-वितरण में आनेवाली कठिनाइयों का हवाला समाज-कल्याण सचिव के पास भेजकर मार्गदर्शन माँगा गया था, किंतु वहाँ से कोई मार्गदर्शन नहीं मिला। 27 अप्रैल, 1985 के प्रतिवेदन में राशि-वितरण में हो रही दिक्कतों का मैंने पुनः हवाला दिया। 22 से 27 अप्रैल तक का जो हमारा अनुभव था, उसके आधार पर अन्य बिंदुओं के साथ-साथ निम्नलिखित बिंदु भी मैंने अपने प्रतिवेदन में अंकित किए—

1. तब तक 59 नामों में लिपिकीय त्रुटियाँ पाई गई थीं, जिनमें समाज-

कल्याण विभाग से सुधार कराने के बाद स्टेट बैंक के चेक में बैंकवालों से सुधार कराया गया और संशोधित चेक वितरित कराए गए।

2. इस अल्पावधि में 104 ऐसे प्रकरण सामने आए, जिनमें हितग्राही के एक से ही नाम के एक से ज्यादा व्यक्ति थे और आवश्यक विवरण सहित पते नहीं दिए होने के कारण सही व्यक्ति की पहचान करना कठिन था।

3. परिवार के मुखिया के रूप में कई ऐसे व्यक्तियों के नाम भी अंकित थे, जो जीवित ही नहीं थे।

मैंने पंचायत एवं समाज-कल्याण विभाग एवं राहत समिति के सचिव को लिखा कि इन प्रकरणों में सर्वे के मूल रिकॉर्ड से मिलान करके सुधार करना होगा। मैंने आगे लिखा कि ये सभी प्रकरण समाज-कल्याण विभाग संचालक के पास भेजे गए हैं और उनसे अनुरोध किया गया है कि इनका निराकरण शीघ्र कराने की कृपा करें, ताकि संबंधित हितग्राहियों का भुगतान शीघ्र किया जा सके।

भुगतान करनेवाली हमारी टीमें नगर निगम कार्यालय में बैठकर कार्य करती थीं। काफी संख्या में लोग आकर शिकायतें कर रहे थे कि उनके यहाँ सर्वे नहीं हुआ है। मेरा कार्यालय वहाँ से थोड़ी दूरी पर था; वहाँ भी लोग यही शिकायत लेकर आ जाते थे। 23 अप्रैल, 1985 को जे.पी. नगर तथा छोला रोड के लगभग एक सौ पचास लोगों ने इसी आशय का एक आवेदन-पत्र दिया था, उसकी प्रतिलिपि भी योग्य काररवाई के लिए समाज--कल्याण सचिव के पास भेजी गई।

इस प्रकार 23 अप्रैल, 1985 के अपने पत्र में मैंने जिन समस्याओं की ओर समाज-कल्याण सचिव का ध्यान आकर्षित किया था, वे समस्याएँ भुगतान प्रारंभ करने के प्रथम सप्ताह में ही खुलकर गंभीर रूप में सामने आ गई थीं। पत्र (दिनांक 27 अप्रैल, 1985) का पृष्ठांकन मैंने संभागीय आयुक्त, भोपाल एवं संचालक, समाज कल्याण विभाग को भी किया।

सचिवालय स्तर पर सामान्यतया कोई अपील-दलील नहीं सुनी जाती थी; वे जो चाहते थे, वही करते थे। 'टाइम्स ऑफ इंडिया' में 23 अप्रैल, 1985 को इसी विषय पर एक समाचार छपा। जो इन सब समस्याओं को बहुत अच्छे ढंग से रेखांकित करता है। अत: उस समाचार की नकल नीचे उद्धृत की जा रही है—

EX-gratia payment to gas-hit begins

The Times of India News Service

BHOPAL, April 22,

The MP government today started disbursement of ex-gratia payment of Rs.1,500 each among the needy families in the gas-affected localities. The decision to give such financial relief was announced on **February 13** last and the payment was initially scheduled to be made **in march**.

The delay is due to official inertia. Even two months after the Cabinet had taken the decision, the state administration failed to compute the total number of beneficiary families entitled to ex-gratia relief. Only 3,000 such families have been identified so far and payment will be made in accordance with the progress made in the identification process, according to official sources.

The sources said data collected from a households survey in the gas-affected areas carried out by Tata Institute of Social Sciences and some other institutions was being fed into the computer to identify, among other things, families requiring long-term relief and rehabilitation. The computer work is expected to take three or four weeks.

Although the **survey was completed in February,** data processing through computer was taken up only recently apparently, because of **lack of inter-departmental co-ordination at the state secretariat.**

When the decision to make ex-gratia payment was announced in February, it was stated that the beneficiary families would be identified from data collected by the Tata Institute Survey. The survey covered about 25,300 households in over 30 localities. The authorities have since received representations from several other localities for inclusion in the survey.

CONFUSION : Official sources said steps had been taken

to survey the uncovered localities. The sources admitted this would not only prolong the identification process for the purpose of ex-gratia payment but would also leave scope for confusion in disbursement.

If one goes by past experience in disbursement of cash relief in the wake of the December 2/3 gas tragedy the authorities are likely to face increasing problems in the current exercise. Administrative delays, inadequacy of data and mounting pressure from political elements for inclusion of additional localities are among the factors that will raise the total amount to be spent in ex-gratia payment and also result in widespread dissatisfaction among the gas-affected people.

It may be recalled the state administration had announced in December 1984 its decision to give financial relief ranging between Rs. 100 and Rs. 2,000 to the gas-affected people. Squads of officials, deputed for the purpose, went round various hospitals and also some gas-affected localities for making on the spot payment of money.

SCRAMBLE : The exercise led to a scramble among claimants and also minor law and order incidents in some localities. Many of the officials deputed for cash distribution found themselves so much harassed and even threatened by some anti-social elements that they were reluctant to continue the work even under police protection. There were also some reports of alleged irregularities in cash distribution.

In view of this, the authorities abruptly suspended cash-relief distribution after having made payments totalling Rs. 36.37 lakhs. Nothing further was heard about the scheme. The government claimed that over 5,700 gas victims had received financial assistance before the scheme was shelved.

जैसे-जैसे समय गुजरता गया वैसे-वैसे भुगतान करने की गति बढ़ती गई और अधिक लोगों को सहायता मिलती गई; किंतु उसी के साथ-साथ ऐसे लोगों की संख्या भी बढ़ती गई, जिनके बारे में निम्नलिखित प्रकार की कमियाँ थीं—

1. हितग्राही के नाम में त्रुटियाँ।
2. पिता/पति का नाम अंकित न होना अथवा उनके नाम में गंभीर त्रुटियाँ।

3. हितग्राहियों का पता या पूरा पता अंकित न होना।
4. एक ही नाम के एक से अधिक हितग्राहियों द्वारा यह दावा करना कि सूची में अमुक नाम उनका है, किसी अन्य का नहीं।

स्पष्ट है, जहाँ-जहाँ हितग्राहियों की सूची में पर्याप्त आवश्यक विवरण नहीं थे वहाँ-वहाँ सर्वे की मूल शीट से ही इसे चेक किया जा सकता था, अन्य कोई तरीका नहीं था। टाटा इंस्टीट्यूटवाला यह सर्वे समाज-कल्याण सचिव एवं संचालक, समाज-कल्याण विभाग के अधीन ही कराया गया था। सर्वे का पूरा अभिलेख उसी विभाग में था और वे कंप्यूटर सूची बनवाकर हमारे पास भेजा करते थे। इस पृष्ठभूमि में जहाँ-जहाँ इस प्रकार की विसंगतियाँ व कमियाँ हमारे अधिकारियों को मिलीं, उन्होंने मुझसे चर्चा करने के बाद आवश्यक विवरण भेजने के लिए संचालक, समाज-कल्याण विभाग को लिखना प्रारंभ कर दिया। मैंने उनसे बात भी की। समाज-कल्याण सचिव से भी चर्चा हुई, किंतु कोई संतोषजनक काररवाई इन वरिष्ठ अधिकारियों ने नहीं की। उलटे इन लोगों ने आँख दिखाना भी शुरू कर दिया। उन्हें आपत्ति थी कि हमारे अधिकारी इन विवरणों को उनसे क्यों मँगाते थे। इसी विषय पर एक दिन सचिवालय में सचिव समाज-कल्याण विभाग के चैंबर में बैठक हुई, जिसमें संचालक, समाज-कल्याण विभाग भी उपस्थित थे। बड़ी खुलकर बातचीत हुई। न तो सचिव के पास और न संचालक के पास इस समस्या के निराकरण का कोई तार्किक जवाब था। वे कोई समाधानकारक उत्तर नहीं दे पा रहे थे। केवल यह चाह रहे थे कि हमारा कार्यालय उन्हें इस बारे में न लिखे। मैंने उन्हें बताया कि सैकड़ों की संख्या में लोग प्रतिदिन मेरे कार्यालय एवं राशि-वितरण का कार्य कर रहे अधिकारियों के सामने चक्कर लगाते रहते हैं और आग्रह करते हैं कि उन्हें राशि का भुगतान किया जाए। एक ही नाम व विवरण के एक से ज्यादा लोग होने के कारण और उनका पता न होने के कारण वित्तीय सहायता उन्हें कैसे दी जाय, इस समस्या का निराकरण तो करना ही होगा। उसके बिना प्रतिदिन लोगों की संख्या बढ़ती जा रही थी और कानून एवं व्यवस्था की स्थिति निर्मित हो रही थी।

यह हाल था टाटा इंस्टीट्यूट द्वारा सर्वे करानेवालों का। टाटा इंस्टीट्यूटवालों ने एक लंबी-चौड़ी प्रश्नावली अंग्रेजी में बना दी, फुल स्केप पेज की दोगुने की एक शीट थी और ये करीब दस पृष्ठ थे। काफी बिंदुओं का समावेश इसमें किया गया था और अंग्रेजी की इस प्रश्नावली के आधार पर सर्वे करने के लिए सर्वे करनेवालों को कोई संतोषजनक ट्रेनिंग नहीं दी गई। टाटा इंस्टीट्यूटवालों ने कुछ लोगों को तो अपनी ओर से और ढेर सारे स्थानीय लोगों को लगाकर बड़े तदर्थ तरीके से सर्वे

कराया। सर्वे करनेवाला जहाँ चाहे, गया; जिनका सर्वे करना चाहा, किया; जिन्हें नहीं चाहा, नहीं किया। पुराने भोपाल की गलियाँ भी ऐसी हैं कि कोई नए भोपाल जैसे लाइन व नंबर से तो मकान बने नहीं हैं। एक ही हवेली में कई परिवार रहते थे; सर्वे करनेवालों ने एक से पूछताछ कर ली और आगे बढ़ गए। उधर समाज-कल्याण विभाग के अधिकारियों ने इनपर कोई ध्यान नहीं दिया और सर्वे करनेवालों को उनके भरोसे छोड़ दिया। सर्वे करने के लिए यदि कोई मार्गदर्शी सिद्धांत बनाए जाते और ऐसा प्रयास किया जाता कि कोई मकान अथवा परिवार छूटने न पाए, तब गलती कम-से-कम होती। पुनः जो प्रश्नावली बनाई गई थी, उसमें प्रविष्टियाँ ठीक से होनी चाहिए थीं। जिन प्रश्नावलियों में प्रविष्टियाँ ठीक से नहीं थीं, उन्हें कोई चेक करता और उन्हें पुनः पूरा कराता। यह सबकुछ किए बिना अधकचरे तरीके से तैयार किए गए अभिलेख को चुपचाप कंप्यूटर में डलवा दिया और उससे निकली अधकचरी सूचियाँ आँखें मूँदकर जिला प्रशासन के पास भेज दीं। जिला प्रशासन ने बड़ी निष्ठा व लगन के साथ काम तो शुरू कर दिया, किंतु सूचियों में जो कमियाँ थीं, उन्हें दूर करने में समाज-कल्याण विभाग के अधिकारियों ने बार-बार के आग्रह के बावजूद कुछ नहीं किया। इसलिए दिन-प्रतिदिन ऐसे असंतुष्ट लोगों की संख्या बढ़ती गई और अंत में वह संख्या हजारों में पहुँच गई। ये लोग राशन तो मुफ्त में पा ही रहे थे और अब इस पंद्रह सौ रुपए की वित्तीय सहायता के लिए कलेक्टर व नगर निगम कार्यालय, जहाँ हमारी टीमें राशि-वितरण का कार्य कर रही थीं, के चक्कर लगाने लगे थे। असंतोष बढ़ता रहा, किंतु समाज-कल्याण विभाग के इन अधिकारियों के कान पर जूँ तक नहीं रेंगी।

लगभग रोज ही कुछ समय निकालकर मैं नगर निगम कार्यालय में राशि वितरण करनेवाली प्रत्येक टीम की मेज पर जाता था और खड़े-खड़े उनकी शंकाओं/कठिनाइयों को दूर कर मार्ग-निर्देशन देता था। आम जनता के लोग भी मुझसे मिलकर शिकवे-शिकायतें करते थे। उनकी समस्या समझकर मैं उनको आवश्यक बातें समझा देता था। मेरे स्तर से उन्हें ज्यादा संतोष मिलता था। सैकड़ों बल्कि हजारों लोगों की भीड़ वहाँ रहती थी। इसीलिए वहाँ चलना-फिरना भी मुश्किल होता था।

गैस-राहत आयुक्त दिल्ली व अमेरिका तो जाते रहते थे, किंतु गैस-प्रभावित क्षेत्र व पुराने शहर में, जहाँ ढेर सारे कार्य चल रहे थे, वहाँ शायद कभी नहीं गए थे। मैं उनसे प्रभावित क्षेत्र देखने का आग्रह किया करता था। एक दिन वे इसके लिए तैयार हो गए और मेरे साथ चले। जब हम सदर मंजिल स्थित नगर निगम कार्यालय पहुँचे और वित्तीय सहायता वितरण देखने गए तो सदैव की भाँति लोगों की भीड़

हमारी तरफ लपकी। मैंने उनकी समस्याओं को सुनना व समाधान करना प्रारंभ किया। राहत आयुक्त बगल में नहीं दिखे तो मैंने उन्हें तलाशने का प्रयास किया। मैंने देखा कि वे लगभग भागते हुए दूर सड़क पर खड़ी अपनी कार तक पहुँच रहे थे। ऐसा लगा कि आती हुई भीड़ से वे आशंकित हो गए थे। इन वरिष्ठ नौकरशाहों में गैस-पीड़ितों के प्रति कोई हमदर्दी नहीं थी, कुछ में तो नफरत ही थी। फिर कैसे वे उनके दुःख-दर्द दूर करने में रुचि लेते।

यदि जनता की उचित शिकायतों को नौकरशाही दूर न करे, तब कुछ समय तक तो इसे टाला जा सकता है, किंतु दीर्घ काल तक टालना संभव नहीं है। इसीलिए जनता में असंतोष बढ़ता ही गया और अंत में लोगों ने इस माँग पर बल दिया कि जिन मकानों व परिवारों का सर्वे नहीं हुआ था, उनका भी सर्वे कराया जाए। इसके अपने खतरे थे। यह माँग यद्यपि काफी पहले आई थी, तथापि कुछ हुआ नहीं था। उचित यह होता कि यह सर्वे पूरा कराने के बाद ही सूचियाँ बनतीं और भुगतान होता; किंतु ऐसा न करके सचिवालय ने एक ओर तो शेष घरों एवं परिवारों के सर्वे की बात कह दी, दूसरी ओर अधकचरी सूचियों से भुगतान का काम शुरू करा दिया।

छूटे हुए मकानों एवं परिवारों का सर्वे पुनः प्रारंभ हुआ। तब तक लोग काफी चतुर हो गए थे। परिवारों की संख्या बढ़ती गई। लोगों का कहना तो यहाँ तक है कि कई परिवारों में प्रति व्यक्ति एक परिवार बन गया। यहाँ यह उल्लेखनीय है कि पंद्रह सौ रुपए राशि की वित्तीय सहायता प्रत्येक परिवार को दी जानी थी, न कि प्रत्येक व्यक्ति को। मुफ्त राशन लेने के लिए लोगों ने ढेर सारे राशन कार्ड बनवाए थे और बनवाते जा रहे थे। उसी के आधार पर परिवारों की संख्या भी बढ़ती गई।

पंद्रह सौ रुपए प्रति परिवार भुगतान करने के लिए समाज-कल्याण विभाग से हितग्राहियों की सूचियाँ किस्तों में प्राप्त हो रही थीं। 22 अप्रैल से 21 मई तक की अवधि में 2274 परिवारों को कुल 34.11 लाख रुपए का भुगतान हुआ। इनमें 150 ऐसे मामले थे, जिनकी विवरणात्मक कमियों को हमारे अधिकारियों ने समाज-कल्याण विभाग के अधिकारियों से मिलकर ठीक करा लिया था और भुगतान कर दिया था। 343 मामले में गंभीर त्रुटियाँ थीं, अतः उन्हें औपचारिक रूप से समाज-कल्याण विभाग को पूर्ण विवरण देने के लिए भेजा गया था, क्योंकि सर्वे का मूल अभिलेख उन्हीं के पास था।

□

उपचार कार्य

विषैली गैस से पीड़ितों का उनके लक्षण के आधार पर उपचार प्रारंभ हुआ। 3 दिसंबर की सुबह से काफी संख्या में जो लोग इलाज के लिए अस्पतालों में उमड़े, उन्हें डॉक्टरों ने यथायोग्य दवाइयाँ दीं। किंतु प्रश्न यह उठा कि एम.आई.सी. गैस से पीड़ित व्यक्तियों का उपचार क्या है ? कोई कुछ बता सकने की स्थिति में नहीं था। डॉक्टरों में भी आम चर्चा यही थी कि इसका कोई एंटीडोट या इलाज ज्ञात नहीं है। यूनियन कार्बाइड के वरिष्ठ अधिकारियों ने भी इस संबंध में कुछ नहीं बताया।

घटना के कुछ दिनों बाद जर्मनी से एक डॉक्टर दोम डरेरा (Dom Derera) भोपाल आए। उन्होंने गैस-पीड़ितों को 'सोडियम थाइ सल्फेट' का इंजेक्शन देना शुरू किया। आयुक्त, भोपाल संभाग ने संभवतया एक इंजेक्शन लगवाया। मुझे भी लोगों ने राय दी कि मैं भी इसका इंजेक्शन लगवा लूँ। मैं उन दिनों बचाव एवं राहत-कार्य में बहुत अधिक व्यस्त था। अत: एक ओर तो मुझे फुरसत नहीं थी, दूसरी ओर दी गई इस राय से मैं संतुष्ट भी नहीं था। मेरा सोचना था कि एक ओर तो सभी लोग कह रहे हैं कि एम.आई.सी. गैस का कोई एंटीडोट और इलाज नहीं है, दूसरी ओर विदेश से एक डॉक्टर ने आकर एक इंजेक्शन लगाना शुरू कर दिया और लोग बिना सोचे-समझे उसे लगवाने लग गए। अत: मैंने कहा कि जब तक इस इंजेक्शन की उपयुक्तता के बारे में मैं आश्वस्त नहीं हो जाता तब तक इसे नहीं लगवाऊँगा। इस प्रकार मैंने वह इंजेक्शन नहीं लगवाया।

एक दिन प्रात: मुख्यमंत्री निवास से टेलीफोन आया कि उसी दिन प्रात: नौ या साढ़े नौ बजे मैं मुख्यमंत्रीजी से मिलूँ। तदनुसार जाकर मैं मुख्यमंत्री निवास में उनके चैंबर के पासवाले प्रतीक्षा-कक्ष में बैठ गया। वहाँ कई वरिष्ठ डॉक्टर लोग पहले से ही बैठे हुए थे। बात-ही-बात में संचालक स्वास्थ्य सेवा ने कहा कि 'एक डॉक्टर विदेश से आया है और लोगों को इंजेक्शन लगा रहा है। एक त्रासदी तो गैस की है ही, दूसरी त्रासदी इस डॉक्टर द्वारा लगाए गए इंजेक्शन से होगी।' बातचीत में उन्होंने

बताया कि यह डॉक्टर जो इंजेक्शन लगा रहा है, वह ठीक नहीं है। उलटे उससे व्यापक पैमाने पर नुकसान हो रहा है। जो गंभीरता उन्होंने बतलाई, उसे देखते हुए मेरे मुँह से एकाएक निकल गया कि यदि इतना अधिक नुकसान हो रहा है तो उस डॉक्टर को हम भोपाल से हटाने की व्यवस्था कर सकते हैं। तब संचालक (स्वास्थ्य सेवा) ने वहीं बैठे-बैठे इसी आशय का पत्र लिखा और मुझे दे दिया। उसमें उनका लिखित अनुरोध था कि उस डॉक्टर को भोपाल से हटाया जाए और जरूरत हो तो जबरन हटाया जाए। मैंने उस पत्र को अपनी जेब में रख लिया और कहा कि ठीक है, मैं देखूँगा। थोड़ी देर बाद वहाँ बैठे सभी डॉक्टरों को एवं मुझे मुख्यमंत्रीजी के चैंबर में एक साथ बुलाया गया। तब मैं समझ पाया कि मुझे अलग से नहीं बुलाया गया था, बल्कि कोई बैठक थी, उसमें बुलाया गया था।

मुख्यमंत्रीजी की बातचीत इन वरिष्ठ डॉक्टरों से हो रही थी। संचालक (स्वास्थ्य सेवाओं) के अलावा मेडिकल कॉलेज (भोपाल) के डीन एवं अन्य वरिष्ठ डॉक्टर भी वहाँ उपस्थित थे। इन डॉक्टरों ने जर्मनी से आए डॉक्टर द्वारा दिए गए उपचार को हानिकारक बताया और उसे बंद कराने का अनुरोध किया। मुख्यमंत्रीजी ने डॉक्टरों से स्पष्ट कहा, 'एक ओर तो आप लोग कह रहे हैं कि एम.आई.सी. गैस से प्रभावित मरीज का कोई उपचार नहीं है और दूसरी ओर जर्मनी के डॉक्टर ने आकर जो लाइन ऑफ ट्रीटमेंट प्रारंभ किया है, उसका आप लोग विरोध कर रहे हैं, तो क्या ऐसे कुछ साक्ष्य या उदाहरण सामने आए हैं कि उस लाइन ऑफ ट्रीटमेंट से कोई नुकसान हो रहा है?' इन डॉक्टरों ने इन प्रश्नों का कोई सीधा उत्तर नहीं दिया और घुमा-फिराकर अपनी बातें दोहराते रहे। स्पष्ट था कि मुख्यमंत्रीजी अपने वरिष्ठ डॉक्टरों के परामर्श के विपरीत कार्य करना नहीं चाह रहे थे। अत: जैसे ही उनकी इस प्रकार की सहमति का संकेत मिला, तो संचालक (स्वास्थ्य सेवा) ने कहा कि उन्होंने एक लिखित आवेदन-पत्र कलेक्टर को दिया है कि जर्मनी के डॉक्टर को भोपाल से हटा दिया जाए। तब मुख्यमंत्रीजी ने कहा कि ऐसा नहीं किया जाए। जर्मनी से वह डॉक्टर विदेश मंत्रालय एवं डिप्लोमेटिक चैनल के माध्यम से आए हैं, अत: उनके साथ इस प्रकार का व्यवहार करना ठीक नहीं होगा। उन्होंने आगे कहा कि 'आप लोग इस विषय पर कुछ मत कीजिए, मैं आवश्यक काररवाई कर लूँगा।' ऐसा लगता है कि मुख्यमंत्रीजी ने दिल्ली बात करके जर्मनी के डॉक्टर को किसी के द्वारा चर्चा के लिए दिल्ली बुलवा लिया और वहाँ से वे जर्मनी वापस चले गए।

यह सब होने के बाद मैंने संचालक (स्वास्थ्य सेवा) द्वारा लिखी गई परची

पर काररवाई आवश्यक न होने से उसे सँभालकर नहीं रखा और किसी फाइल में रख दिया। बाद में उपचार के बारे में जो विवाद उठा और लंबे समय तक चलता रहा, उसको देखने से ऐसा लगा कि मुझे वह कागज सँभालकर रखना चाहिए था।

भोपाल के कुछ डॉक्टर इस बात का जोर-शोर से प्रचार कर रहे थे कि जर्मनी के उस डॉक्टर ने जयप्रकाश अस्पताल में एक मरीज को सोडियम थायो सल्फेट का इंजेक्शन दिया था जिससे उसकी शीघ्र ही मृत्यु हो गई। इसी उदाहरण को सोडियम थायो सल्फेट के विरोधी डॉक्टर बढ़ा-चढ़ाकर प्रचारित कर रहे थे। उधर कई डॉक्टरों ने स्पष्ट बताया था कि गैस-प्रभावित एक मरीज मरणासन्न था। कुछ डॉक्टरों ने जर्मनी के डॉक्टर से उस मरणासन्न मरीज को सोडियम थायो सल्फेट का इंजेक्शन लगाने को कहा। जर्मन डॉक्टर ने कहा कि जो मरीज मर रहा है, उसे इंजेक्शन लगाना व्यर्थ होगा। किंतु इन स्थानीय डॉक्टरों ने इंजेक्शन देने का दबाव उनपर डाला, तब जर्मनी के डॉक्टर ने वह इंजेक्शन लगा दिया। मरीज तो मर ही रहा था, मर गया। बस इन डॉक्टरों को सोडियम थायो सल्फेट इंजेक्शन के विरुद्ध अभियान चलाने का बहाना मिल गया। वे अपनी रणनीति में सफल रहे।

गैस-पीड़ित लोगों को सोडियम थायो सल्फेट इंजेक्शन दिया जाए या नहीं, यह विवाद बढ़ता ही चला गया। अंततोगत्वा केंद्रीय सरकार ने हस्तक्षेप करके आई.सी.एम.आर. इत्यादि द्वारा गुण-दोष की पूरी जाँच कराकर निर्देश दिया कि एम.आई.सी. गैस-पीड़ित मरीजों को सोडियम थायो सल्फेट का इंजेक्शन देने से राहत मिलेगी और इसे दिया जाना चाहिए। उसमें यह भी परामर्श दिया गया कि गैस से प्रभावित होने के बाद जितना जल्दी यह इंजेक्शन दिया जाए उतना ही अधिक लाभ होता है; किंतु जब तक यह परामर्श प्राप्त हुआ और इंजेक्शन देना पुनः प्रारंभ हुआ तब तक कई माह व्यतीत हो चुके थे और हजारों-लाखों मरीजों को इस इंजेक्शन से जो राहत दिलाई जा सकती थी, वे उस राहत से वंचित ही रह गए।

गैस त्रासदी के प्रारंभिक दिनों के बाद भी मैं प्रतिदिन सोलह से अठारह घंटे तक कार्य करता था। यद्यपि मेरा वजन लगभग चार-पाँच किलो कम हो गया था, किंतु मुझे ऐसा नहीं लगा कि मैं शारीरिक रूप से कमजोर हो गया था। मैं सोचता था कि शायद अत्यधिक परिश्रम एवं अनियमित दिनचर्या के कारण ऐसा हो रहा था। जो भी हो, बचाव तथा राहत एवं अन्य कार्यों में मैं इतना अधिक व्यस्त था कि सतही उपचार के अलावा ठीक से परीक्षण कराकर अपने उपचार की बात मैंने कभी सोची ही नहीं।

मेरा वजन निरंतर गिरता जा रहा था। इसलिए अंततोगत्वा मैंने मेडिकल जाँच

कराने की सोची। उस समय आई.सी.एम.आर. (नई दिल्ली) की एक जाँच इकाई भोपाल में कार्य कर रही थी। वर्तमान में जहाँ पर जवाहरलाल नेहरू चिकित्सालय है, वहाँ डी.आई.जी. बँगले के आउट हाउस में यह इकाई कार्य करती थी। इसकी विश्वसनीयता थी। इसलिए गैस से प्रभावित होने के लगभग तीन महीने बाद 23 फरवरी, 1985 को मैंने अपनी जाँच कराई। इससे पता चला कि मैं गैस से काफी दुष्प्रभावित था। यह सोचकर कुछ चिंता भी हुई कि मैंने पहले मेडिकल जाँच क्यों नहीं कराई और पर्याप्त उपचार क्यों नहीं लिया। अब डॉक्टरों की सलाह पर मैंने तत्काल उपचार लेना प्रारंभ किया। डॉक्टरों का कहना था कि जिस स्तर तक मैं एम.आई.सी. गैस से प्रभावित हुआ था, उसे देखते हुए मुझे सोडियम थायो सल्फेट के इंजेक्शन के दो-तीन कोर्सेज लेने होंगे (एक कोर्स में एक दिन का अंतराल देकर कुल छह इंजेक्शन लगाए जाते थे)।

23 फरवरी, 1985 को खून की जाँच कराने के लिए धमनी से जो खून लिया गया था, उसमें पी.ओ.-2, 80.9 प्रतिशत एवं शिरा से जो खून लिया गया था, उसमें पी.ओ.-2, 22.2 प्रतिशत था। इस प्रकार निर्धारित स्तर की तुलना में मेरे खून में ऑक्सीजन की काफी कमी हो गई थी। आई.सी.एम.आर. के डॉक्टरों ने बताया कि यह एम.आई.सी. गैस के प्रभाव के कारण हुआ था। सोडियम थायो सल्फेट के प्रथम कोर्स के छह इंजेक्शन मुझे 25, 27, 28 फरवरी तथा 1, 2 एवं 3 मार्च को लगाए गए। इंजेक्शन लगाने के पहले पेशाब में थायो सायनेट 1.1 मि.ग्रा. प्रतिशत था और इन छह इंजेक्शनों के कोर्स के दौरान रोज हो रही जाँच में अधिकतम 1.9 मि.ग्रा. प्रतिशत तक थायो सायनेट पाया गया।

यद्यपि आई.सी.एम.आर. यूनिट के डॉक्टरों ने मुझे सलाह दी कि मैं कुछ अंतराल के बाद सोडियम थायो सल्फेट का दूसरा कोर्स लूँ और उसके कुछ समय बाद तीसरा कोर्स लूँ, तथापि उन दिनों अधिकांश डॉक्टर यह भी कहते सुने गए कि सोडियम थायो सल्फेट का ज्यादा इंजेक्शन लेने से शरीर की रोग-प्रतिरोधक क्षमता कम हो जाती है। इसलिए मैंने अपने विवेक से ही यह तय किया कि यह इंजेक्शन इतने विलंब से अब और ज्यादा न लिया जाए। इस प्रकार आई.सी.एम.आर. इकाई के डॉक्टरों के कहने के बावजूद मैंने सोडियम थायो सल्फेट के छह इंजेक्शन लेने के बाद और नहीं लिया। उसके बजाय मैंने नियमित रूप से योगाभ्यास करना प्रारंभ कर दिया, जिससे मुझे काफी लाभ हुआ।

बीच-बीच में मैं जाँच भी कराता रहा कि मेरे शरीर में थायो सायनेट का क्या स्तर था। 23 जुलाई, 1985 को मिली रिपोर्ट में मेरे पेशाब में थायो सायनेट

1.90 मि.ग्रा. प्रतिशत पाया गया। यह बहुत ऊँचा था और गंभीर चिंता का कारण था। डॉक्टरों ने कहा कि मुझे सोडियम थाय सल्फेट का और कोर्स लेना चाहिए; किंतु इस विषय पर जो विवाद चल रहा था उसे देखते हुए मैंने इसे आगे नहीं लिया। मेरी स्थिति बिगड़ती गई। अक्तूबर 1985 में पेट में बाईं तरफ जलन प्रारंभ हो गई। एक्स-रे कराने पर स्थिति सामान्य नहीं पाई गई और कुछ अजीब प्रकार के धब्बे कई जगह पाए गए। दिसंबर 1985 में श्वास फूलने की तकलीफ होने लगी। जाँच में पाया गया कि हाई ब्लड प्रेशर हो गया था। अत: उसका उपचार प्रारंभ हुआ। इसलिए योग करने में भी कुछ सीमाएँ लग गईं। वजन भी निरंतर घटता गया।

आँखों पर भी प्रतिकूल प्रभाव पड़ा था। अत: पत्नी एवं पुत्री सहित हम सभी ने पांडिचेरी में अरविंदो आश्रम के 'स्कूल फॉर परफेक्ट आई साइट' में एक सप्ताह से भी ज्यादा समय तक फिजियोथैरेपी का उपचार लिया, जिससे काफी लाभ मिला।

भोपाल में कुछ ऐसा वातावरण बन गया था कि गैस का जो दुष्प्रभाव हुआ था, उसे कम करके दिखाया जाता था। भोपाल कलेक्टर की हैसियत से मैंने काफी नजदीक से यह सब देखा था। ऐसा लगता था कि कुछ महत्त्वपूर्ण डॉक्टरों का रुझान इसमें नहीं था कि किस प्रकार गैस के प्रभाव के सही-सही अभिलेख तैयार हों और मरीजों का उपचार हो। भोपाल के सांसद ने तो पार्लियामेंट तक में खुलेआम कहा था कि प्रशासन में हत्यारी यूनियन कार्बाइड के वेतनभोगी एजेंट हैं, जो गैस त्रासदी के प्रभावों को कम करके आँक रहे हैं, ताकि यूनियन कार्बाइड को कम-से-कम मुआवजा देना पड़े। दिसंबर 1985 में कुछ समाचार-पत्रों में इस रवैये पर चिंता व्यक्त करते हुए लिखा था कि इससे भी अधिक गंभीर बात है मध्य प्रदेश सरकार की चुप्पी। इस रवैये के कारण मैं लगभग शुरू से ही समय-समय पर मुंबई जाकर के.ई.एम. मेडिकल कॉलेज में जाँच कराया करता था। इस इकाई के प्रभारी प्रो. एस.आर. कामत बड़े ही निष्ठावान् डॉक्टर थे। मैं जब-जब मुंबई जाता था, तब-तब वे काफी रुचि लेकर जाँच करते थे और जाँच रिपोर्ट या तो तत्काल मुझे दे देते थे अथवा डाक से भेज दिया करते थे। तब स्पष्ट रूप से पता चल रहा था कि फेफड़ों में तथा अन्य प्रकार से स्वास्थ्य की जो क्षति हुई थी, वह सुधर रही थी या नहीं और यदि सुधर रही थी तो किस गति से तथा यदि ज्यादा नुकसान हो रहा था तो किस गति से। के.ई.एम. मेडिकल कॉलेज, मुंबई में 25 सितंबर, 1985, 28 दिसंबर, 1995, 3 जुलाई, 1986 तथा 19 फरवरी, 1987 इत्यादि को मैंने जाँच कराई थी। शुरू-शुरू में भोपाल में फेफड़े इत्यादि की जाँच के लिए आधुनिक मशीनें नहीं थीं,

किंतु बाद में आ गईं। अतः बीच-बीच में जब मैं मुंबई नहीं जा पाता था तब भोपाल में जाँच कराकर डाक से रिपोर्ट भेज देता था। डॉ. कामत उसपर अपनी टिप्पणी भेज दिया करते थे। इस प्रकार 9 जनवरी, 1987 एवं 3 जुलाई, 1987 के परीक्षण प्रतिवेदन मैंने डॉ. कामत को भेजे थे। मुंबई उनके बुलाने पर भी कई बार मैं अनेक कारणों से न जा पाया। डॉ. कामत की ओर से काफी सहयोग मिला और जिस ईमानदारी व तत्परता के साथ वहाँ जाँच होती थीं, उससे संतोष मिलता था।

सन् 1986 में मेरे स्पूटम में खून आना आरंभ हो गया। स्थानीय मेडिकल कॉलेज के प्रोफेसर (मेडिसिन) का उपचार चला। वहीं के पैथोलॉजी विभाग में विभागाध्यक्ष की देखरेख में 2 जुलाई, 7 अगस्त एवं 14 अगस्त को स्पूटम की जाँच हुई। कोई लाभ न मिलने पर मैं पटेल चेस्ट इंस्टीट्यूट दिल्ली गया। वहाँ 10 अगस्त, 1986 को जाँच हुई और उपचार चला। बाद में उन्होंने नाक, कान और गले के विशेषज्ञ को रेफर किया। तब 4 अक्तूबर, 1986 को लेडी हार्डिंग्ज मेडिकल कॉलेज, दिल्ली में विशेषज्ञ को मैंने दिखाया। मुंबई में के.ई.एम. मेडिकल कॉलेज तथा बाद में 19 व 20 फरवरी, 1987 को टाटा हॉस्पिटल, मुंबई में भी जाँच कराई। 14 मार्च, 1989 को ऑल इंडिया इंस्टीट्यूट ऑफ मेडिकल साइंसेज (ई.एन.टी.), नई दिल्ली में भी दिखाया। मेरे स्वास्थ्य की जाँच तथा उपचार भोपाल से बाहर ही हुआ। मुंबई ज्यादा जाना पड़ा। अत्यंत आवश्यक होने पर ही मैं भोपाल से बाहर जाता था। मुंबई जाने के संबंध में मैंने मुख्य सचिव से अनुरोध किया था कि इसके लिए शासन से स्वीकृति मिल जाए तो मुझपर वित्तीय भार कम हो जाएगा; किंतु जैसी कि आशंका थी, उधर से उत्तर के रूप में खामोशी व उदासीनता ही मिली। अतः अन्य स्थानों के लिए अनुमति माँगने का प्रश्न ही नहीं रह गया था।

भोपाल में जाँच एवं उपचार के अनुभव उल्लेखनीय हैं। 2 जुलाई, 1986 को भोपाल मेडिकल कॉलेज में एक प्रोफेसर (मेडिसिन) की राय पर मैंने छाती का एक्स-रे करवाया था। रेडियोलॉजी के विभागाध्यक्ष, जो मेरे अच्छे परिचित थे, ने काफी अच्छी फिल्म लगाई थी। उस रिपोर्ट के अनुसार मेरे फेफड़ों की स्थिति सामान्य नहीं थी। डॉक्टरों का कहना था कि एक-दो स्पॉट ऐसे थे, जो सामान्य नहीं थे। 3 जुलाई, 1986 को एक सीनियर प्रोफेसर (मेडिसिन) मेडिकल कॉलेज अस्पताल में एकाएक मिल गए। उन्होंने इस एक्स-रे फिल्म को देखा और कह दिया कि यह सामान्य है, बाद में कहा कि फिल्म त्रुटिपूर्ण है। उन्होंने यह भी कहा कि मुंबई में मैंने जो पल्मोनरी टेस्ट कराया था, उसकी रिपोर्ट भी उन्होंने देखी थी। पहले तो मुझे यह सुनकर हैरानी हुई कि उन्होंने उसे कहाँ से देख लिया, फिर बाद

में समझ में आया कि अमेरिका में चेकअप व उपचार के लिए मैंने शासन से जो अनुमति/अनुदान/ऋण माँगा था, उस सिलसिले में मध्य प्रदेश शासन ने स्थानीय मेडिकल कॉलेज की राय ली होगी। उन्होंने दो-तीन बार मेरे चेस्ट का एक्स-रे कराया। निम्न स्तरीय फिल्म में ली गई अंतिम एक्स-रे फिल्म को उन्होंने कहा कि यह ठीक है और बाद में कहा कि कुछ असामान्य नहीं है।

उन्हीं दिनों एक दिन मैंने कुछ समय एक-दो डॉक्टरों के पास गुजारा। रेडियोलॉजी के प्रोफेसर से भी चर्चाएँ कीं। उन्होंने स्पष्ट कहा कि पहली बार जो एक्स-रे फिल्म प्रयोग में लाई गई थी, वह उच्च कोटि की विदेशी फिल्म थी, उसके रिजल्ट अच्छे आए थे। वह एक्स-रे बहुत सही था और उसे त्रुटिपूर्ण कहकर सीनियर प्रोफेसर (मेडिसिन) ने जो बार-बार एक्स-रे कराया, उनका यह रवैया ठीक नहीं था। तीन-चार बार एक्स-रे के बाद जो फिल्म आई, उसमें जब सब सामान्य दिखा, तब उसे ओ.के. किया। सारांश यह कि जब अच्छी फिल्में लगीं और फेफड़ा असामान्य दिखा, तब फिल्म को त्रुटिपूर्ण माना गया और जब निम्न स्तर की फिल्म लगाकर एक्स-रे लिया गया और सब सामान्य दिखा, तब उसे सही माना गया। यदि रेडियोलॉजी के डॉक्टर ने मुझे पहले यह बता दिया होता तो मैं बार-बार एक्स-रे क्यों कराता, किंतु सबकुछ होने के बाद ही उन्होंने मुझे यह बताया।

3 जुलाई, 1986 को मेडिकल कॉलेज, भोपाल में मैंने पल्मोनरी फंक्शन टेस्ट कराया था। एक कनिष्ठ डॉक्टर, जो इस इकाई के प्रभार में थे, से सीधे संपर्क करके मैंने यह जाँच कराई थी। इस जाँच का प्रिंट-आउट तत्काल मुझे मिल गया था। संयोग ऐसा रहा कि इसके बाद जब मैं उस इकाई से बाहर निकल रहा था, तब सीनियर प्रोफेसर (मेडिसिन) वहाँ मिल गए। उन्होंने इन रिपोर्टों को देखा तो उनका चेहरा गंभीर हो गया। वे देर तक वे यह प्रिंट-आउट देखते रह गए थे। जैसे ही उनका देखना समाप्त हुआ, मैंने हाथ बढ़ाकर प्रिंट-आउट ले लिया और चला गया। लगभग घंटे-दो घंटे बाद, जाने के लिए जब मैं कार में बैठ रहा था तब पल्मोनरी इकाई के प्रभारी डॉ. भार्गव दौड़ते हुए मेरे पास आए और बोले, 'जो प्रिंट-आउट फेफड़े के बारे में आपको दिया गया है, वह विदेशी स्टैंडर्ड के अनुसार है। उससे आपको चिंताएँ होंगी तथा मानसिक समस्या उत्पन्न हो सकती है। इसलिए एक दूसरा प्रिंट-आउट तैयार किया गया है और डॉ. गौर को दे दिया गया है।' डॉ. भार्गव मूल प्रिंट-आउट को वापस चाह रहे थे।

मैंने मूल बात को टालते हुए कहा, 'ठीक है, मैं डॉ. गौर से आपका अन्य प्रिंट-आउट कल ले लूँगा।' और मैं कार को आगे बढ़ाते हुए चला गया।

अगले दिन जाकर मैंने डॉ. गौर से संशोधित प्रिंट-आउट ले लिया। उन्होंने सीनियर प्रोफेसर को वापस लौटाने के लिए पुराना प्रिंट-आउट माँगा। मैंने मूल प्रिंट-आउट की फोटो कॉपी देने के लिए अपने पास रख ली थी और मूल प्रिंट-आउट जानबूझकर अपने साथ नहीं ले गया था। मैंने स्पष्ट कहा कि जब मशीन ने जाँच करके एक बार रिपोर्ट दे दी है तो उसे बदलकर ऐसे प्रिंट-आउट, जिसमें कोई खामी न दिखे, तैयार करने में क्या मुझे संतोष मिलेगा? डॉ. गौर चुप रहे। तब उनकी बात से मुझे लगा कि वरिष्ठ डॉक्टरों का एक ग्रुप यूनियन कार्बाइड के हाथों खेल रहा था और गैस के प्रभाव को कम-से-कम आँकने पर उतारू था। मेरे साथ जो हुआ, यह उसी का एक नमूना मात्र था। जब एक वरिष्ठ आई.ए.एस. अधिकारी के (मेरे) साथ यह हुआ तो सामान्य मरीजों के प्रकरणों में नंगा नाच हुआ ही होगा।

भोपाल मेडिकल कॉलेज के डॉक्टरों से चर्चा के दौरान मुझे बहुत सारी बातें मालूम हुईं। एक ने बताया था कि यू.एस.ए. स्थित यूनियन कार्बाइड के मुख्यालय से 5 दिसंबर, 1984 को ही एक संदेश प्राप्त हुआ था कि सायनाइड प्वॉइजनिंग होने पर सोडियम थायो सल्फेट का इंजेक्शन दिया जाए। यह कथन कितना सही या गलत है, यह तो पता नहीं, किंतु ऐसा लगता है कि एम.आई.सी. गैस के साथ सायनाइड भी था। यदि सोडियम थायो सल्फेट का इंजेक्शन दिया जाता और लोगों को राहत मिलती तो स्पष्ट प्रमाणित हो जाता कि जो गैस लीक हुई थी, उसमें सायनाइड भी था। इसीलिए शायद यूनियन कार्बाइड की स्थानीय लॉबी इस इंजेक्शन के खिलाफ थी।

इस प्रकार असामान्य प्रकरणों को सामान्य बनाने की प्रक्रिया जब चरम सीमा पर थी, तब मैंने उन डॉक्टरों से पूछा कि जब सब सामान्य था तो मेरे स्पूटम के साथ खून क्यों आ रहा था और यह बंद क्यों नहीं हो रहा था? इसका कोई उत्तर उनके पास नहीं था। वास्तव में कुछ वरिष्ठ डॉक्टरों को इसकी भी कोई चिंता नहीं थी कि लोग जिएँ या मरें; उनका केवल एक ही उद्देश्य था कि किस प्रकार से यूनियन कार्बाइड को बचाया जाए और गैस के दुष्प्रभाव को कम-से-कम आँका जाए। तीन-चार बार मेरे एक्स-रे लिये गए थे, तब भी पुरानी फिल्मों को वे लोग वापस माँग रहे थे। इन डॉक्टरों के रवैये से मुझे न केवल हैरानी हुई, बल्कि स्पष्ट हो गया कि भोपाल में उपचार लेने से कोई लाभ नहीं था। ऐसा प्रतीत होता है कि यद्यपि यूनियन कार्बाइड के पक्षधर डॉक्टर बहुत कम थे, किंतु वे सब पर हावी थे, शासन के सलाहकार थे और नीचे के डॉक्टर इतने आतंकित थे कि वे स्वतंत्र रवैया अपनाने में घबराते थे।

जब मेरा वजन घटता ही गया और बाद में स्पूटम में खून आने लगा तब चिंतित होना स्वाभाविक था। इसलिए 7 फरवरी, 1986 को मुख्य सचिव के नाम एक पत्र लिखकर मैंने निवेदन किया कि मैं बेहतर चिकित्सीय सलाह चाहता हूँ, इसलिए मेरा मेडिकल चेकअप यू.एस.ए. में कराया जाए। मैंने सभी मेडिकल जाँच के कागजात प्रस्तुत करने और व्यक्तिगत सुनवाई के लिए भी अनुरोध किया था; किंतु मुख्य सचिव ने इसपर कोई काररवाई नहीं की। लगभग एक माह बाद 5 मार्च को सामान्य प्रशासन विभाग के अवर सचिव ने एक पंक्ति का पत्र लिखकर कुछ विवरण मुझसे माँगा। 10 मार्च को ही मैंने वह विवरण भेज दिया। 16 अप्रैल को उन्होंने लिखा कि मुझे जो गंभीर स्वास्थ्य-हानि हुई है, उस संबंध में कराई गई चिकित्सा तथा चिकित्सीय प्रमाण-पत्र इत्यादि भेजे जाएँ, ताकि उसका परीक्षण कराया जाए और उस विषय में काररवाई की जाए। मैंने पूरा विवरण तत्काल भेज दिया।

लंबी अवधि के बाद 11 अगस्त, 1986 को अवर सचिव का पत्र आया कि विदेश जाने की अनुमति देना संभव नहीं है। यदि कोई चिकित्सा-ऋण चाहिए तो उसके लिए आवेदन कर सकते हैं।

ऐसा लगता है कि मैंने जो कागजात सामान्य प्रशासन विभाग के पास भेजे थे, उन्होंने वे सब कागजात गांधी मेडिकल कॉलेज के ऐसे वरिष्ठ डॉक्टर की राय के लिए भेजे थे, जो गैस के दुष्प्रभाव को कम-से-कम दिखाना चाहते थे। राज्य शासन शायद यह सब जानते हुए भी चुप था। परिस्थितियों से स्पष्ट है कि राज्य शासन स्वयं भी इस दिशा में दोषी था। वह लोगों को निष्पक्ष मेडिकल उपचार नहीं दिला पाया और ऐसे डॉक्टरों के हाथों में खेलता रहा, जिनकी निष्ठा गंभीर रूप से संदिग्ध हो गई थी और जो राष्ट्रीय हित को न देखकर यूनियन कार्बाइड मात्र का हित देख रहे थे। इस रवैये से स्थानीय मेडिकल कॉलेज के कुछ प्रोफेसर दुःखी थे। उनका मत था कि अहम भूमिका निभाने के लिए भारत सरकार के विशेषज्ञ डॉक्टरों को भोपाल में पदस्थ किया जाना चाहिए था, ताकि स्थानीय डॉक्टर उनके अधीन काम करते और निष्पक्ष तथा न्यायपूर्ण काररवाई/उपचार करने में व्यवधान न बनते।

18 अगस्त, 1986 को मैं मुख्य सचिव से मिला और स्पष्ट रूप से अपने स्वास्थ्य के बारे में चिंता जताकर अनुरोध किया कि वे चिकित्सा-ऋण ही स्वीकृत करने का कष्ट करें, जिसे मैं किस्तों में चुका दूँगा। 23 सितंबर, 1986 को सामान्य प्रशासन विभाग द्वारा चार बिंदुओं पर जानकारी माँगने के बाबत एक पत्र मुझे मिला।

यू.एस.ए. में, जहाँ मैं चेकअप कराना चाहता था, उसकी व्यवस्था भोपाल के

ही एक वरिष्ठ डॉक्टर ने कराई थी। यू.एस.ए. के डॉक्टरों ने मेरे कागजात देखकर तत्काल वहाँ पर मेरी जाँच व उपचार लेने का सुझाव दिया था। अतः उनसे मैंने अप्वॉएंटमेंट तक ले लिया था। मैंने ये सभी कागजात सामान्य प्रशासन विभाग को दे दिए और निवेदन किया कि शासन की स्वीकृति अविलंब जारी की जाए। मेरे एक सहपाठी स्वयं शिकागो में एक बड़े डॉक्टर हैं। उन्होंने भी मेरे चेकअप की पूरी व्यवस्था कर दी थी। इन सबके बावजूद मुझे न तो कोई चिकित्सा-ऋण स्वीकृत किया गया, न ही अमेरिका जाने की अनुमति मिली और न ही शासन से कुछ उत्तर मिला। पासपोर्ट बनवाने के लिए मैंने शासन के अनापत्ति प्रमाण-पत्र के लिए 7 फरवरी, 1986 को आवेदन-पत्र दिया था। आई.ए.एस. अधिकारियों को ऐसे अनापत्ति प्रमाण-पत्र हाथोहाथ अथवा कुछ रोज के अंदर ही मिल जाते हैं। मुझे यह नहीं मिला। जब अमेरिका में चेकअप व उपचार के लिए निर्धारित दिनांक इत्यादि गुजर गए, तब एक वर्ष दो माह पश्चात् (15 अक्तूबर, 1987 को) अत्यधिक विलंब से शासन ने पासपोर्ट बनवाने के लिए अनापत्ति प्रमाण-पत्र जारी किया, जो तब तक निरर्थक हो चुका था। स्पष्ट है कि शासन के इन वरिष्ठ अधिकारियों को किसी की जान एवं स्वास्थ्य की चिंता नहीं थी। उन्हें केवल इसकी चिंता थी कि गैस के दुष्प्रभाव को लोगों के सामने न आने दिया जाए, अन्यथा जब मैं शासन से कोई अनुदान नहीं ले रहा था तब मुझे बेहतर उपचार क्यों नहीं लेने दिया गया?

ऊपर अंकित इस घटना को यदि सचिवालय के वरिष्ठ अधिकारियों की बार-बार अमेरिका जाने और कमजोर गवाहों को वहाँ के न्यायालय में ले जाने की पृष्ठभूमि में देखा जाए तो स्पष्ट होगा कि ये वरिष्ठ अधिकारी केवल मनमानी कर रहे थे और जनहित उनके लिए गौण हो गया था।

सितंबर 1985 में मेरी पत्नी के बाएँ स्तन में एक गाँठ पाए जाने पर भोपाल के वरिष्ठ सर्जन ने कैंसर की आशंका व्यक्त की। उनकी सहायता से टाटा कैंसर हॉस्पिटल, मुंबई के संचालक डॉ. पी.बी. देसाई ने तीन-चार दिन के अंदर का ही (अर्थात् 24 सितंबर का) समय दे दिया। वह गाँठ अनिष्टकर (Malignant) थी या नहीं, इसकी जाँच के लिए भी भोपाल में तो चीर-फाड़ करने वाले थे, जबकि टाटा हॉस्पिटल में सिरिंज से ही गाँठ को तरल पदार्थ के रूप में बाहर निकाल लिया। जाँच में उसके अनिष्टकर न पाए जाने से पूरे परिवार को राहत मिली। संचालक (स्वास्थ्य सेवा) ने 5 अक्तूबर, 1985 को औपचारिक आदेश जारी करके टाटा हॉस्पिटल, मुंबई में इसकी जाँच व चिकित्सा कराने की अनुमति जारी की, किंतु सचिवालय ने इसके छोटे से देयक के भुगतान के लिए अपनी स्वीकृति नहीं दी,

बल्कि प्रश्न पर प्रश्न वर्षों तक करता चला गया। अंत में थककर मैं ही चुप हो गया। सचिवालय किसी भी कार्य को सुगमकारक (Facilitator) की बजाय बाधाकारक (Obstructionist) की ही भूमिका निभाने में सुख महसूस कर रहा था।

वास्तव में गैस त्रासदी के बाद सबसे महत्त्वपूर्ण कार्य चिकित्सीय उपचार का ही था। लक्षण के मुताबिक उपचार करने में यद्यपि डॉक्टरों ने बहुत अधिक परिश्रम किया, परंतु सही उपचार की दिशा में कोई कारगर प्रयास विभाग या शासन की ओर से नहीं किया गया। 3 दिसंबर, 1984 को जो मरीज गंभीर रूप से प्रभावित हुए थे और अस्पतालों में भरती हुए थे, उनके शव ही बाहर आए। इस प्रकार जो लोग गंभीर होते गए, वे अस्पतालों में भरती होते गए, उनकी लाशें ही वहाँ से निकाली जाती रहीं। यह सिलसिला काफी समय तक चला। उपचार के लिए कोई गंभीर प्रयास नहीं किया गया। 9 जनवरी, 1985 को भोपाल गैस त्रासदी की राज्य स्तरीय समिति की एक बैठक मुख्यमंत्रीजी की अध्यक्षता में हुई थी। उसमें सुझाव आया था कि गैस प्रभावित व्यक्तियों के लिए गहन चिकित्सा सुविधाएँ उपलब्ध कराई जाएँ तथा विशेष रूप से विशेषज्ञों को बाहर से बुलाकर गैस के दूरगामी प्रभावों के संबंध में जानकारी प्राप्त की जाए और लोगों का सही मार्गदर्शन किया जाए। इसपर आम सहमति थी। समिति के निर्णय के रूप में भी इसे अंकित किया जा सकता था, जो नहीं हुआ। 5 जनवरी, 1985 को पहले ही मुख्यमंत्रीजी की अध्यक्षता में सचिवालय के शीर्षस्थ अधिकारियों की एक बैठक (जिनमें मैं भी विशेष रूप से बुलाया गया था) में निर्णय लिया गया था कि गैस-पीड़ितों के इलाज के लिए बाहर से विशेषज्ञ डॉक्टर बुलाए जाएँ। सचिव (राहत समिति) ने इस बैठक का जो कार्य-विवरण तैयार किया था, उसके सरल क्रमांक 7 पर यह अंकित था, किंतु इसपर कोई कारवाई नहीं हुई। न बाहर से कोई विशेषज्ञ डॉक्टर बुलाया गया, न ही यहाँ के गंभीर मरीजों को कहीं बाहर भेजा गया। फलस्वरूप लोग मरते ही गए।

काफी समय बाद स्वास्थ्य-परीक्षण की आधुनिक मशीनें लाकर जवाहरलाल नेहरू चिकित्सालय में लगाई गईं, किंतु जब-जब मैंने गैस त्रासदी की बरसी पर वहाँ राउंड लगाया तो देखने और पूछताछ करने से पता चला कि ये मशीनें बंद पड़ी हैं। या तो लोग इसे चला नहीं पाते या ये चलती नहीं हैं। इस प्रकार मशीनों का क्रय तो बहुत हुआ, किंतु उसका अपेक्षित लाभ लोगों को नहीं मिल पाया।

गैस त्रासदी के बाद शोध की जो तेरह परियोजनाएँ ली गई थीं, वे मुख्यतया जहरीली गैस के प्रभाव के बारे में थीं कि मनुष्य व उसके विभिन्न अंगों पर, पशु-

पक्षियों पर तथा विभिन्न प्रकार की वनस्पतियों पर क्या-क्या प्रभाव पड़ा। गैस-पीड़ितों को कब-कब क्या-क्या उपचार दिया जाए, इस बाबत शोध-परियोजनाएँ थीं या नहीं, मुझे पता नहीं; किंतु 15 से 17 मई, 1989 को हुई आई.सी.एम.आर. की बैठक के बारे में समाचार-पत्रों में जो खबरें छपी थीं, उससे लगता है कि उपचार के बाबत भी कुछ था। एक समाचार-पत्र में ऐसी एक खबर का शीर्षक था—'चार साल बाद भी हाथ कुछ नहीं आया, तीन करोड़ बरबाद।' सारांश यही था कि संबंधित लोग इन सब कर्तव्यों के प्रति गंभीर नहीं थे। किए गए शोध-कार्यों के प्रकाशन के संबंध में छपा था कि जो गैस-रिसन हुई, वह युद्ध में प्रयोग लाई जानेवाली घातक गैस थी। अत: उसका प्रकाशन मानव-हित में नहीं होगा। जो भी हो, अब तो दो दशक पूरे होने जा रहे हैं और उपचार की स्थिति जहाँ की तहाँ है। किसी तरह जीवित बचे गैस-पीड़ितों को क्या उपचार दिया जाए, यह अभी भी रहस्य के गर्त में है। इन परियोजनाओं के प्रति गंभीरता व शीघ्रता की भावना (Sense of Urgency) का अभाव दु:खद ही कहा जाएगा।

भोपाल गैस पीड़ितों के उपचार के लिए आधुनिक सुविधाओं से युक्त 'भोपाल मेमोरियल हॉस्पिटल एवं रिसर्च सेंटर' (BMHRC) काफी विलंब से बनकर तैयार हुआ। यह शायद सरकारी मेडिकल कॉलेज से भी बेहतर है। भोपाल का उत्तरी हिस्सा गैस से मुख्य रूप से प्रभावित हुआ था, यह अस्पताल उत्तर में शहर के बाहर ग्राम करोंद में स्थापित हुआ है, किंतु इसकी छोटी-छोटी इकाइयाँ शहर के कई स्थानों पर उपचार के लिए 'पहचान-पत्र' इत्यादि बनाने के लिए स्थापित हुई हैं। मेरा वर्तमान निवास नए भोपाल में है। BMHRC की जिस इकाई से यह निवास संबद्ध है, उसमें पहचान-पत्र बनवाने के लिए हम संभवतया वर्ष 2001 के उत्तरार्द्ध से जाने लगे। वहाँ कुछ काउंटर बने हैं, जिसमें कतारों में जाकर लोग पहचान-पत्र बनवाने की औपचारिकताएँ पूरी करते थे। डॉक्टर्स एक बड़े कमरे में इकट्ठा बैठी मिला करती थीं। जब लोग लगभग नगण्य थे तब भी काउंटरवाले लोग तथा डॉक्टर्स भी कार्य ज्यादा के नाम पर लोगों को वापस कर देते थे।

मेरे बेटा व बहू ने इससे तंग आकर कहीं से सिफारिश लगवाकर करोंद स्थित (लगभग 16 कि.मी.) BMHRC से सीधे पहचान-पत्र बनवाया। मैं, पत्नी व बेटी के साथ, आम आदमी की तरह इस इकाई के थोड़े-थोड़े अंतराल से दस-पंद्रह चक्कर लगाए। हारकर एक परिचित डॉक्टर से फोन कराया तब जाकर पहचान-पत्र बनाने की औपचारिकताएँ पूरी हुईं। ऐसे ही ढेर सारे चक्कर लगाने के बाद दिसंबर 2002 में मेरा व बिटिया का पहचान-पत्र तो मिल गया, पत्नी का नहीं

मिला। उन्होंने कहा यह खो गया है। डुप्लीकेट बनाने की औपचारिकताओं के लिए कई चक्कर लगे। तत्पश्चात् पहचान-पत्र लेने के लिए दर्जनों चक्कर लग चुके हैं। 2004 में अभी तक यह नहीं मिला है। BMHRC में भी जाकर मैं संचालक व संबंधित अधिकारी (सेवा निवृत्त फौजी अधिकारी) से मिला हूँ। उनका सहयोगात्मक रवैया था। फोन पर भी बातें हुई हैं, किंतु अभी तक कुछ नहीं हुआ है।

□

गैस-पीड़ितों को मुआवजा

राज्य शासन ने गैस त्रासदी से संबंधित सभी कार्यों को सर्व प्राथमिकता दी थी। इसलिए शासन के संबंधित विभागों को भी उसमें लगाया गया था। गैस त्रासदी होते ही संयुक्त राज्य अमेरिका के कई वकील आकर लोगों के दावों के फॉर्म तैयार करने का कार्य शुरू कर चुके थे। उधर राज्य शासन ने विधि विभाग को निर्देश दिया था कि वे भी इस संबंध में काररवाई करें।

विधि विभाग ने क्षतिपूर्ति के दावे के लिए एक पृष्ठ का फॉर्म छपवाकर तैयार किया था। इस फॉर्म का शीर्षक था 'आवेदन-पत्र'। इसमें कुल दस आइटम थे, जिनमें आवेदक के बारे में मूलभूत जानकारी के अलावा मृतक/घायल के बारे में विवरण अंकित करने के मद भी थे। पूरा फॉर्म एक परिवार के लिए था और परिवार के सभी सदस्यों को उसमें हस्ताक्षर करने थे। रिटेनर एग्रीमेंट (अंग्रेजी में) व अभिभाषक-पत्र के एक-एक पृष्ठ के फॉर्म भी अलग से थे। उनमें भी दावेदारों के हस्ताक्षर होने थे। हमने भी एक फॉर्म भरा, जिसमें अनुज जवाहर सिंह सहित परिवार के सभी सदस्यों ने हस्ताक्षर किए।

इस फॉर्म को देखकर ही मुझे हैरानी हुई कि इस टेलीग्राफिक प्रारूप में तो आवश्यक विवरण तक नहीं आ सकेगा। तब कोर्ट में कैसे उस आधार पर समुचित क्षतिपूर्ति प्राप्त हो सकेगी? किंतु ये छपे प्रारूप शासन से प्राप्त हुए थे और उसपर कोई प्रश्न उठाना अच्छा नहीं माना जाता। अतः शासन के आदेश के मुताबिक काररवाई की गई। लाखों लोगों से ये फॉर्म भरवाए जाने थे। प्रभावित क्षेत्रों में जगह-जगह कैंप लगे और लंबी-लंबी कतारों में आकर लोगों ने फॉर्म भरे। यह काररवाई दिसंबर 1984 के अंत में अथवा जनवरी 1985 के शुरू में प्रारंभ हुई। लाखों लोगों से फॉर्म भरवाना मामूली कार्य नहीं था; अनेक प्रकार की समस्याएँ आईं; कई बार तो कानून व व्यवस्था की परिस्थितियाँ भी निर्मित हुईं।

प्रारूप में संशोधन कर नए प्रारूपों में, मुझे लगता है कि दूसरी-तीसरी बार

दावा फॉर्म भरवाए गए। जब दूसरी बार दावा फॉर्म भरवाए जा रहे थे तब यह जन चर्चा का विषय था कि पुनः ऐसा क्यों करवाया जा रहा है। स्पष्ट है कि पूर्व प्रारूप अपूर्ण व त्रुटिपूर्ण था, जब किसी ने इस बारे में ऊपर से कहा होगा तब उसी अनुसार नए प्रारूप बनाए गए होंगे। लापरवाहीपूर्वक सतही प्रारूप बनाकर लाखों लोगों से (अधिकांश निरक्षर) फॉर्म भरवाने के तुगलकी आदेश शासन स्तर से बिना किसी संकोच के जारी कर दिए जाते थे और जिला प्रशासन को उसका खामियाजा भुगतना पड़ता था। अंतिम बार (शायद तीसरी बार) आवेदन-पत्र दिसंबर 1985 के आस-पास लोगों से भरवाए गए थे। यह आवेदन-पत्र फॉर्म 01 अंग्रेजी में तीन पृष्ठों का था। कई बिंदुओं में 'हाँ' या 'नहीं' में उत्तर अंकित करना था। साथ में भारत सरकार को अटार्नी नियुक्त करने का 'स्पेशल पावर ऑफ अटार्नी' का फॉर्म भी था। परिवार के प्रत्येक सदस्य को यह फॉर्म अलग-अलग भरना होता था। इन फॉर्मों को भराने के लिए शासन ने इस कार्य में प्रशिक्षित अधिकारियों को लगाया था। मुझसे व मेरे परिवार के अधिकतर लोगों से ये फॉर्म गैस त्रासदी के एक वर्ष बाद (9 दिसंबर, 1985 को) भरवाए गए थे।

बाद में गैस-दावा संचालनालय से मेडिकल जाँच बाबत तेरह पृष्ठों के फॉर्म अंग्रेजी में जारी हुए थे। इसके 'पार्ट-ए' को शायद साक्षात्कार लेनेवाला अधिकारी भरता था और 'पार्ट-बी' में ढेर सारी जानकारियाँ अंकित कराने के लिए स्थान था। इसे शायद स्वास्थ्य-परीक्षण करनेवाले डॉक्टर भरते थे। विभिन्न विशेषज्ञ डॉक्टरों की राय व हस्ताक्षर के लिए भी अलग-अलग स्थान थे। सभी फॉर्म ऐसे बनाए गए थे कि कंप्यूटर से प्रोसेसिंग हो जाए। हम लोगों ने जो दावा-फॉर्म भरे थे, उनमें ढेर सारे चिकित्सीय जाँच व उपचार के कागजात लगाए थे। ऐसा लगता है कि 13 पृष्ठवाले फॉर्म को भरने में जितना समय लगना चाहिए था उतना नहीं लगाया जाता था और जल्दी-जल्दी फॉर्म सतही तरीके से भरवा लिये जाते थे। मेरी व मेरे परिवार के कुछ सदस्यों की चिकित्सा-जाँच घटना के पाँच-छह वर्ष बाद (19 फरवरी, 1990 को) जयप्रकाश चिकित्सालय परिसर में हुई। ऐसी जाँच के लिए हम जब चिकित्सालय पहुँचे तो पाया कि क्षतिपूर्ति के लिए दावे आवेदन-पत्रों के साथ-साथ हमारी चिकित्सा के बाबत ढेर सारे जो कागजात लगाए गए थे, वे सभी नदारद थे। जाँच दल में एक तकनीशियन हमारी परिचित थी; उसने सभी के सामने तो नहीं, किंतु अलग से बताया था कि कुछ वरिष्ठ डॉक्टरों के निर्देश पर वे कागजात अलग कर दिए गए और नष्ट किए जा चुके हैं।

उन्हीं दिनों मेडिकल कॉलेज के एक प्रोफेसर ने भी मुझे बताया था कि या तो

एक वरिष्ठ प्रभावशाली डॉक्टर के निर्देश पर अथवा उनके डर से एम.आई.सी. गैस का गंभीर प्रभाव बतानेवाले ढेर सारे अभिलेख नष्ट कर दिए गए हैं। सन् 1987 के प्रारंभ में भी गंभीर रूप से गैस-प्रभावित क्षेत्र के एक जानकार पार्षद ने मुझे विस्तृत विवरण देते हुए उपर्युक्त डॉक्टर सहित एक अन्य उच्च पदस्थ डॉक्टर तथा दो शीर्षस्थ नौकरशाहों के बारे में बताया था कि किस तरह वे राष्ट्रीय हित के विपरीत कार्य कर रहे थे, जिससे यूनियन कार्बाइड तथा उनके स्वार्थ मात्र की पूर्ति हो रही थी। यह सब जानकर बड़ी हैरानी हुई थी, किंतु जो शंकाएँ पहले हुई थीं उनकी पुष्टि महत्त्वपूर्ण अभिलेख गायब होने की घटना से हुई। यह सब राष्ट्र-विरोधी कार्य था, किंतु उन तत्त्वों की पहचान करके आम जनता के सामने वे तत्त्व बेनकाब नहीं किए गए। चिकित्सीय जाँच के समय मैंने डॉक्टरों से मौखिक रूप से जानना चाहा कि हमने ढेर सारे जो कागजात लगाए थे वे कहाँ हैं ? इसका उनके पास कोई उत्तर नहीं था और ये डॉक्टर शायद जानते भी नहीं होंगे, अतः उनके कहने पर, जो कागजात हमारे पास बचे थे, पुनः एक सूची के साथ हमने 21 फरवरी, 1990 को उन्हें दे दिए। मेरे दावे के लिए उस दिन सत्तासी कागजात दिए गए।

गैस-पीड़ितों को तत्परतापूर्वक और पर्याप्त क्षतिपूर्ति दिलाने के उद्देश्य से भारत सरकार ने 'द भोपाल गैस लीक डिसॉस्टर ऐक्ट—1985' बनाया था। इसके अंतर्गत एक कल्याण आयुक्त, कुछ अतिरिक्त आयुक्त तथा बहुत से उपायुक्त नियुक्त किए गए हैं। इन्हें ऐक्ट के अंतर्गत पर्याप्त अधिकार दिए गए हैं।

ऐक्ट में क्षतिपूर्ति की कोई सीमा तय नहीं की गई है; केवल सिद्धांत प्रतिपादित किए गए हैं। गैस-पीड़ित को जो चोट लगी और उपचार या अन्य प्रकार से जो व्यय आया, उसकी क्षतिपूर्ति के साथ-साथ भविष्य में उसे जो कष्ट उठाना पड़ेगा तथा जो व्यय आएगा, उसकी भरपाई का भी प्रावधान अधिनियम में है। इसी अधिनियम की धारा 9 के अंतर्गत बनी 'स्कीम 85' में क्षतिपूर्ति की राशि निश्चित करने के लिए सिद्धांतों का प्रतिपादन किया गया है। उदाहरण के लिए, गैस-पीड़ित दावेदार के जीवन की लगभग कितनी अवधि शेष है, उसकी आय की तुलना में उसकी आवश्यकताएँ कितनी हैं, मानसिक पीड़ा के लिए भी क्षतिपूर्ति का प्रावधान, शारीरिक पीड़ा की गंभीरता व उसके स्वरूप का भी खयाल रखे जाने का प्रावधान है। इन सब एवं अन्य प्रावधानों का स्पष्ट आशय है कि गैस-पीड़ित पीड़ित होने के पहलेवाला अपना जीवन-स्तर जीवन भर बनाए रखे—ऐसी क्षतिपूर्ति-राशि दी जानी चाहिए थी।

क्षतिपूर्ति के प्रकरणों की जाँच के दौरान उपर्युक्त प्रावधानों का पालन उनके

उल्लंघन करने में ही हुआ है। लंबी प्रतीक्षा के बाद मुश्किल से जब अपने क्षतिपूर्ति दावे की पुष्टि में अपना कथन लिपिबद्ध कराने का समय सन् 1996 के उत्तरार्ध में आया तो शुरू-शुरू में कुछ प्रश्न मुझसे पूछे गए, जिससे मुझे लगा कि ऐसे असंगत व टूटे-फूटे संदर्भ में कथन सार्थक न होगा। अतः पीठासीन अधिकारी से मैंने अनुरोध किया कि मुख्य परीक्षण के भाग में मैं अपना कथन स्वयं कहना चाहूँगा, ताकि सार्थकता बनी रहे; बाद में प्रतिपरीक्षण में जो भी पूछा जाएगा, उसका मैं उत्तर दूँगा। अनुमति मिलते ही मैंने अपना कथन लिखवाना शुरू किया। लिखनेवाला लिपिक पीठासीन अधिकारी के बगल में ऊपर मंच पर बैठा बड़ी तेज गति के साथ-साथ मेरे कथन को टंकित करता जा रहा था। मैं नीचे खड़ा होकर लिखा रहा था, पीठासीन अधिकारी मात्र बैठे-बैठे सुन रहे थे। पाँच मिनट भी नहीं हुए होंगे कि उनका धैर्य टूट गया। वे बोले, 'संक्षेप में लिखवाइए।' मैंने निवेदन किया कि घटना के समय मैं भोपाल का कलेक्टर था, पुराने भोपाल में रहता था। जब गैस उस क्षेत्र को अपने प्रभाव में लपेट रही थी, तब मैंने उस क्षेत्र का दौरा किया था। मैंने अपार जनमानस को उस समय जान बचाने के लिए भागते देखा है। उसके बाद बचाव तथा राहत-कार्य के संचालन का नेतृत्व किया है। गैस से गंभीर रूप से प्रभावित होने के कारण अनेक प्रकार के कष्ट भुगता हूँ व भुगत रहा हूँ। उपचार के लिए अनेक बार बाहर जाना पड़ा है। अतः इन सब बातों को मैं लिखाना चाहता हूँ।

स्पष्ट है कि यह सब झेलने का सब्र पीठासीन अधिकारी में नहीं था। हारकर मैंने संक्षेप में अपना कथन लिखवाया। पीठासीन अधिकारी बीच-बीच में संकेत देते थे कि उपचार के बाबत कागजात वे स्वयं देख लेंगे।

16 अगस्त, 1996 को उन्होंने अंतिम आदेश पारित किया। जो लगभग दो पृष्ठ का है। प्रथम पृष्ठ तो पहले से ही छपा हुआ है, दूसरा पृष्ठ टाइप किया हुआ है। प्रत्येक साक्ष्य का उल्लेख करके उसकी विवेचना आदेश में तो नहीं है, किंतु मुझे गैस से गंभीर रूप से प्रभावित माना गया है और स्थायी आंशिक अशक्तता होना भी माना है। इन सबके बावजूद क्षतिपूर्ति की राशि मात्र साठ हजार रुपए निर्धारित की गई।

कल्याण आयुक्त के कार्यालय में मुझे टाइप की गई एक सूची एक बार दिखलाई गई थी; उसमें किसी का हस्ताक्षर नहीं था। गैस प्रभावित व्यक्ति के भिन्न-भिन्न लक्षणों के लिए मुआवजे की अलग-अलग राशि उसमें निर्धारित थी। इस प्रकार एक गैस-पीड़ित व्यक्ति को पच्चीस हजार से लेकर पचास-साठ हजार रुपए तक की क्षतिपूर्ति-राशि का प्रावधान था। मृतकों के उत्तराधिकारियों के लिए यह राशि प्रति मृतक एक से पाँच लाख रुपए तक की थी। ऐसा लगता है कि गैस-

पीड़ितों के साथ व्यापक स्तर पर धोखा हो रहा था। भारत सरकार के किसी कार्यालय में अथवा अन्यत्र कहीं यह सूची बनी थी तथा अप्रत्यक्ष रूप से पीठासीन अधिकारी लगता है इससे बँधे हुए थे और अधिनियम के तहत वे अपने अधिकार व विवेक का उपयोग नहीं कर पा रहे थे। पूरी जाँच व निर्णय का कार्य संक्षेप में हो रहा था। 16 अगस्त, 1996 वाले आदेश के प्रारंभ में लिखा है कि मैंने तीन लाख की क्षतिपूर्ति राशि माँगी थी। यह सही नहीं है। 9 दिसंबर, 1985 को जो रेफरेंस कार्ड मुझे दिया गया था, उसमें राशि तो अंकित नहीं है, किंतु मुझे याद है तथा मेरे पास अपना स्वयं का नोट भी किया हुआ है कि मैंने नब्बे लाख रुपए की राशि का दावा किया था। मेरे अनुज जवाहर सिंह सहित परिवार के अन्य सभी सदस्यों ने बीस-बीस लाख रुपए का दावा किया था। चिकित्सा के सत्तासी दस्तावेज मैंने चिकित्सीय जाँच में पुनः उपलब्ध कराए थे, जो पीठासीन अधिकारी की फाइल में थे। यदि इन दस्तावेजों का परीक्षण ठीक से किया जाता तो पता चलता कि व्यय कितना अधिक हुआ होगा तथा भविष्य में कितना हो सकता है। इस परिप्रेक्ष्य में साठ हजार रुपए की क्षतिपूर्ति की तुच्छता स्वयमेव दिखती। स्पष्ट है कि वे सब उस सूची से बँधे थे, जो अनौपचारिक रूप से सभी के पास थी।

सूची में प्रदर्शित दरें जिस किसी स्तर पर तय हुई होंगी, उनके मन में भोपाल के गैस-पीड़ितों के लिए सद्भावना नहीं थी और शायद वे परिस्थितियों तथा व्यापक क्षति से अपरिचित भी थे, अन्यथा क्षतिपूर्ति का आकार क्या होना चाहिए—यह निर्धारित करना मुश्किल नहीं था। वास्तव में इस प्रकार तुगलकी ढंग से दरें (Scales) तय करना अवैधानिक था; किंतु पीठासीन अधिकारियों ने भी स्वतंत्र रूप से न्याय देने की हिम्मत नहीं जुटाई। उपायुक्त के आदेश के विरुद्ध एक तरफ मैं अपील करने की बात सोच रहा था, दूसरी ओर पूरे माहौल को देखते हुए उसकी निरर्थकता से भी अनभिज्ञ नहीं था। इसी बीच कल्याण आयुक्त का नोटिस प्राप्त हुआ। उन्हें लगा कि उपायुक्त ने साठ हजार रुपए की बहुत ज्यादा क्षतिपूर्ति राशि का आदेश दिया है। अतः अतिरिक्त आयुक्त के यहाँ पुनरीक्षण का प्रकरण प्रारंभ हो गया।

इसी बीच 6 जनवरी, 1997 को 'टाइम्स ऑफ इंडिया' (नई दिल्ली) 'Oberoi Asked to Pay 50 Lakh Compensation' शीर्षक समाचार पढ़ने को मुझे मिला। इसका सारांश यह है कि जर्मनी के एक पायलट को 13 अगस्त, 1972 को 'ओबेराय होटल' के स्वीमिंग पूल में चोट लगी थी, जिस कारण तेरह वर्ष बाद 27 सितंबर, 1985 को उसकी मृत्यु जर्मनी में हो गई। दिल्ली उच्च न्यायालय ने पचास लाख रुपए के मुआवजे की राशि निर्धारित की और आगे यह भी लिखा कि 27

सितंबर, 1985 से भुगतान के दिनांक तक 6 प्रतिशत प्रतिवर्ष की दर से ब्याज का भी भुगतान करना होगा। इस प्रकार दिल्ली उच्च न्यायालय ने एक करोड़ रुपए से ज्यादा की क्षतिपूर्ति प्रदान कारवाई। दिल्ली उच्च न्यायालय ने ही अपने आदेश आदेश दिनांक 24 अप्रैल, 2003 द्वारा उपहार सिनेमा में लगी आग के प्रत्येक मृतक के लिए अठारह लाख रुपए तथा प्रत्येक मृत बच्चे के लिए पंद्रह लाख रुपए का हरजाना निकट संबंधियों को दिलाया है। इसी आग से घायल प्रति व्यक्ति को एक-एक लाख रुपए दिलाया गया है। उसकी तुलना यदि भोपाल गैस त्रासदी से गंभीर रूप से बीमार लोगों एवं मृतकों के परिवारजनों को दी गई क्षतिपूर्ति-राशि से की जाए तो स्पष्ट होगा कि भोपाल के लोगों के साथ धोखा हुआ है। और इसका लाभ किसे मिला—यह अनुमान लगाना कठिन नहीं है।

अतिरिक्त आयुक्त के यहाँ जो आवेदन-पत्र मैंने प्रस्तुत किया, उसमें उपर्युक्त प्रथम न्याय दृष्टांत तथा 'द भोपाल गैस लीक डिसॉस्टर एक्ट—1985' एवं 'स्कीम 1985' में क्षतिपूर्ति की राशि के निर्धारण के सभी प्रावधानों का स्पष्ट उल्लेख किया व मौखिक निवेदन भी किया, किंतु कहीं कोई सुनवाई नहीं हुई। उन्होंने मात्र उपायुक्त के आदेश को कायम रखा।

26 मई, 1997 को मैंने कल्याण आयुक्त के यहाँ अतिरिक्त आयुक्त के आदेश के विरुद्ध आवेदन-पत्र दिया और कई बार कल्याण आयुक्त से मिलना भी चाहा, किंतु वे कभी मिले ही नहीं। लोगों ने बताया कि उच्च न्यायालय के एक माननीय न्यायमूर्ति अंशकालीन तौर पर कल्याण आयुक्त भी हैं और महीने में दो-एक दिन के लिए आते हैं। उनके कार्यालय में ढेर सारे रिटायर्ड लोग थे, जो सभी तरह के कार्य देखा करते थे। (वास्तव में पूरा गैस-राहत विभाग सेवानिवृत्त लोगों के लिए स्वर्ग था। लगता है, कई लोग तो मरते दम तक वहीं कार्यरत रहे होंगे। सरकार ने सेवानिवृत्त लोगों को खूब उपकृत किया।)

जब मैंने वहाँ आवेदन-पत्र पेश किया तब एक सेवानिवृत्त न्यायिक अधिकारी (किंतु पुनर्नियुक्त अधिकारी) ने उसे लिया। उस समय उन्होंने जो व्यंग्यात्मक टिप्पणियाँ कीं, उनसे भी स्पष्ट था कि गैस त्रासदी की भीषणता का एहसास न तो उन लोगों को था और न ही उनकी मानसिकता उसे समझने की थी। मैंने कल्याण आयुक्त के समक्ष व्यक्तिगत सुनवाई चाही थी। वैसे भी न्यायसंगत तो यही होता कि वे मुझे सुनते, किंतु ऐसा अवसर मुझे नहीं दिया गया और 1 अक्तूबर, 1997 का एक साइक्लोस्टाइल्ड ज्ञाप मेरे पास आ गया कि कल्याण आयुक्त ने किसी काररवाई की आवश्यकता नहीं महसूस की। कल्याण आयुक्त कार्यालय में गंभीरता एवं कामकाजी

माहौल कभी नहीं दिखा। सभी जगह उदासीनता थी। वरिष्ठ अधिकारियों से चर्चा में भी लगता था कि वे विषय से भली-भाँति परिचित ही नहीं थे। उनमें ऐसी भावना दिखती थी, मानो वे गैस-पीड़ितों को उनका हक नहीं बल्कि खैरात बाँट रहे हों। सभी जगह घुटन भरा एवं उबाऊ माहौल था। कल्याण आयुक्त की ओर से गैस-पीड़ितों के मुआवजे के दावों के निबटारे में अत्यंत सुस्ती बरतने के बाबत एक जनहित याचिका में सुप्रीम कोर्ट ने कल्याण आयुक्त कार्यालय बंद तक करने की चेतावनी दी थी (दैनिक भास्कर, भोपाल—15 दिसंबर, 1995)।

मैंने सुना था कि उच्चतम न्यायालय भोपाल गैस त्रासदी के मामले में काफी संवेदनशील है और साधारण आवेदन-पत्र पर भी कभी-कभी काररवाई करता है। मेरी इच्छा औपचारिक रूप से भी वहाँ याचिका दायर करने की थी, किंतु वह बहुत महँगा था। अत: मैंने सभी आवश्यक दस्तावेजों की प्रतियाँ लगाते हुए 27 नवंबर, 1997 को माननीय प्रधान न्यायमूर्ति उच्चतम न्यायालय के पास याचिका भेजी। उसकी कोई सूचना वहाँ से प्राप्त नहीं हुई।

यद्यपि मैंने अपने प्रकरण का उल्लेख किया है, तथापि उससे अधिकांश प्रकरणों के भाग्य का चित्रण मिलता है। वैसे मेरे अनुभव के अलावा भी लोगों के भाँति-भाँति के अनुभव हुए होंगे। समाचार-पत्रों में भी इसी बाबत खूब छपता रहा है। वकीलों तथा विभिन्न दावा अभिकरणों में लगाए गए सेवानिवृत्त लोगों के भी अच्छे दिनों के उल्लेख होते रहे हैं, किंतु गैस-पीड़ित तो सर्वत्र पीड़ित ही होता रहा है। अधिकतर गैस-पीड़ित लोग गरीब, अनपढ़ एवं पिछड़े होने के कारण जुलूस, हड़ताल आदि से आगे कुछ नहीं कर पाए। दावेदार के अधिकतम हितवाला न्याय तत्परता से दिलाने का सरकार का वायदा ढकोसला ही साबित हुआ।

गैस-पीड़ितों के प्रति गैस-राहत विभाग के प्रमुखों के उदासीन एवं लापरवाही-पूर्ण रवैए के कारण भी उन्हें न्याय से वंचित होना पड़ा है। इन प्रमुखों ने इन लाखों अभागों की समस्या समझने का प्रयास बिलकुल नहीं किया। 7 अक्तूबर, 1988 के भोपाल के 'दैनिक भास्कर' में 'सत्यम बगलें झाँकने लगे' शीर्षक के अंतर्गत समाचार प्रकाशित हुआ था कि जब सुप्रीम कोर्ट ने जरूरतमंद गैस-पीड़ितों की पहचान का आधार जानना चाहा तब राहत आयुक्त बगलें झाँकने लगे। समय दिए जाने पर दूसरी बार भी जब इस प्रश्न का उत्तर नहीं दे पाए, तब वहाँ पर मौजूद अफसरों ने एक तदर्थ कसौटी वहीं बनाकर पेश की, जिसे अदालत ने मान्य नहीं किया। स्पष्ट है कि राहत आयुक्त के सहायक अधिकारी भी वास्तविकता से अनभिज्ञ थे, अन्यथा वास्तविकता में अपने आपको प्रमाणित करने की क्षमता होती है

और होती; उससे न्यायालय जरूर संतुष्ट होता। मुआवजे के लिए 470 मिलियन डॉलर के समझौते के विरुद्ध पुनरीक्षण याचिकाओं की सुनवाई के समय सुप्रीम कोर्ट के मुख्य न्यायाधीश ने मुआवजे के लिए दायर दावों की कुल राशि जाननी चाही थी। लेकिन मध्य प्रदेश सरकार के वकील उसे नहीं बताना चाहते थे। तब उन्हें सुप्रीम कोर्ट की फटकार पड़ी थी। पता नहीं, इतनी बुनियादी जानकारी सुप्रीम कोर्ट से क्यों छिपाई जा रही थी ? यह अपारदर्शिता शायद इसलिए थी कि कुल दावे लगभग एक लाख करोड़ रुपए के थे, जबकि समझौते की अल्प राशि उसके 1 प्रतिशत से भी कम थी। निहित स्वार्थी तत्त्वों ने शुरू से ही जानकार एवं निष्ठावान् अधिकारियों को गैस-राहत के कार्यों से अलग करना प्रारंभ कर दिया था। वे तत्त्व अपनी इस मनमानी में सफल हुए, अन्यथा भी जन-समस्याओं को निपटाने की बजाय समस्याएँ बतानेवालों को निपटाना कुछ शीर्षस्थ नौकरशाहों को ज्यादा भाता था। इन मुकामों पर भी गैस-पीड़ित पुनः पीड़ित हुए लेकिन इस बार गैस से नहीं, बल्कि गैस से ज्यादा खतरनाक नौकरशाही से। वास्तव में गैस-पीड़ितों के साथ व्यापक पैमाने पर छल-कपट हुआ है। जब अपने ही लोग धोखा दे जाएँ तब भला गैर लोग साथ क्यों देने लगे!

□

न्यायिक जाँच आयोग

जाँच आयोग अधिनियम, 1952 की धारा 3 द्वारा प्रदत्त शक्तियों का प्रयोग करते हुए राज्य शासन ने न्यायमूर्ति श्री एन.के. सिंह (न्यायाधीश, मध्य प्रदेश उच्च न्यायालय) की अध्यक्षता में एक सदस्यीय आयोग गठित करने की अधिसूचना 6 दिसंबर, 1984 को जारी की। आयोग को जाँच के जो मुद्‌दे दिए गए, वे निम्नानुसार थे—

1. वे घटनाएँ तथा परिस्थितियाँ, जिनके परिणामस्वरूप बैरसिया रोड, भोपाल में 'यूनियन कार्बाइड' के कीटनाशक संयंत्र में 2 तथा 3 दिसंबर, 1984 की रात्रि को दुर्घटना हुई, जिसके अंतर्गत वे कारण भी आते हैं, जिनके परिणामस्वरूप जहरीली गैसों का रिसन हुआ और आस-पास के क्षेत्रों के निवासी तथा भोपाल के नागरिक बड़ी संख्या में मरे तथा बीमारियों से ग्रस्त हुए।
2. संबंधित प्राधिकारियों द्वारा कारखाने में जहरीली गैस की रिसन को रोकने के लिए किए गए उपायों की पर्याप्तता या अपर्याप्तता और उनका प्रभावी कार्यान्वयन तथा उनके द्वारा इस गंभीर परिस्थिति की जानकारी प्रशासन को देने हेतु उठाए गए कदमों की तत्परता या अन्य स्थिति, जिसमें आस-पास के क्षेत्रों के निवासियों को आसन्न आशंका की चेतावनी देना सम्मिलित है।
3. सुरक्षा-उपायों की पर्याप्तता या अपर्याप्तता तथा उनका समुचित कार्यान्वयन, जिसमें कारखाने के प्राधिकारियों और/या निरीक्षण अभिकरण चाहे वे कानूनी हों या अन्य, की उपेक्षा और या आपराधिकता का विवाद सम्मिलित है।
4. विषैली गैसों के रिसन के लिए तथा परिणामस्वरूप आस-पास के क्षेत्रों के निवासियों की हुई मृत्यु तथा गंभीर बीमारियों से ग्रस्त होने के लिए प्रत्यक्ष या अप्रत्यक्ष दायित्व का संधारण।

5. इस स्वरूप के उद्योगों में ऐसी दुर्घटनाओं के निवारण के लिए उपायों के संबंध में सिफारिशें।
6. उपर्युक्त दुर्घटना की आनुषंगिक या संबद्ध अन्य परिस्थितियाँ या तथ्य, जो आयोग की जानकारी में आएँ या उस (आयोग) की जानकारी में लाई जाएँ।
7. यह अभिकथन कि मुख्यमंत्री दिनांक 3 दिसंबर, 1984 के पहले घंटों में गैस के रिसन की सूचना पाकर या अन्य कारणवश कुछ समय के लिए भोपाल से बाहर चले गए।

आयोग को अपना प्रतिवेदन 15 मार्च, 1985 तक प्रस्तुत करने का समय दिया गया। जाँच के मुद्दों में मुद्दा क्रमांक 7 दिलचस्प है। वास्तव में गैस त्रासदी के समय से ही ओछी राजनीति घुस गई थी और लोग अपने राजनीतिक स्वार्थ की रोटियाँ सेंकने के लिए आपसी दुश्मनी का बदला लेने पर उतारू हो गए थे। इसलिए वे तरह-तरह की अफवाहें फैलाते थे। उनमें से एक अफवाह यह भी फैला दी गई थी कि मुख्यमंत्रीजी गैस-रिसन की सूचना पाते ही भोपाल छोड़कर बाहर चले गए थे। शायद इसी आरोप को दूर करने के लिए शासन ने सातवाँ मुद्दा जोड़ा था। जैसाकि मैं पहले ही उल्लेख कर चुका हूँ, यह सरासर असत्य था; मुख्यमंत्रीजी के निवास जाकर रात में मैंने स्वयं उनसे चर्चा की थी, तब मुख्य सुरक्षा अधिकारी सहित पुलिस के कई लोग मुख्यंमत्री निवास में उपस्थित थे।

न्यायिक जाँच आयोग गठित करने की घोषणा तो मुख्यमंत्रीजी ने 3 दिसंबर को ही कर दी थी। केवल औपचारिकता पूरी करने तथा अधिसूचना जारी करने में दो-तीन दिन का समय लगा। 6 दिसंबर को ही मुख्य सचिव ने न्यायिक जाँच आयोग को प्रस्तुत करने के लिए ज्ञापन तैयार करने के लिए तीन वरिष्ठ अधिकारियों की एक कमेटी बना दी, जिसमें संचालक पंचायत, श्रम आयुक्त एवं पुलिस उप महानिरीक्षक (सी.आई.डी.) रखे गए। संचालक (पंचायत) के पास भेजे गए अर्द्धशासकीय पत्र में मुख्य सचिव ने ज्ञापन तैयार करने के लिए विस्तृत निर्देश दिए और इस बात पर बल दिया कि इसमें सभी महत्त्वपूर्ण मुद्दों का समावेश किया जाए और कोई महत्त्वपूर्ण मुद्दा छूटने न पाए। यह भी कहा गया कि यद्यपि वे किसी भी अधिकारी से सहायता ले सकते थे और जिला प्रशासन को पूर्ण रूप से परिदृश्य में रखें। तथापि ज्ञापन की तैयारी में जिला प्रशासन को ज्यादा न लगाएँ, क्योंकि इस कठिन समय में वे दिन-प्रतिदिन के प्रशासन में बहुत अधिक व्यस्त हैं। आगे कहा गया कि सचिवालयीन स्तर पर सचिव (सामान्य प्रशासन विभाग) समन्वय का कार्य करेंगे और आवश्यकता

पड़ने पर उनसे (मुख्य सचिव) भी परामर्श किया जाए और इसकी प्रतिलिपि संबंधित अधिकारियों तथा मेरे (कलेक्टर के) पास भी भेजी गई।

ज्ञापन तैयार करने के लिए समन्वय कर रहे सचिव (सामान्य प्रशासन विभाग) ने 12 दिसंबर, 1984 को संभागीय आयुक्त/कलेक्टर (मुझे) एवं पुलिस अधीक्षक को अर्द्धशासकीय पत्र भेजते हुए जाँच आयोग की तैयारी के संबंध में पूरा विवरण दिया और ज्ञापन तैयार करनेवाली समिति के गठन का हवाला देते हुए अन्य बिंदुओं के साथ-साथ निम्नलिखित बिंदुओं पर जानकारी माँगी—

1. यूनियन कार्बाइड कारखाने के लिए भूमि-आवंटन और भू-अर्जन के अभिलेख।
2. कारखाने में पहले जब-जब दुर्घटनाएँ हुईं तब-तब उनपर जिला पुलिस द्वारा यदि कोई कारर‍वाई की गई थी तो उसके अभिलेख।
3. आयुक्त, भोपाल संभाग एवं जिला प्रशासन द्वारा कारखाने में दुर्घटना होने के समय से लेकर अथवा उसके बाद जो कोई प्रतिवेदन भेजा गया था, उस अभिलेख की प्रति।

तदनुसार कारर‍वाई की गई और जो भी अभिलेख था, भेजा गया।

12 दिसंबर, 1984 को ही विधि और विधायी कार्य विभाग ने जाँच आयोग में अधिवक्ताओं की नियुक्ति के लिए मुझसे प्रस्ताव माँगे। मैंने जिला एवं सत्र न्यायाधीश, भोपाल से प्रस्ताव लेकर तीन अच्छे अभिभावकों के नाम विधि और विधायी कार्य विभाग के पास भेज दिया। न्यायमूर्ति एन.के. सिंह दिसंबर माह से ही ग्वालियर से भोपाल कभी-कभार आने लगे थे। जाँच आयोग को अपना कार्य करने के लिए आवश्यक सुविधाएँ दी जानी थीं; इसमें शासन स्तर से जो कारर‍वाई की गई उससे वे संतुष्ट नहीं थे, उनकी अपेक्षाएँ कुछ ज्यादा ही थीं।

मैंने इस समस्या को सुलझाने का प्रयास किया। आयोग के अध्यक्ष से उनके भोपाल कैंप में संपर्क करके तथा उनकी अपेक्षाएँ ज्ञात करके मैं सचिवालय के वरिष्ठ अधिकारियों को अवगत कराता था। शासन किससे सहमत था और किससे असहमत, इसके बारे में पूरी जानकारी लेकर समझदारी से आयोग को अवगत कराता था। एक सदस्यीय आयोग के अध्यक्ष की जो अपेक्षाएँ थीं, उनके बारे में मैंने एक कागज पर बिंदु टाइप करा लिये थे और उसकी प्रतिलिपि सचिवालय के संबंधित वरिष्ठ अधिकारियों को दे दी थी। वे बिंदु इस प्रकार थे—

1. भोपाल में रहने के लिए पद के उपयुक्त बँगला।
2. जाँच-कार्य के लिए उपयुक्त भवन, जिसमें कोर्ट के लिए बड़ा हॉल हो,

चैंबर एवं टॉयलेट हो तथा कार्यालय के लिए कमरे और गवाहों के बैठने के लिए कमरे, फर्नीचर इत्यादि हों।

3. भोपाल में जाँच आयोग के लिए 2 वाहन एवं ग्वालियर में आयोग संबंधी कार्य के लिए एक वाहन।
4. भोपाल एवं ग्वालियर में राज्य शिष्टाचार अधिकारी द्वारा आयोग के अध्यक्ष को रिसीव करना एवं विदा करना। हवाई अड्डों पर वे सभी सुविधाएँ देना, जो वी.आई.पी./वरिष्ठ अधिकारियों को मिलती हैं। ग्वालियर में टर्मिनल बिल्डिंग से वायुयान तक जाने में शायद दो किलोमीटर तक की दूरी है। अतः वायुयान तक जाने के लिए कार की सुविधा।
5. जब तक बँगले की व्यवस्था नहीं होती तब तक वी.आई.पी. गेस्ट हाउस में दो सूट्स का आरक्षण।
6. अगली बार संभवतया 7 जनवरी, 1985 को आयोग के अध्यक्ष भोपाल आएँगे।

आयोग के अध्यक्ष जब-जब भोपाल आते थे तब-तब उनके अहम की तुष्टि के लिए अपनी अन्य अति व्यस्तताओं के बावजूद मैं उनसे मिलने जाता था। कार्यालय व निवास के लिए वे विभिन्न भवनों को देखने जाते थे, तब उनकी इच्छा को रखते हुए मैं भी उनके साथ जाता था। इससे हमारे अन्य कार्यों में काफी व्यवधान होता था। यद्यपि सचिवालय के वरिष्ठ अधिकारियों की ओर से अनुकूल रवैया नहीं था और विलंब पर विलंब होता जा रहा था, किंतु मैंने महसूस किया कि जाँच आयोग के अध्यक्ष की अपेक्षाएँ भी कुछ ज्यादा ही थीं। जाँच-कार्य के लिए उपयुक्त भवन, भोपाल में बँगला, वाहन इत्यादि की माँग तो ठीक थी, किंतु ग्वालियर में भी एक कार व हवाई अड्डे पर सुविधाएँ माँगने की जो अपेक्षाएँ थीं, मेरे खयाल से बहुत उचित नहीं थीं। हवाई अड्डों पर स्वयमेव अच्छी व्यवस्था रहती है और कभी भी किसी को दो किलोमीटर नहीं चलाया जाता है। जो भी हो, शासन के वरिष्ठ अधिकारियों और जाँच आयोग के अध्यक्ष के बीच में इन्हीं कारणों से संबंधों में मधुरता की कमी रही। कोई ज्यादा कड़वाहट न आने पाए, इसमें मेरा प्रयास कुछ हद तक तो सफल रहा, किंतु पूरी तरह नहीं। पत्रकार भी छोटी-छोटी बातों को चटपटा करके छापा करते थे। जाँच आयोग के अध्यक्ष का यह तथाकथित कथन 18 अप्रैल, 1985 को 'नई दुनिया' में छपा था—'मैं सरकार से खैरात माँगता नहीं फिरूँगा'।

जाँच आयोग के अध्यक्ष यह महसूस करते थे कि शासन के वरिष्ठ अधिकारी

जाँच कार्य के लिए न्यूनतम सुविधा भी उपलब्ध नहीं कराना चाहते और उधर शासन के वरिष्ठ अधिकारी यह महसूस करते थे कि जाँच आयोग के अध्यक्ष की अपेक्षाएँ आवश्यकता से कहीं अधिक थीं।

इन सबका लाभ यूनियन कार्बाइडवाले एवं अन्य स्वार्थी तत्त्व उठा रहे थे; उनका प्रयास था कि येन-केन-प्रकारेण एम.आई.सी. गैस का जो सैंपल रखा था, वह समाप्त कर दिया जाए और तरह-तरह के तर्क देकर वे उसे नष्ट करना चाहते थे। यह बड़ा हास्यास्पद तर्क था कि दर्जनों टन एम.आई.सी. गैस लंबे समय तक बड़े टैंकों में रखी रही, अब उसके तीन सौ ग्राम के सैंपल को रखने से यूनियन कार्बाइडवाले पूरे शहर को खतरा बता रहे थे और उधर सैकड़ों बल्कि हजारों टन अन्य जहरीले एवं खतरनाक गैस, द्रव एवं अन्य पदार्थों का भंडारण वे किए हुए थे; लेकिन उनके बारे में उन्हें कोई चिंता नहीं थी। कारण स्पष्ट है कि किसी भी जाँच के पहले वे हत्यारी गैस तथा दुर्घटना के समस्त साक्ष्यों को जल्दी-से-जल्दी नष्ट करना चाहते थे। कुछ वरिष्ठ अधिकारी भी जाँच के बिंदुओं, विशेष तौर पर बिंदु क्रमांक 2, 3 व 4 के संभावित निष्कर्षों से घबराए हुए थे और जाँच नहीं चाहते थे।

ऐसा लगता है कि शासन की ओर से प्रस्तुत होनेवाला ज्ञापन भी ठीक-ठाक नहीं बन पाया और न्यायिक जाँच आयोग का कार्य गति के साथ नहीं हो सका। उधर समय के प्रवाह के साथ-साथ सचिवालय और आयोग के बीच के संबंधों में मधुरता की कमी होती चली गई। काफी लोग तो यही चाहते थे कि यह जाँच न हो; इसलिए स्वार्थी तत्त्व भी समस्याएँ खड़ी करते गए और दोनों पक्षों को एक-दूसरे के खिलाफ भरते रहे। सरकार बदल जाने का भरपूर लाभ भी इन स्वार्थी तत्त्वों ने उठाया। अंततोगत्वा राज्य शासन ने जाँच आयोग को ही समाप्त कर दिया। इस प्रकार जाँच आयोग की जाँच से जो महत्त्वपूर्ण तथ्य उजागर होते और आम जनता के सामने आते, उनपर सदा के लिए परदा पड़ गया।

विश्व का इतना बड़ा हादसा हुआ और इसके सभी तथ्य गुमनामी में चले जाएँ—यह एक दुःखद घटना थी और उन तत्त्वों की जीत थी, जो शुरू से ही मामले को रफा-दफा करने की फिराक में थे।

□

मृत पशुओं के लिए आर्थिक सहायता

मरे हुए पशुओं को किस प्रकार गैस त्रासदी होने के चार-पाँच दिन के अंदर ही शहर से हटा दिया गया और शहर की सफाई की गई—इसका विवरण पहले आ चुका है। उस समय पशु-चिकित्सा विभाग एवं राजस्व विभाग के दलों से कहा गया था कि मृत पशुओं को उठाते समय उनके बारे में पूरा विवरण अंकित करें। जहाँ मालिकों के नाम का पता था वहाँ पर मृत पशुओं के विवरण के साथ-साथ मालिक के नाम अंकित किए जाते थे; किंतु अधिकांश मामलों में ऐसा करना संभव नहीं था, क्योंकि जिस समय सफाई का कार्य चल रहा था उस समय बहुत कम लोग मौके पर मिलते थे। फिर भी किस स्थान से पशु हटाए गए और किस प्रकार के मृत पशु हटाए गए—यह सब सूची में अंकित किया जाता था। पशु-चिकित्सा विभाग के संयुक्त संचालक के मार्गदर्शन एवं नियंत्रण में इस सूची को अंतिम रूप दिया गया था। यह सूची बाद में बहुत उपयोगी साबित हुई।

राज्य स्तरीय गैस त्रासदी राहत समिति की 27 दिसंबर, 1984 की बैठक में की गई अनुशंसा पर 5 जनवरी, 1985 को मुख्यमंत्रीजी की अध्यक्षता में वरिष्ठ अधिकारियों की एक बैठक में निर्णय लिया गया था कि मृत पशुओं के बारे में आर्थिक सहायता उसी प्रकार दी जाए जिस प्रकार उनके बीमा होने की स्थिति में प्राप्त होती। इस प्रकार की सहायता देने के लिए काररवाई कलेक्टर, अर्थात् मुझे एवं पशु-चिकित्सा संचालक को करनी थी। प्रक्रिया इस प्रकार निर्धारित की गई कि आवेदन-पत्र कलेक्टर कार्यालय में प्रस्तुत किए जाएँगे, जिन्हें जाँच के लिए संचालक (पशु-चिकित्सा) के पास भेजा जाएगा। संचालक (पशु-चिकित्सा) जाँच कराकर अपनी अनुशंसा सहित प्रतिवेदन कलेक्टर के पास भेजेंगे। आवेदन-पत्र प्रस्तुत करने के लिए एक अच्छा सा फॉर्म निर्धारित हो गया और यह भी व्यवस्था रखी गई कि आवेदन-पत्र प्राप्त होने के दिन से अधिक-से-अधिक सात दिनों के अंदर जाँच की काररवाई पूर्ण हो जाए। आर्थिक सहायता देने की प्रक्रिया के बारे में जानकारी जनता

को देने के लिए व्यापक प्रचार किया गया और इसी के अनुरूप हमने काररवाई प्रारंभ कर दी।

मृत पशुओं के मालिकों को वित्तीय सहायता देने के संबंध में 9 जनवरी, 1985 को संभागीय आयुक्त, भोपाल के कक्ष में एक बैठक हुई थी, जिसमें मेरे अलावा विशेष सचिव, पशुपालन विभाग एवं संचालक (पशुपालन) भी अपने-अपने अधिकारियों सहित उपस्थित थे। उपपरिवहन आयुक्त को पदेन अतिरिक्त कलेक्टर नियुक्त कर मेरे कार्यालय में पदस्थ किया गया था। उन्हें ही यह कार्य सौंपा गया था। वे भी इस बैठक में उपस्थित थे। इतने महत्त्वपूर्ण कार्य के लिए अंशकालीन अधिकारी मुझे दिए गए; कार्य लेने की जिम्मेदारी मेरी थी, किंतु ये अधिकारी मेरे प्रति उत्तरदायी नहीं थे।

9 जनवरी, 1985 तक प्रगति यह थी कि आवेदन-पत्र के 288 फॉर्म लोगों ने प्राप्त किए थे। उनमें से छत्तीस व्यक्तियों ने फॉर्म भरकर मेरे कार्यालय में जमा किए थे। उक्त बैठक में तय किया गया कि आवेदन-पत्र प्रस्तुत करने के लिए 20 जनवरी, 1985 को अंतिम तिथि घोषित की जाए और उसके बाद कोई आवेदन-पत्र न लिया जाए। इसी के अनुसार विज्ञप्ति जारी की गई।

संचालक, पशुधन विभाग द्वारा इन आवेदन-पत्रों की जाँच कराई जानी थी। अन्य बिंदुओं के साथ-साथ निम्नलिखित बिंदु जाँच के समय विशेष रूप से ध्यान में रखे जाने थे—

1. संबंधित व्यक्ति द्वारा निर्धारित फॉर्म पर दी गई जानकारी।
2. जिस समय मृत पशु हटाए जा रहे थे उस समय पशुधन विभाग द्वारा बनाई गई सूची।
3. जिन लोगों ने बैंक से ऋण लिया था, उन मामलों में बैंकों के प्रमाण-पत्र के आधार पर।
4. आई.आर.डी.पी./डी.आर.डी.ए. से प्राप्त सूची का आधार।
5. नगर निगम के पास जो भी जानकारी हो, उसकी मौके पर जाँच।

संचालक, पशुधन विभाग आवेदन-पत्रों की जाँच कराकर अपनी सिफारिश भेजते थे और राशि-वितरण के प्रभारी अतिरिक्त क्लक्टर राशि का भुगतान करते थे। जाँच के समय संबंधित जाँच अधिकारी एक परची मृत पशु के मालिक को पहचान के लिए देते थे और काउंटर फाइल (Counter file) स्वयं अपने पास रखते थे। उस काउंटर फाइल में मालिक का अँगूठा-चिह्न/हस्ताक्षर इत्यादि कराया जाता था। सही व्यक्ति की पहचान के लिए यह बहुत उपयोगी था। इससे मुआवजा

वितरण में छल-कपट की संभावना बहुत कम हो गई। उक्त बैठक में संचालक (पशुधन) ने बताया था कि 20 जनवरी, 1985 तक जितने भी आवेदन-पत्र प्राप्त होंगे, उसके एक सप्ताह के अंदर जाँच-कार्य पूरा हो जाएगा। इस प्रकार, इस कार्य में पर्याप्त गति थी। संचालक (पशुधन विभाग) ने प्रस्ताव दिया था कि नकद राशि के भुगतान की बजाय मृत पशु के बदले में पशु ही दिए जाएँ; किंतु इस प्रक्रिया में शिकायतें आने की काफी संभावना थी। इसलिए इसे मान्य नहीं किया गया।

मृत पशुओं के लिए आर्थिक सहायता देने का निर्णय तो ले लिया गया था, किंतु इस मामले में विस्तृत निर्देश काफी लंबे समय तक जारी नहीं हुए कि किस वर्ग के पशु के लिए कितनी-कितनी राशि दी जाए। शासन से विस्तृत निर्देश फरवरी 1985 या उसके बाद ही जारी हुए। जहरीली गैस से मरे पशुओं के मालिकों को आर्थिक सहायता देने के संबंध में मई 1985 के पूर्वार्द्ध में मैंने एक नोट मुख्यमंत्रीजी के समक्ष प्रस्तुत किया था। इस नोट से संक्षेप में पूरा विषय स्पष्ट होता है। इसलिए इस नोट को नीचे उद्धृत किया जा रहा है—

जहरीली गैस से मरे मवेशियों के मालिकों को आर्थिक सहायता

1. मरे हुए पशुओं को 4 से 6 दिसंबर तक हटाने एवं इस संबंध में पशु-चिकित्सा विभाग के अधिकारियों को उनकी सूची बनाने का काम दिया गया था। उस सूची के मुताबिक 1073 पशु मरे थे। ब्रेक-अप इस प्रकार है—

1.	गाय	214	7.	घोड़े	12
2.	भैंस	281	8.	सुअर	60
3.	बछिया	41	9.	मुरगियाँ	8
4.	बैल	18	10.	कुत्ते	99
5.	पाड़े	43	11.	बिल्लियाँ	2
6.	बकरे	288			

2. शासन ने जो प्रक्रिया भुगतान के लिए निर्धारित की है, उसके अनुसार मरे हुए पशुओं के मालिकों से 20 जनवरी, 1985 तक आवेदन-पत्र मँगाए गए थे। उक्त दिनांक तक कुल 709 आवेदन-पत्र प्राप्त हुए थे। शासन द्वारा निर्धारित प्रक्रिया के तहत प्राप्त इन आवेदन-पत्रों के अनुसार मरे हुए पशुओं की संख्या 2,762 और पक्षियों की कुल संख्या 11,648 बताई गई

है। पशु-चिकित्सा विभाग के अधिकारियों द्वारा जो सूची बनाई गई है, उसकी तुलना में यह बहुत अधिक है।

3. शासन द्वारा निर्धारित प्रक्रिया के अनुसार आवेदन-पत्रों की जाँच पशु चिकित्सा विभाग के अधिकारियों द्वारा की जाती है और उसी के आधार पर श्री डी.सी. जैन (परिवहन उप आयुक्त) अतिरिक्त कलेक्टर द्वारा भुगतान किया जाता है। नगर निगम कार्यालय में वे इसका भुगतान करते हैं। पशु-चिकित्सा विभाग ने 164 आवेदन-पत्रों की जाँच करके श्री जैन, पदेन अतिरिक्त कलक्टर, को रिपोर्ट दी है। इस संबंध में 107 प्रकरणों में 6,40,110 रुपए का भुगतान किया गया। इस प्रकार 361 पशुओं के भुगतान हो चुके हैं। 57 प्रकरण श्री जैन के पास भुगतान के लिए लंबित हैं। इन 57 प्रकरणों में से 25 प्रकरण कुछ दिन पहले प्राप्त हुए हैं, जिनसे संबंधित व्यक्तियों को सूचनाएँ जारी की गई हैं और शीघ्र ही भुगतान हो जाएगा। शेष 32 प्रकरण ऐसे हैं, जिनमें कुछ लोगों ने भुगतान इस आधार पर लेने से इनकार कर दिया कि जितने पशुओं का भुगतान उन्होंने माँगा था उतना जाँच में नहीं पाया गया अथवा कई प्रकरणों में अतिरिक्त कलेक्टर इस निष्कर्ष पर पहुँचे कि पशु-चिकित्सा विभाग द्वारा जो जाँच की गई है, वह अपूर्ण है। श्री जैन (अतिरिक्त कलेक्टर) की सहायता के लिए श्री राजेश मिश्र (डिप्टी कलेक्टर) को लगाया गया है। इन शंकास्पद प्रकरणों में अतिरिक्त कलेक्टर आगे जाँच करा रहे हैं। यद्यपि जाँच का कार्य पशु चिकित्सा विभाग के अधिकारियों को दिया गया है, किंतु इन कुछ प्रकरणों में जाँच में गंभीर त्रुटियाँ होने के कारण आगे जाँच कराना उचित होगा।'

4. श्री डी.सी. जैन, पदेन अतिरिक्त कलेक्टर, अपनी लड़की की शादी के सिलसिले में 7 से 13 मई, '85 तक अवकाश पर हैं। उनकी अनुपस्थिति में यह कार्य श्री राजेश मिश्र (डिप्टी कलेक्टर) देख रहे हैं। उनकी सहायता के लिए श्री डी.के. व्यास (तहसीलदार) को भी लगा दिया गया है।

अवलोकनार्थ

(मोती सिंह)
कलेक्टर

मान. मुख्यमंत्रीजी

इस प्रकार यद्यपि जब मृत पशुओं को हटाया गया था तब उनकी कुल संख्या 1073 थी, तथापि 20 जनवरी, 1985 तक आवेदन-पत्र मँगाने पर 2762 पशुओं के

बारे में 709 आवेदन-पत्र प्राप्त हुए। शासन की नीति उदार थी। बाद में भी कुछ आवेदन-पत्र प्राप्त हुए। उन्हें भी ले लिया गया। इस प्रकार 20 मई तक कुल 715 नए आवेदन-पत्र प्राप्त हो गए। इनमें से 2853 पशुओं का जहरीली गैस से मृत होना बताया गया। इस प्रकार पुराने शासकीय आँकड़ों की तुलना में यह संख्या लगभग तिगुनी हो गई। 23 मई, 1985 तक 9.05 लाख रुपए की वित्तीय सहायता कुल 514 पशुओं के लिए दी जा चुकी थी।

पशु-चिकित्सा विभाग के अधिकारियों ने पूरा सहयोग दिया। फलस्वरूप इस प्रकरण में विधिवत् जाँच की गई और तेज गति के साथ भुगतान होता गया। जो फर्जी प्रकरण थे, वे अलग होते गए। प्रक्रिया भी ऐसी बनाई गई थी कि भर्रेबाजी की संभावना ही नहीं रह गई थी। जहाँ-जहाँ फर्जी दावों के मामले आए वहाँ-वहाँ सख्त काररवाई की गई।

□

गैस-प्रभावित क्षेत्रों में स्टेप-अप योजना

झुग्गियों में रहनेवालों को सन् 1984 में स्वामित्व के पट्टे देने के साथ-साथ उनके कल्याण की बहुत सी योजनाएँ मुख्यमंत्रीजी द्वारा चालू कराई गई थीं। आर्थिक पुनर्वास के लिए स्टेप-अप योजना कार्यान्वित की जा रही थी। जिन परिवारों की वार्षिक आय साढ़े चार हजार रुपए से कम थी और परिवार के मुखिया की उम्र अठारह वर्ष से कम और चालीस वर्ष से ज्यादा नहीं थी, उन्हें अपना रोजगार प्रारंभ करने के लिए कुछ शर्तों के अधीन बैंकों से ऋण दिलाया जाता था।

जून 1984 से झुग्गीवासियों को पट्टा देने का कार्य तेजी के साथ प्रारंभ हुआ था। उसका कार्य मुख्य रूप से 15 अगस्त तक चलता रहा। उसके बाद ही स्टेप-अप का कार्य गति पकड़ पाया था। इस योजना के तहत मैंने सर्वे के कई दल बनाए, जो झुग्गीवासियों में घर-घर जाकर एक निर्धारित प्रपत्र में जानकारी एकत्रित करते थे और जिन लोगों को ऋण की पात्रता आती थी, उनसे बैंक के पास भेजने के लिए आवेदन-पत्र भरवाकर प्रस्तुत करते थे। तत्पश्चात् गुण-दोष के आधार पर स्वरोजगार के लिए ऋण स्वीकृत कराया जाता था। सर्वे का यह कार्य मुख्यत: दक्षिण भोपाल की झुग्गी बस्तियों में ही चल रहा था। वहाँ झुग्गियाँ भी ज्यादा थीं। उत्तरी भोपाल की झुग्गी बस्तियों में यह कार्य अभी प्रारंभ नहीं हुआ था।

गैस त्रासदी का कहर उत्तरी भोपाल के गरीब बस्तीवाले लोगों पर अधिक पड़ा था। यूनियन कार्बाइड कारखाने के पास जे.पी. नगर, छोला रोड इत्यादि में झुग्गी बस्तियाँ ही थीं। यहाँ सबसे अधिक लोग प्रभावित हुए थे।

सचिवालय के वरिष्ठ अधिकारियों के दल गैस-पीड़ितों में यद्यपि काफी राशि वितरित कर रहे थे तथापि सहायता न पानेवाले गरीब लोग काफी बड़ी संख्या में आकर रोजाना मुझसे मिलते थे। इसलिए मैंने दक्षिण भोपाल के स्टेप-अप के सर्वे के सभी दलों को उत्तरी भोपाल के जे.पी. नगर, छोला रोड इत्यादि झुग्गी बस्तियों में लगा दिया और वहाँ सर्वे कराकर स्टेप-अप योजना के अंतर्गत पीड़ित लोगों को

स्वरोजगार के लिए ऋण दिलाने का कार्य प्रारंभ कराया। यदि ठोस कार्य करना है तो इस प्रकार की योजनाओं में सस्ती लोकप्रियता प्राप्त करने के लिए प्रचार-प्रसार का उपयोग नहीं करना चाहिए। इसलिए न तो शासन को मैंने इसके बारे में बताया था और न ही ज्यादा प्रचार-प्रसार किया था; किंतु गति के साथ इस कार्य को इन गैस-प्रभावित गरीब बस्तियों में प्रारंभ करा दिया था। वहाँ के सभी लोगों को इस बाबत मालूम था और कार्य ठीक से चल रहा था।

समय-समय पर राज्य स्तरीय राहत समिति की बैठकें मुख्यमंत्रीजी की अध्यक्षता में सचिवालय में हुआ करती थीं। उनमें मुझे नहीं बुलाया जाता था। मुझे बहुत बाद में मालूम पड़ा कि वहाँ पर अशासकीय लोग प्रश्न बहुत करते थे और प्राय: शासन पक्ष से संतोषजनक उत्तर उन्हें नहीं मिल पाते थे। गरीबों को आर्थिक सहायता एवं उनके पुनर्वास के संबंध में प्रश्न ज्यादा उठते थे। सचिवालय के वरिष्ठ अधिकारी गोल-मटोल उत्तर देते थे और जब प्रश्नों से घिर जाते थे तब कहते थे कि कलेक्टर को ऐसा कहा गया है, वैसा कहा गया है और कलेक्टर से पूछकर बताएँगे। इस प्रकार की चर्चाएँ एक से ज्यादा बार राज्य स्तरीय समिति की इन बैठकों में हो गईं, तब प्रश्न उठा कि न तो वे कलेक्टर से जानकारी लेकर समिति को बता रहे थे और न ही कलेक्टर को बैठकों में बुला रहे थे। वास्तव में वित्तीय सहायता एवं पुनर्वास की सभी योजनाएँ कलेक्टर के माध्यम से कार्यान्वित न कराकर सीधे सचिवालय द्वारा कार्यान्वित की जा रही थीं। इस प्रकार कलेक्टर की आड़ लेने की इन वरिष्ठ अधिकारियों की मात्र रणनीति थी और चूँकि मेरे माध्यम से यह कार्य नहीं हो रहे थे, अत: मुझसे रिपोर्टें मँगाने का प्रश्न ही नहीं था। शायद इसीलिए मुख्यमंत्रीजी के कहने के बावजूद किसी-न-किसी बहाने उन्होंने मुझे नहीं बुलाया और पता नहीं क्या-क्या जवाब वहाँ देते रहे।

जब बहुत हो गया तब संभवतया अप्रैल 1985 में इसी प्रकार की राज्य स्तरीय समिति की किसी बैठक के एक दिन पहले मुख्यमंत्रीजी के सचिवालय से मेरे पास टेलीफोन आया और कहा गया कि मुख्यमंत्रीजी चाहते हैं कि मैं भी अमुक-अमुक बैठक में उपस्थित रहूँ। यह एक बड़ी असामान्य प्रक्रिया थी। सामान्यतया इस प्रकार की बैठकों की सूचना मुझे नॉर्मल चैनल से संबंधित सचिवों या मुख्य सचिव के माध्यम से ही आती थी; किंतु चूँकि ये लोग मुझे बैठक में नहीं बुला रहे थे और शायद नए मुख्यमंत्रीजी भी उनके उत्तरों से भाँप गए थे कि दाल में कुछ काला है, अत: व्यक्तिगत रूप से मुझे न जानते हुए भी उन्होंने सीधे मुझे बुलवाया।

बैठक के लिए निर्धारित समय के काफी पहले मैं अपने आवश्यक कागजात

लेकर सचिवालय पहुँच गया। मुझे बुलाने की पृष्ठभूमि इत्यादि की जानकारी लेने के लिए मैं राहत समिति के सचिव के कक्ष में गया। वे इसी बैठक की तैयारी कर रही थीं। मेरे पहुँचने पर उनकी बात से लगा कि वे इस बात से परेशान थीं कि समिति की बैठक में गरीब लोगों को राहत देने के बारे में पुनः चर्चा होगी और उस संबंध में कोई कार्य हुआ नहीं है। तब पहली बार मैंने उन्हें बताया कि स्टेप-अप योजना का कार्यान्वयन प्राथमिकता के आधार पर मैं गैस-प्रभावित क्षेत्रों में करा रहा हूँ। और उसके बारे में जो भी प्रगति थी, उसका विवरण मैंने उनको दिया। उन्होंने यह सब विवरण एवं आँकड़े नोट किए। मुझे ऐसा लगा कि इससे उन्हें काफी राहत मिली।

राज्य स्तरीय समिति की बैठक में समाज-कल्याण सचिव, जो उस समिति की सचिव भी थीं, ने इन आँकड़ों को वहाँ प्रस्तुत किया और गरीब लोगों को राहत देने के लिए स्टेप-अप योजना का कार्यान्वयन प्रभावित क्षेत्र में प्रारंभ कर दिया गया है—इस बात को जोर-शोर से कहा। इस प्रकार पिछले दरवाजे से एकाएक स्टेप-अप का कार्यक्रम गैस-प्रभावितों के लिए राहत का एक माध्यम बन गया। वैसे देखा जाए तो इससे सभी गैस-प्रभावितों को राहत नहीं मिल सकती थी, क्योंकि इसकी अपनी शर्तें थीं और उन शर्तों में सभी गैस-प्रभावित नहीं आ सकते थे। अशासकीय सदस्य प्रशासन की इन बारीकियों को समझ नहीं पाए और वरिष्ठ अधिकारियों में समझने की मानसिकता नहीं थी। वे तो प्रत्यक्ष में उपस्थित समस्या का तात्कालिक हल मात्र चाह रहे थे।

15 मार्च, 1985 तक हुए सर्वे के मुताबिक केवल 5359 परिवार ऐसे थे जिनकी आय साढ़े चार हजार रुपए वार्षिक से कम थी। इनमें से 1963 परिवार गैस-प्रभावित क्षेत्र के थे, जिनमें से 1558 परिवारों ने ऋण हेतु आवेदन-पत्र के फॉर्म लिये थे और इनमें से 1135 प्रकरण ऋण-स्वीकृति के लिए विभिन्न व्यावसायिक बैंकों के पास भेजे गए थे। 64 प्रकरणों में बैंकों ने ऋण वितरित कर दिया था। शेष पर काररवाई प्रगति पर थी।

राज्य स्तरीय राहत समिति के समक्ष चर्चा हो जाने और सचिवालय द्वारा स्टेप-अप योजना को गैस-प्रभावितों के लिए राहत दिए जाने का अंग मान लिये जाने के कारण इसका प्रचार-प्रसार अधिक हो गया, जिसके फलस्वरूप उसमें विकृतियाँ भी आईं। कुछ ऐसा वातावरण बन गया कि यह फॉर्म भरने से लोगों को बारह हजार रुपए प्रति परिवार मिल जाएँगे। वास्तव में जिस ढंग से आर्थिक सहायता की राशि का वितरण हुआ था और जिस ढंग से मुफ्त राशन वितरित हो रहा

था तथा राशन कार्ड बन रहे थे, उससे ऐसा माहौल बन गया था जिसमें गंभीर एवं वास्तविक रूप से गैस-प्रभावितों की चिकित्सा एवं राहत पर ध्यान केंद्रित करने के बजाय बहुत बड़ी संख्या में अर्थात् लाखों लोगों को भिन्न-भिन्न प्रकार की सहायता दिलाने की ओर ध्यान चला गया था और सभी तरह की अधिक-से-अधिक सहायता प्राप्त करने की होड़ लोगों में लग गई थी। सरकार के ध्यान का फोकस विकृत रूप धारण कर चुका था। गंभीर रूप से बीमार व वास्तविक रूप से गैस-प्रभावितों की चिकित्सा व उन्हें राहत देने की बजाय सस्ती लोकप्रियता प्राप्त करने की ओर ज्यादा ध्यान दिया जाने लगा था।

स्टेप-अप योजना के लिए चौदह दल अट्ठाईस गैस प्रभावित वार्डों में सर्वेक्षण के लिए लगाए गए थे और 20 मई तक लगभग 5200 परिवारों का सर्वेक्षण हो चुका था। उनमें से 2800 को आवेदन-पत्र के फॉर्म दिए जा चुके थे। अंत्यव्यवसायी एवं स्टेप-अप—दोनों योजनाओं के अधीन 2146 प्रकरण बैंकों के पास भेजे जा चुके थे तथा 438 प्रकरणों में बैंकों की स्वीकृतियाँ जारी हो गई थीं। 20 मई को मुख्य सचिव के कक्ष में स्टेप-अप योजना के कार्यान्वयन के संबंध में एक बैठक हुई थी, जिसमें गैस-राहत आयुक्त, समाज-कल्याण सचिव, सह सचिव गैस-राहत समिति और मैं उपस्थित थे। मेरे तीनों अतिरिक्त कलेक्टर भी इसमें उपस्थित थे। इस बैठक में मुख्य सचिव ने बताया कि ऐसी शिकायतें मिल रही हैं कि कुछ लोग प्रत्येक फॉर्म के लिए सौ-सौ रुपए वसूल रहे हैं। उन्होंने निर्देश दिया कि बिना सर्वेक्षण किए ही लोगों को स्टेप-अप के आवेदन-पत्र के फॉर्म दिए जाएँ। प्रक्रिया के बारे में कुछ सुनने की मानसिकता उनकी नहीं थी। प्रक्रिया यह थी कि सर्वेक्षण में जो लोग पात्र पाए जाते थे, उन्हें ही आवेदन-पत्र के फॉर्म दिए जाते थे। सर्वेक्षण के बिना तो व्यावसायिक बैंक ऋण देनेवाले थे नहीं, किंतु मुख्य सचिव का आदेश था, इसलिए उसका पालन होना ही था। मुख्य सचिव ने यह भी निर्देश दिया था कि अगले दिन, अर्थात् 21 मई से इन आवेदन-पत्रों के वितरण का काम कलेक्टरेट से कराया जाए और आज अर्थात् 20 मई को ही प्रेस नोट दे दिया जाए।

हमारे पास इतने अधिक फॉर्म नहीं थे कि लोग काफी संख्या में 21 मई को आ जाएँ तो उन सभी लोगों को फॉर्म मिल जाएँ। इसलिए तत्काल हमने एक अधिकारी को शासकीय मुद्रणालय भेजा और पचास हजार फॉर्म छपवाने का आदेश दिया। शाम हो चुकी थी और यदि किसी कारण से सुबह तक आवश्यक संख्या में फॉर्म नहीं मिलते और शहरी लोग आ जाते तो स्थिति बड़ी चिंतनीय हो जाती। इसलिए एक ओर मुख्य सचिव के निर्देशों के पालन करने का प्रश्न था तो दूसरी ओर

कानून और व्यवस्था का भी प्रश्न था। इस स्थिति में हम लोगों ने तय किया कि जब फॉर्म छपकर आ जाएँ, तभी दूसरे दिन विज्ञप्ति प्रेस में दी जाए; किंतु 21 मई से ही फॉर्म का वितरण मुख्य सचिव के निर्देशानुसार कलेक्टरेट से प्रारंभ जरूर कराया जाए।

रात में फॉर्म छपवाए गए और प्रातः तक कुछ फॉर्म हमें मिल गए तथा फॉर्म-वितरण का कार्य प्रारंभ हो गया। संभवतः 21 मई या 22 मई को मुख्य सचिव की आज्ञानुसार हमने समाचार-पत्रों को प्रेस विज्ञप्ति भी दे दी कि कलेक्टर कार्यालय से बिना सर्वेक्षण के भी स्टेप-अप के आवेदन-पत्रों का वितरण होगा। अगले दिन कलेक्टर कार्यालय के सामने लोगों की भीड़ एकत्रित हो गई। पुलिस की समुचित व्यवस्था थी। करीब पच्चीस-तीस जवान ड्यूटी पर थे। दस-बारह लिपिक इस कार्य में लग गए। लोगों के केवल नाम-पते अंकित किए जाते थे और फॉर्म दे दिया जाता था।

थोड़ी देर बाद पता चला कि भीड़ ने कमरे में घुसकर आवेदन-पत्र लूट लिये और अत्यधिक भीड़ होने के कारण फर्नीचर इत्यादि भी टूट गया तथा अन्य प्रकार की क्षति हुई। यह समाचार मिलते ही मैं प्रथम मंजिल स्थित अपने चैंबर से चलकर नीचे के इस कमरे में आया। वहाँ स्थिति काफी तनावपूर्ण थी। पुलिस के लोग तो कार्यालय के बाहर काफी दूर इंदौर रोड पर खड़े हुए थे, हमारे स्टाफ के लोग अन्य कमरों में चले गए थे और वहाँ केवल भीड़ थी। अंत में मैंने भीड़ को बाहर किया, अपने लिपिकों को बुलाकर उस कमरे के दरवाजों को बंद कराया और बाहर खड़े होकर भीड़ से आग्रह किया कि वे लाइन बनाएँ। करीब आधे घंटे के प्रयास के बाद मेरी दाईं तरफ पुरुषों और बाईं तरफ महिलाओं की लाइन बन गई। मैंने कई बार वहाँ ऊँची आवाज में घोषणा की कि सबको फॉर्म मिलेंगे, कोई खाली नहीं जाएगा। जरूरत इस बात की है कि आप लाइन में आएँ और फॉर्म लेते जाएँ। उधर स्थिति को देखते हुए मैंने लिपिकों को निर्देश दिया कि वे नाम व पता भी रजिस्टर में अंकित न करें, केवल प्रत्येक व्यक्ति को एक-एक खाली फॉर्म देते चले जाएँ। वरदी में पच्चीस-तीस पुलिस जवान मेरे सामने ही कलेक्टरेट के बाहर दूर इंदौर रोड पर नीचे एक किनारे खड़े थे। जो कुछ हुआ था और जिस प्रकार वे भीड़ को नियंत्रित नहीं कर पाए थे, इन बातों को ध्यान में रखते हुए मैंने पुलिस फोर्स को वापस बुलाना उचित नहीं समझा और दरवाजा खुलवाकर दरवाजे के सामने बीचोबीच अकेले खड़ा रहा। मेरी दाईं तरफ पुरुषों की लाइन और बाईं ओर महिलाओं की लाइन अनुशासित ढंग से अंदर जाकर लाइन से बैठे लिपिकों से फॉर्म लेकर आगे बढ़ती जा

रही थी। दरवाजे के बीचोबीच मैं खड़ा था, अतः मुझे हटाए बिना कोई भी व्यक्ति लाइन के अलावा अंदर नहीं जा सकता था। लोगों ने मेरी इज्जत रखी, इसके लिए मैं उनका आभारी हूँ। चूँकि अब नाम-पता नहीं लिखा जा रहा था, इसलिए बड़ी तेजी के साथ यह काम होता जा रहा था। मेरा खयाल है कि शायद एक घंटे तक वहाँ इसी प्रकार खड़े रहकर मैंने भीड़ को नियंत्रित कर फॉर्मों को वितरित कराया; जब अनुशासन पूरा कायम हो गया और लोगों को विश्वास हो गया, तब दो-एक डिप्टी कलेक्टर को वहाँ लगाकर मैं ऊपर अपने कमरे में चला गया और यह कार्य अनुशासित ढंग से संपन्न हो गया।

23 तारीख को ही मैंने एक प्रेस विज्ञप्ति जारी की और उसमें स्पष्ट लिखा कि केवल आवेदन-पत्र भर देने मात्र से बारह हजार रुपए मिल जाएँगे—इस अफवाह पर विश्वास न करें और यह भी कि यह फॉर्म मिलते रहेंगे, कोई समय-सीमा निर्धारित नहीं है। वह प्रेस विज्ञप्ति इस प्रकार थी—

> 'शिकायत मिली थी कि कुछ तत्त्व स्टेप-अप के आवेदन-पत्र बेच रहे हैं। अतः निर्देशानुसार यह तय किया गया कि स्टेप-अप योजना के अंतर्गत ऋण के लिए आवेदन-पत्र सर्वे कराए बिना भी दिए जाएँ। तदनुसार यह फॉर्म इच्छुक लोगों को दिए जा रहे हैं। 23 मई को बहुत बड़ी संख्या में लोग आवेदन-पत्र लेने के लिए आए और आपस में एक-दूसरे से धक्का-मुक्की की। यह अनुचित है। पर्याप्त संख्या में आवेदन-पत्र उपलब्ध हैं और इसके लिए कई काउंटर भी खोले गए हैं। इच्छुक लोगों को शांतिपूर्वक लाइन में खड़े होकर फॉर्म लेने चाहिए।
>
> यहाँ यह उल्लेखनीय है कि कुछ लोगों ने यह अफवाह फैला दी है कि इस फॉर्म को भरने से बारह हजार रुपए मिलेंगे। यह सर्वथा निराधार है। स्टेप-अप के आवेदन-पत्र प्राप्त कर लेना और उसे भरकर दे देना मात्र इसकी गारंटी नहीं है कि स्टेप-अप योजना के अंतर्गत ऋण स्वीकृत हो ही जाएगा।
>
> जैसाकि पहले समय-समय पर बताया गया है, इस योजना के अंतर्गत साढ़े चार हजार रुपए से कम वार्षिक आयवाले लोगों को सभी प्रकार से अर्हता होने पर उनकी पात्रतानुसार अधिकतम बारह हजार रुपए तक का ऋण व्यावसायिक बैंकों द्वारा स्वीकृत किया जाता है। इन सब काररवाई के लिए कोई समय-सीमा निर्धारित नहीं है और यह निरंतर चलनेवाली योजना है। जो लोग एक बार आवेदन-पत्र दे चुके हैं, उनका दूसरी बार आवेदन-पत्र

देना निरर्थक होगा।'

कमरे में भीड़ के घुसने और फर्नीचर टूटने का समाचार भी अखबारों में खूब छपा।

बैंकवालों को जैसे ही पता चला कि बिना सर्वेक्षण के फॉर्म भरकर भेजे जा रहे हैं, उन्होंने इस पूरे कार्यक्रम को और अधिक शंका की दृष्टि से देखना शुरू कर दिया और कहा कि जब तक सर्वे नहीं होगा तब तक वे ऋण स्वीकृत नहीं करेंगे। हम तो मैदानी व्यक्ति थे, हमें इसकी जानकारी पहले से ही थी। इसलिए जहाँ एक ओर मैंने मुख्य सचिव के निर्देश का पालन करते हुए आवेदन-पत्र इच्छुक लोगों को उदारतापूर्वक वितरित कराए, वहीं सर्वेक्षण का कार्य बंद नहीं कराया था। कलेक्टरेट में तोड़-फोड़ की पुनरावृत्ति न हो, इसलिए हमने सर्वेक्षण करानेवाले दलों के माध्यम से भी मोहल्लों में उदारतापूर्वक आवेदन-पत्र वितरित कराए थे। 'नई दुनिया' (इंदौर) के 15 मई, 1985 के अंक में एक समाचार छपा था। उसका अंतिम पैराग्राफ इस प्रकार था—

> 'मुख्य सचिव श्री···ने निर्देश दिए थे कि गैस-पीड़ितों को स्टेप-अप के फॉर्म बिना सर्वेक्षण के बाँटे जाएँ, लेकिन जिला कलेक्टर श्री मोती सिंह ने आदेश दिया कि सर्वेक्षण कार्य भी जारी रहे तथा फॉर्म-वितरण का कार्य भी चलता रहे। लिहाजा प्रभावित इलाकों में फॉर्म वितरण भी हुआ और सर्वेक्षण भी।'

अखबारवाले जो भी सुन लेते थे, सत्यापन किए बिना उसे चटपटा करके छाप देते थे। इसी प्रकार उपर्युक्त पैराग्राफ से ऐसा लगता है जैसे मैंने मुख्य सचिव के आदेश को संशोधित कर दिया हो, जबकि वस्तुस्थिति सर्वथा भिन्न थी। स्टेप-अप योजना के फॉर्म खूब बँटे। मेरा खयाल है कि एक लाख से ज्यादा आवेदन-पत्र के फॉर्म बँट गए होंगे। लोगों में इससे खूब आशा बँधी, किंतु अंततः लोगों को निराशा ही हाथ लगी, क्योंकि बैंकवालों ने केवल आवेदन-पत्र के आधार पर ऋण नहीं दिया और सर्वेक्षण करने एवं ऋण-प्रकरण ठीक से बनाने पर बल दिया। कुछ अतिरिक्त व्यवस्था करके पहले की तुलना में सर्वेक्षण दलों की संख्या भी मैंने बढ़ा दी। हमारे पास स्टाफ इतना सीमित था कि उन व्यक्तियों से अनेक कार्य कराए जाते थे। स्पष्ट है कि इसकी सीमाएँ थीं। फिर भी इन सर्वेक्षणों के आधार पर जो प्रकरण तत्काल तैयार हुए। उन्हें ऋण मिला। वैसे भी योजना की जो शर्तें थीं, केवल पात्रतावाले लोगों को ही यह ऋण मिल सकता था।

इस प्रकार अच्छी-खासी चल रही योजना में अनावश्यक व्यवधान आया।

सौ रुपए प्रति फॉर्म लेने की शिकायत यदि मिली थी तो उसकी जाँच करना और रुपए लेनेवाले या वालों की शिनाख्त करके उन्हें कठोर-से-कठोर दंड देना कोई मुश्किल नहीं था। उससे समस्या का निराकरण हो जाता; किंतु ऐसा न करके जो हल निकाला गया, वह समस्या से ज्यादा तकलीफदेह सिद्ध हुआ। लोगों में अनावश्यक व्यापक पैमाने पर आशाएँ जगीं, उनकी पूर्ति न होने से उपजा असंतोष बाद में रोष में परिवर्तित होता गया।

□

बाहर से प्राप्त सहायता का प्रबंधन

बड़ी आपदा आने पर पीड़ितों को बचाने और राहत देने के लिए बड़ी संख्या में स्वयंसेवक उस क्षेत्र में आते हैं और दुनिया भर से राहत-सामग्री प्राप्त होती है। 2-3 दिसंबर की रात्रि से ही यद्यपि हमारे दल बचाव एवं राहत-कार्य में लग गए थे, तथापि जैसे ही बाहरी स्वयंसेवक सहायता देने के लिए आए, हमने उन्हें आवश्यकता अनुसार विभिन्न क्षेत्रों में भेजा। आपदा का स्वरूप कुछ ऐसा था कि जहरीली गैस से गंभीर रूप से घायल अधिकतर लोग तो अंतिम साँस ले चुके थे; किंतु सबसे अधिक प्रभावित क्षेत्र के मकानों/झुग्गियों में हमारे दल जाते थे और यदि कोई गंभीर रूप से बीमार व्यक्ति जीवित बचा होता था तो उसे शासकीय/अशासकीय वाहनों से अस्पताल पहुँचाते थे। इन स्वयंसेवकों को भी इसी कार्य में लगाया गया।

प्रारंभिक दिनों में बहुत बड़ी संख्या में लोग ब्रेड, चाय, फल व खाना लेकर कुछ प्रमुख केंद्र मात्र में आते थे। अपने फूड कंट्रोलर तथा लगभग बीस फूड इंस्पेक्टरों को शुरू से ही मैंने केवल इसी कार्य में लगाया था कि संपूर्ण प्रभावित क्षेत्र में आवश्यकता का जायजा लेकर इन खाद्य सामग्रियों को आवश्यकता वाले स्थान पर भेजें। प्राय: खाद्य सामग्री लानेवाले लोग पीड़ितों को स्वयं खिलाना चाहते थे, अत: हमारी मशीनरी प्राथमिकताओं के अनुसार उन्हें मात्र गाइड करती थी और वे खुशी-खुशी वहाँ जाते थे।

कई स्वयंसेवी संस्थाओं ने प्रमुख अस्पतालों व केंद्रों में सार्वजनिक रसोइयाँ खोल दी थीं। वहाँ से कोई भी खाना या नाश्ता ले सकता था। अत: हम इन सार्वजनिक रसोइयों से भी आवश्यकतानुसार भोजन पीड़ितों को उपलब्ध कराते थे।

समय गुजरने के साथ ही स्वयंसेवकों की संख्या बढ़ती जाती है और अधिकतर स्वयंसेवक केवल सामान्य श्रमदान कर पाते हैं। उसका भी उपयोग आवश्यकतानुसार किया गया, किंतु धीरे-धीरे वे समस्या बनते गए। वे आवश्यकतानुसार कुशल श्रमिक का कार्य नहीं जानते थे, अत: ज्यादा उपयोगी

नहीं थे। अधिकतर लोग ठहरने, भोजन व आवागमन की सुविधा की अपेक्षा करते थे, जो उन परिस्थितियों में करना संभव नहीं था। हमारे ये सभी साधन बचाव एवं राहत-कार्यों में लगे थे। बीस-पच्चीस युवक-युवतियों का एक ऐसा ही दल उड़ीसा से आया और मुझसे मिला। वे सभी कॉलेज के छात्र-छात्रा थे। अत्यंत व्यस्तता के कारण समय बचाने के उद्देश्य से मैंने उन्हें चर्चा के प्रारंभ में ही संक्षेप में बता दिया कि उनके ठहरने, वाहन इत्यादि की कोई व्यवस्था हम नहीं कर पाएँगे। मेरे आश्चर्य का ठिकाना तब न रहा जब उन्होंने बड़ी नम्रता से कहा कि उन्हें कोई सहायता नहीं चाहिए; वे अपनी व्यवस्था स्वयं करेंगे। मैं तो उनके लिए केवल कार्य बताऊँ। मैंने पूछा कि वे क्या-क्या कार्य कर सकते थे, उन्होंने कहा कि सभी कार्य, यहाँ तक कि स्वीपर का भी कार्य। वे जी-जान से गैस-प्रभावित क्षेत्रों में सफाई के कार्य में लग गए; वह क्षेत्र झुग्गी बस्तियों के कारण काफी गंदा था। इन युवक-युवतियों ने उस क्षेत्र में लगभग दो-तीन माह तक सफाई का कार्य किया; कई बार मैंने स्वयं उन्हें बदबूदार गंदी नालियों को लगन से साफ करते देखा। उनका योगदान प्रशंसनीय रहा। मेरा मानना है कि बड़ी आपदा होने पर किस-किस प्रकार की सहायता चाहिए और क्या नहीं चाहिए, इसके बाबत भी प्रचार प्रारंभ से ही किया जाना चाहिए

इस प्रकार की आपदाओं में दुनिया भर से ढेर सारी जो राहत सामग्री पीड़ितों के लिए प्राप्त होती है, प्रायः प्रशासन उस ओर ध्यान नहीं दे पाता और स्वार्थी तत्त्व बीच में ही उसे हड़पने का प्रयास करते हैं। वर्ष 1978 में छतरपुर जिले में गंभीर बाढ़ आई थी, गाँव के गाँव जलमग्न हो गए थे, सड़कें बह गई थीं, नौगाँव तक का छतरपुर से संपर्क टूट गया था, बाढ़ में लोग बह गए थे, यहाँ तक कि लोगों ने पेड़ों पर शरण ली थी। सागर से आर्मी बचाव-राहत के लिए आई थी। रेडक्रॉस सोसाइटी तथा अन्य स्रोतों से प्राप्त राहत सामग्री को मैंने (कलेक्टर ने) डबल-लॉक प्रणाली से गोदामों में रखवाया था। दो ताले की चाबियाँ भिन्न-भिन्न अधिकारियों के पास रहा करती थीं। एक दिन एक वरिष्ठ अधिकारी बड़ी गंभीरता से बोले कि अमेरिका के नामी पाँच सितारा होटलों के कंबल डबल-लॉक में रखे हुए हैं। मैंने कहा कि अच्छा है इन अभागे बाढ़ पीड़ितों को कम-से-कम अच्छे कंबल तो मुहैया हो रहे हैं। उन्होंने कहा कि वे लोग चाहते थे कि स्थानीय बाजार से क्रय करके नए कंबल उनके स्थान पर रख दिए जाएँ और उन कंबलों को वे अधिकारी लोग ले लें। मेरी डाँट सुनकर वे चले गए, और तब से डबल-लॉक प्रणाली में मेरा विश्वास और दृढ़ हो गया।

भोपाल गैस त्रासदी तो विश्व में भयंकरतम औद्योगिक दुर्घटना थी और पूरी

दुनिया से, विशेष तौर पर हमारे देश के विभिन्न क्षेत्रों से, ढेर सारी राहत सामग्री प्राप्त हुई थी। यहाँ तक कि मदर टेरेसा एक हवाई जहाज राहत सामग्री लेकर आई थीं। तब मुझसे कहा गया था कि मैं उसे प्राप्त करने की व्यवस्था करूँ। मदर टेरेसा को रिसीव करने जब मैं हवाई अड्डे पहुँचा तो हमारे अधिकारी ट्रकों के साथ सामग्री लेने के लिए वहाँ उपस्थित थे। यह बात अवश्य है कि बाद में मदर टेरेसा की इच्छा के अनुसार सारी सामग्री सेंट जोसेफ कॉन्वेंट स्कूल (ईदगाह हिल्स) को वितरण के लिए दी गई, जिला प्रशासन को नहीं।

मैंने प्रारंभ से ही राहत-सामग्री को भोपाल में भी डबल लॉक सिस्टम से ही रखवाया था। यह जरूर था कि भोपाल में कई डबल लॉकवाले स्टोर उपलब्ध थे तथा स्थान की उपलब्धता के अनुसार पूरे शहर में फैले हुए थे। डबल लॉक की चाबी रखने वाले अधिकारी भी कई थे। अत्यधिक व्यस्तता के कारण मैं डबल लॉक व्यवस्था में उतनी चुस्त निगरानी भोपाल में नहीं रख पाया जितनी कि छतरपुर में, फिर भी काफी हद तक व्यवस्था ठीक से चली।

बीच के कुछ लोग लूट-खसोट करने से मौका मिलने पर चूकते नहीं थे। दो घटनाएँ मेरी सूचना में आई थीं, अतः उनका उल्लेख मैं यहाँ कर रहा हूँ।

हमारा कंट्रोल रूम पुराने शहर के कोतवाली परिसर के एक भवन में प्रथम मंजिल पर था। इसी भवन के सामने अलग से एक पुराना भवन था। उसमें बाहर से प्राप्त राहत सामग्री का एक डबल लॉक स्टोर था। हम लोग वहाँ से प्रतिदिन अनेक बार गुजरते थे। एक दिन मैंने उस डबल लॉक को देखने का विचार किया। दोनों ताले संबंधितों द्वारा खोले गए तो देखा कि हॉल में जमीन से छत तक कंबलों का ढेर था। अंदर जाना संभव ही नहीं था। सावधानी से देखा तो दाईं ओर दीवार के किनारे-किनारे घुसना संभव था। वहीं से घुसकर पीछे की ओर पहुँचा तो वहाँ काफी स्थान खाली दिखाई पड़ा। पास में ही पीछे का एक छोटा सा दरवाजा था, जो बंद तो था, किंतु उसकी चिटकनी अंदर से नहीं लगी थी, अर्थात् पीछे के इस दरवाजे से सामग्री रात में चुपके से निकाली जाती रही होगी। तब इस चिटकनी को बंद कराया गया।

एक दिन रात में ढाई-तीन बजे जयप्रकाश अस्पताल से कुछ डॉक्टरों ने मुझे फोन करके बताया कि एक ट्रक नए कंबल आए हैं। उन्हें मरीजों में बाँटने की अनुमति दी जाए। मैंने कहा कि यह सामग्री डबल लॉक के हिसाब में लेकर दी जाएगी, अतः प्रातः उसे बाँटा जाए। डबल लॉक के प्रभारी अधिकारी भी उन डॉक्टरों के साथ थे। डॉक्टरों ने उनसे मेरी यह बात कराने के साथ-साथ यह भी

कह दिया कि मरीज सर्दी से ठिठुर रहे थे। अतः कंबल-वितरण के लिए मुझे 'हाँ' कहना पड़ा। बाद में मुझे पता चला कि इन नए कंबलों का वितरण संतोषजनक नहीं था।

इनके अलावा और कोई शिकायत नहीं मिली। अतः ऐसा लगता है कि कुल मिलाकर डबल लॉकवाली व्यवस्था ठीक चली। किसी भी त्रासदी/आपदा के समय राहत-सामग्री का सही हाथों में पहुँचाना भी अत्यंत महत्त्वपूर्ण कार्य होता है

□

पुरस्कारों के लिए जोड़-तोड़

गैस त्रासदी होते ही कुछ अधिकारियों ने कोई उल्लेखनीय कार्य नहीं करने के बावजूद प्रशंसा-पत्र और पुरस्कार प्राप्त करने की जी-तोड़ कोशिश शुरू कर दी थी। वे पत्रकारों को अपने साथ लेकर घूमते थे और अपनी प्रशंसा भरी खबरें छपवाते थे। एक वरिष्ठ अधिकारी स्वयं द्वारा मुझे दिए गए विवरण के अनुसार, उनका योगदान केवल यह था कि दो अति विशिष्ट महानुभावों के बँगलों से आए फोन को उन्होंने रात्रि में सुना था तथा अपने बॉस को शायद सूचित किया था। इन तथ्यों के आधार पर पुरस्कार पाने की उनकी लालसा काफी तीव्र दिखाई दी।

3 दिसंबर को सवेरा होते-होते जब हमें त्रासदी के भीषण एवं व्यापक हादसे का एहसास हुआ, हम लोग बचाव एवं राहत-कार्य में जुट गए थे। अन्य कार्यों तथा तिकड़मों के लिए सोचने का लेश मात्र न तो समय था, न ही उनमें कोई रुचि थी। अधिकतर अधिकारियों-कर्मचारियों का यही हाल था। केवल मतलब की बातें संक्षेप में होती थीं कि बचाव एवं राहत-कार्य कहाँ कैसा चल रहा है और कहाँ क्या करना है, इत्यादि। हमारे राजस्व अधिकारियों और अन्य विभागों के अधिकारियों के अलावा अतिरिक्त पुलिस अधीक्षक, उपपुलिस अधीक्षकगण एवं अन्य मातहत पुलिस अधिकारी भी इसी कार्य में लगे थे। पुलिस अधीक्षक का कार्यक्रम कुछ भिन्न रहता था। मेरे साथ इस दौड़-धूप में यदाकदा ही वे गए। हाँ, प्रभावित क्षेत्र में पत्रकारों के साथ गाड़ी में जाते हुए उन्हें मैंने कभी-कभार जरूर देखा था। कंट्रोल रूम में बचाव एवं राहत-कार्य का पूरा नियंत्रण-संचालन मेरे अधिकारियों के हाथों में था। दस-बारह अधिकारी एक डिप्टी कलेक्टर के नेतृत्व में यह कार्य करते थे। स्थिति का जायजा लेने तथा आवश्यक निर्देश देने के लिए प्रभावित क्षेत्रों का राउंड लगाने के बाद मैं बार-बार कंट्रोल रूम आता था। पुलिस अधीक्षक अधिकांशत: वहीं मिला करते थे और प्राय: पत्रकारों से चर्चा करते हुए दिखाई देते थे।

'द रिपोर्ट' वाले अध्याय में बताया गया है कि पुलिस अधीक्षक पहले तो

स्वयं जिला प्रशासन की ओर से शासन के पास प्रतिवेदन भेजना चाहते थे, किंतु जब वे इसमें सफल नहीं हुए तो बार-बार स्मरण कराने पर भी उन्होंने अपने विभाग व अपने द्वारा की गई काररवाई के बारे में कोई प्रतिवेदन मुझे नहीं दिया। क्या लिखाना, क्या न लिखाना—इसके लिए डेढ़-दो माह का समय काफी था और तदनुसार उन्होंने जो चाहा, वह संयुक्त प्रतिवेदन में लिखा गया; किंतु उसको भी पढ़ने से ऐसा नहीं लगता कि उसमें कुछ उल्लेखनीय हो।

जैसाकि अन्य अध्यायों में विवरण दिया गया है, राहत-कार्यों में वरिष्ट लोग गंभीर चूकें कर रहे थे, किंतु प्रशंसा व पुरस्कार फिर भी चाह रहे थे। नए मुख्यमंत्रीजी लोकप्रियता पाने के लिए सभी लोगों की पहुँच में थे। आसानी से लोगों की बातें मान लेते थे। इससे अधिकारियों/कर्मचारियों तथा राजनीतिक लोगों में तथाकथित अच्छे कार्य के लिए मान्यता पाने की लालसा चरम पर पहुँच गई। अत: राज्य शासन ने गैस त्रासदी के समय व उसके बाद बचाव एवं राहत के क्षेत्र में किए गए कार्य के बाबत प्रतिवेदन संबंधित अधिकारियों से लिया। जिन लोगों ने दिन-रात एक करके बचाव एवं राहत का कार्य किया था, वे उसे अपना कर्तव्य समझते थे वे प्रशंसा-पत्र पाने के लिए कोई प्रयास नहीं कर रहे थे। प्रयास तो तिकड़मी लोग कर रहे थे, जिनके जीवन का दर्शन ही यह था कि कुछ ठोस करने की जरूरत नहीं, केवल तिकड़म करो, उससे जो चाहोगे, वह आसानी से मिल जाएगा। शासन ने जो प्रतिवेदन संबंधित लोगों से प्राप्त किया था, उससे ऐसे प्रत्याशियों की भीड़ को कोई लाभ नहीं मिल रहा था। अत: शासन ने उसपर कुछ नहीं किया। बाद में राजनीतिक लोगों से भरी समिति बनी, जिसने न तो पारदर्शिता के साथ कोई प्रतिवेदन माँगा, न ही समाचार-पत्रों में कोई विज्ञप्ति जारी की और मनमाने ढंग से ढेर सारे लोगों की सूची बनाई, जिसमें असली लोगों के नाम गुण-दोष के अलावा अन्य कारणों से निकाल दिए गए और नकली लोगों की भरमार हो गई।

दिसंबर 1987 या जनवरी 1988 में प्रशासन अकादमी (भोपाल) में देश के कुछ जिला मजिस्ट्रेटों (कलेक्टरों) की एक कार्यशाला होने वाली थी। उसे प्रधानमंत्री श्री राजीव गांधी संबोधित करनेवाले थे। 5 दिसंबर, 1987 को सचिव भोपाल गैस त्रासदी-राहत विभाग ने वल्लभ भवन में एक बैठक आयोजित की और बताया कि उपर्युक्त कार्यशाला में प्रस्तुत करने के लिए वे एक लेख (राइट-अप) तैयार करना चाहते हैं कि गैस त्रासदी होने पर प्रशासन ने किस प्रकार रिस्पॉण्ड किया। बचाव एवं राहत-कार्य में जिन वरिष्ठ लोगों की भूमिकाएँ थीं, उन लोगों को यथासंभव इस बैठक में बुलाया गया था। उस समय मैं सचिवालय में ही पदस्थ था। इस बैठक में

मेरे अलावा गैस त्रासदी के समय के अधीक्षक गांधी मेडिकल कॉलेज, आर्थिक सहायता वितरण के प्रभारी विशेष सचिव वित्त, पंजीयक सहकारी समितियाँ, पुलिस अधीक्षक, आयुक्त (भोपाल नगर निगम) तथा ए.डी.एम. (भोपाल) भी उपस्थित थे।

दुनिया की भीषणतम भोपाल औद्योगिक गैस त्रासदी में बचाव एवं राहत का वास्तविक कार्य करनेवाले लोग जिंदगी भर कभी नहीं भूल सकते कि उन्होंने क्या-क्या किया था। उपर्युक्त बैठक के समय तो गैस त्रासदी को हुए तीन वर्ष ही गुजरे थे। वास्तविकता यह थी कि इस बैठक में सही लोग ही बुलाए गए थे; किंतु उनमें कुछ लोग ऐसे थे, जो बचाव एवं राहत-कार्य में अपने को झोंक नहीं सके थे, उन्हें यथार्थ के विभिन्न पहलुओं की प्रत्यक्ष जानकारी नहीं थी, कुछ ने केवल अपना सतही प्रचार-प्रसार कराया था। यही कारण था कि उस बैठक में कुछ अधिकारी कुछ ठोस नहीं बता पाए तथा कुछ अधिकारियों ने कुछ ऐसी टिप्पणियाँ कीं, जो अन्य कारणों से बहुत महत्त्वपूर्ण थीं। गांधी मेडिकल कॉलेज अस्पताल के पूर्व अधीक्षक का यह कथन महत्त्वपूर्ण था कि 'अस्पताल का स्टाफ भाग गया था और रात में तीन बजे के बाद ही वापस आया।' इसके पहले इतनी स्पष्ट बात मैंने उनके मुँह से नहीं सुनी थी। मैंने गैस त्रासदी की रात में राउंड के समय जो देखा था, उससे यह रहस्योद्‌घाटन मेल खाता था, जबकि अनेक लोग शाबाशी लेने के लिए अपने को इस अस्पताल से तीन बजे रात के बहुत पहले से ही अपनी-अपनी इच्छा के अनुसार किसी-न-किसी गतिविधि से जोड़ने की बात प्रचारित करते रहते थे, जो असत्य था। पूर्व पुलिस अधीक्षक सतर्क थे। उन्होंने कहा कि 'मुझे याद नहीं है, फाइल देखूँगा और नोट भेज दूँगा।' सहकारी संस्थाओं के पूर्व पंजीयक ने कहा, 'मैंने अपनी सेवाएँ दीं, मुख्यमंत्रीजी के विशेष सचिव से संपर्क किया।' ये सज्जन विषय के विभिन्न पहलुओं का समावेश करते हुए बताने लायक ठोस विवरण प्रस्तुत नहीं कर पाए; घुमा-फिराकर सामान्य प्रकार की बातें कहते रहे। यहाँ यह उल्लेखनीय है कि मृत पशुओं को हटाने के कार्य में ये सज्जन सचिवालय की ओर से कागज में प्रभारी थे, जबकि वास्तविक कार्य करानेवाले प्रभारी मेरे द्वारा नियुक्त एम.एस. खान (अतिरिक्त कलेक्टर, भोपाल) थे। सुसंगत अध्याय में मैंने पूरा विवरण दिया है कि यह कार्य कैसे संपादित कराया गया। ये सज्जन तो रिमोट कंट्रोलवाले थे। अत: जब वे बता रहे थे तब बीच-बीच में मुझे बोलना पड़ता था और सुधार कराना पड़ता था, ताकि अधकचरी बातें प्रधानमंत्री के समक्ष प्रस्तुत होनेवाले लेख में न चली जाएँ। उदाहरण के लिए, उन्होंने 'डंपर' के उपयोग का

उल्लेख तो किया, किंतु क्रेन व ट्रैक्टर के उपयोग का उल्लेख नहीं कर पाए, तब मुझे यह सब बताना पड़ा। वित्तीय सहायता के वितरण के संबंध में संबंधित विशेष सचिव ने बहुत ही अस्पष्ट जानकारी दी। मुझसे जो-जो पूछा गया, मैंने सब स्पष्ट बताया और अन्य लोगों ने जहाँ-जहाँ इधर-उधर करने का प्रयास किया, उन्हें भी सुधारा। बाद में सचिव (गैस-राहत) का लेख बना या नहीं और कार्यशाला में गया या नहीं, पता नहीं; किंतु एक महत्त्वपूर्ण सार्वजनिक बैठक में यह स्पष्ट हो गया कि कौन कितने पानी में था।

बचाव एवं राहत-कार्य में तथाकथित अच्छे कार्य करने के लिए, अपने-अपने चहेतों को उपकृत करने के लिए बिना किसी आधार के जो सूची बनी थी उसपर लंबे समय तक खींचतान चलती रही; नाम जुड़ते व कटते रहे। इस प्रकार कई वर्ष व्यतीत हो गए। जब तक यह सूची अनुमोदनार्थ शासन के उच्च स्तर पर पहुँची तब तक संयोग से सरकार पुनः बदल गई थी। सूची की छानबीन हुई तो पाया गया कि अनुशंसाओं के लिए कोई तथ्यात्मक आधार ही नहीं था। इसलिए वह अनुमोदित नहीं हुई और शासन का आदेश हुआ कि जब न्यायालय में लंबित मुकदमा समाप्त हो जाए तब उच्च न्यायालय के किसी न्यायमूर्ति के आयोग द्वारा आम सूचना जारी करके, पूरा विवरण लेकर उसकी छानबीन करने के बाद ही सूची बनाई जाए। जिस सरकार के समय में सूची बनी थी, वह सरकार एक बार पुनः आई; किंतु लगता है कि आगे कुछ हुआ नहीं। कुछ हो भी नहीं सकता था, क्योंकि निष्पक्ष उच्च स्तरीय छानबीन में अधिकतर अनुशंसाएँ फर्जी पाई जातीं।

इस प्रकार यह था हाल लोगों का चिता की आग से अपनी रोटी सेंकने का। यदि इन लोगों ने तिकड़म की बजाय अपने श्रम व साधन का प्रयोग पीड़ित-दुःखियों की सेवा में लगाया होता तो बचाव एवं राहत के कार्य और अच्छे ढंग और अधिक तेज गति से हो सकते थे।

□

अतिरिक्त स्टाफ

किसी भी त्रासदी में घायल और फँसे हुए लोगों को बचाने के लिए बचाव एवं राहत तथा उपचार करना तत्काल आवश्यक होता है। उसके लिए किसी भी प्रकार की प्रतीक्षा नहीं की जा सकती है। मेरे अधीन जो भी सीमित अतिरिक्त कलेक्टर, डिप्टी कलेक्टर, तहसीलदार, नायब तहसीलदार इत्यादि थे उन्हें इन कार्यों का समन्वय करने व समय-समय पर मुझे अवगत कराने के लिए प्रमुख केंद्रों, जैसे—गंभीर रूप से गैस-प्रभावित मोहल्लों, कंट्रोल रूम, मेडिकल कॉलेज अस्पताल, जयप्रकाश चिकित्सालय, जे.पी. नगर, रेलवे स्टेशन इत्यादि में तत्काल लगाया गया था। जैसे-जैसे और लोग जुटते गए वैसे-वैसे उन्हें नए-नए केंद्रों पर लगाया जाता रहा। इन केंद्र प्रभारियों ने बहुत उपयोगी कार्य किया।

प्रमुख केंद्रों में सभी कार्यों का समन्वय करने के लिए केंद्र-प्रभारियों के अलावा मैंने विषयवार एक-एक प्रभारी अधिकारी भी रखा था, जो केवल उसी विषय पर पूरे प्रभावित क्षेत्र के प्रभार में थे। जैसे फूड कंट्रोलर पूरे भोपाल में पीड़ितों को चाय, ब्रेड, फल, दूध एवं भोजन की व्यवस्था के प्रभारी थे। ड्रग इंस्पेक्टर का कार्य था भोपाल में जीवन अस्त-व्यस्त होने के बावजूद दवा विक्रेताओं को तलाश कर दवाइयों की उपलब्धता सुनिश्चित करना। एक अतिरिक्त कलेक्टर मरे हुए जानवरों को हटवाने के प्रभारी थे आदि। जैसे-जैसे समय गुजरता गया, प्राथमिकताएँ बदलती गईं और नए-नए कार्य जुड़ते गए। उदाहरणार्थ, मजिस्टीरियल इनक्वेस्ट में तो कई मजिस्ट्रेट लगाए गए थे, किंतु उसके प्रभार में ए.डी.एम. थे। कुछ समय के लिए इस कार्य से एक अतिरिक्त कलेक्टर भी जोड़े गए थे। मेरे अधीन सीनियर आई.ए.एस. स्केल के जो दो अतिरिक्त कलेक्टर थे, उनमें से एक का स्थानांतरण गैस त्रासदी के ठीक पहले हो गया था तथा उनके स्थान पर किसी की पद-स्थापना नहीं हुई थी। गैस त्रासदी के बाद सामान्य प्रशासन विभाग ने एक अच्छे अतिरिक्त कलेक्टर की पद-स्थापना कागजों में तो की, और तकनीकी रूप से उन्होंने मेरे यहाँ

24 दिसंबर, 1984 को ज्वाइन किया; किंतु सचिवालय जो समानांतर व्यवस्था चला रहा था, उसमें उन्हें पदेन विशेष कर्तव्यस्थ अधिकारी के रूप में रख लिया था। मैं काफी समय तक उनकी सेवाओं का उपयोग नहीं कर पाया। यही नहीं, मेरे अधीन जिले का जो सीमित स्टाफ था, उसे भी कभी-कभी सचिवालय मुझसे पूछे बिना अन्यत्र लगा देता था। फलस्वरूप उन अधिकारियों को मैंने जिन कार्यों में लगा रखा था, उनमें प्रतिकूल प्रभाव पड़ता था। सचिवालय तो अतिरिक्त अमला अन्यत्र से भी जुटा सकता था, मैं अतिरिक्त अमले की व्यवस्था कहाँ से करता; किंतु अफरा-तफरी का माहौल प्राय: वे बना देते थे।

सचिवालय यद्यपि दोहरी व्यवस्था चला रहा था, किंतु जो कार्य वे स्वयं कर रहे थे, उसकी जिम्मेदारी भी वे नहीं लेते थे तथा जब फँसते थे तब सब दोष जिला प्रशासन पर डाल देते थे। गृह सचिव गैस से मरनेवालों की मॉनीटरिंग अपने विभाग के माध्यम से स्वयं करके प्रेस ब्रीफिंग के लिए मुख्यमंत्रीजो को प्रतिदिन जानकारी देते थे। मृतकों की सूची भी वे अपने यहाँ सीधे बनवाते थे। जब मरनेवालों की संख्या तथा सूची पर विवाद गहराया तब पिछले दरवाजे से यह सब कार्य हमें देते गए। हम मना भी नहीं कर सकते थे, क्योंकि कार्य तो जिला प्रशासन का ही था, किंतु स्थानीय पुलिस महकमा भी जिला प्रशासन का ही अंग था। वित्तीय सहायता-वितरण का कार्य वित्त विभाग ने लिया था। इसमें ढेर सारे वरिष्ठ अधिकारी लगाए गए थे। शुरू में अच्छा कार्य हुआ, पर बाद में पूरा गड़बड़ा गया तथा घोटाले हुए, तब यह कार्य अधूरे रिकॉर्ड के साथ हमें दिया गया और जो कार्य भारी अमले से वे कई महीनों में नहीं कर पाए, उसे कुछ रोज के अंदर सीमित स्टाफ से पूरा कराने की अपेक्षा मुझसे की गई। यहाँ तक कि सचिवालय ने शुरू-शुरू में वरिष्ठ अधिकारियों को हमारे कंट्रोल रूम तथा कई अन्य प्रमुख केंद्रों में पदस्थ किया था और उनकी पद-स्थापना में बार-बार तथा जल्दी-जल्दी परिवर्तन कर देता था। इन वरिष्ठ अधिकारियों को उनकी ड्यूटी या तो बताई नहीं जाती थी अथवा वे कुछ समझ नहीं पा रहे थे। कुछ रोज बाद उन्हें एकाएक वापस ले लिया गया। शायद तब तक सचिवालय को हकीकत का पता चल गया था। उधर उन केंद्रों में मेरे कनिष्ठ अधिकारी दिन-रात परिश्रम करके सभी कार्यों का संचालन सक्षमतापूर्वक करा रहे थे। यदि सचिवालय ने अपने अधिकारियों की सेवाएँ शुरू से मुझे दे दी होतीं तो वे ही अधिकारी उत्तम कार्य कर सकते थे।

एकाएक बढ़े हुए कार्यभार को देखते हुए अतिरिक्त स्टाफ की तत्काल आवश्यकता थी। सन् 1984 में 3 से 21 दिसंबर तक भोपाल के शासकीय कर्मचारियों

को विशेष आकस्मिक अवकाश स्वीकृत करने की घोषणा से हमारी समस्या और बढ़ गई थी। मैं बार-बार अतिरिक्त स्टाफ की माँग कर रहा था। उसपर संभागीय आयुक्त व सचिवालय ने शुरू में तो अन्य जिलों से कई राजस्व अधिकारियों को अस्थायी रूप से लगाया था, किंतु जब कार्य का दायरा और बढ़ता गया तब सचिवालय ने कोई विशेष ध्यान नहीं दिया। आपातकालीन स्थिति में कुछ अधिकारियों को अल्प समय के लिए अटैच करना एक बात थी, किंतु राहत एवं पुनर्वास के दीर्घकाल तक चलनेवाले कार्यों के लिए पूर्णकालिक अतिरिक्त स्टाफ देने में विलंब करना गैस-पीड़ितों के प्रति अन्याय था।

उस समय के कार्यक्रमों के अनुसार अतिरिक्त स्टाफ के लिए अपने 19 जनवरी, 1985 के प्रस्ताव में मैंने सात डिप्टी कलेक्टर, चौदह डिप्टी कलेक्टर या उप पंजीयक सहकारिता/संयुक्त संचालक, चौदह सहायक खाद्य अधिकारी, पैंतालीस खाद्य निरीक्षक, आठ सहायक या उपसंचालक (समाज-कल्याण विभाग), तीस पंचायत/समाज सेवा निरीक्षक तथा उनके लिए लिपिकीय स्टाफ माँगा था। पूरा औचित्य भी अभिलिखित किया गया था। बाद में बदली परिस्थितियों व कार्य-विस्तार को देखते हुए समय-समय पर और प्रस्ताव भेजे गए। शासन-स्तर पर विलंब से गैस-पीड़ितों को राहत देने में जब प्रतिकूल प्रभाव की आशंका बनी तब मुझे अप्रैल व मई में यहाँ तक कहना व लिखना पड़ा कि यदि अतिरिक्त स्टाफ तत्काल नहीं मिला तो स्थिति नियंत्रण से बाहर जा सकती है। इसी के साथ कलेक्टरेट में स्थानाभाव की ओर ध्यान आकर्षित करते हुए कलेक्टरेट की इन नई शाखाओं को डी.आर.डी.ए. वाले भवन में लगाने और डी.आर.डी.ए. को अन्यत्र समायोजित करने का भी मैंने प्रस्ताव दिया। मेरा सुझाव राहत व पुनर्वास के कार्य को पाँच प्रमुख डिवीजनों में विभाजित करके प्रत्येक को एक-एक अतिरिक्त कलेक्टर के अधीन रखने का था। उसके लिए आवश्यक अमले का विवरण विस्तार से प्रस्ताव में दिया गया था।

मेरा यह भी प्रयास था कि कलेक्टरेट का जरूरी सामान्य कामकाज भी होता रहे। आम जनता भी यह सब समझ रही थी। जनवरी 1985 के अंतिम सप्ताह में एक सम ाचार-पत्र में छपा था—'···कलेक्टर एवं डिप्टी कलेक्टर जहाँ पहले झुग्गी-झोंपड़ी पट्टा विवरण के कार्य में लगे रहे, वहीं उसके बाद श्रीमती गांधी की हत्या से उत्पन्न स्थिति से निपटने और उसके बाद इतिहास की भीषणतम गैस त्रासदी से राहत देने के संकट में प्रशासन अपनी पूरी शक्ति से जुटा रहा है। ऐसी स्थिति में प्रशासन के सामान्य कार्य···(के लिए)···शासन को अविलंब ध्यान देकर भोपाल

जिले के लिए अतिरिक्त कलेक्टर सहित अतिरिक्त स्टाफ नियुक्त करना चाहिए।' अतिरिक्त स्टाफ स्वीकृत करने में पूर्ववत् लालफीताशाही जैसा रवैया हावी रहा।

प्रस्ताव बने, चर्चाएँ हुईं तथा संशोधित प्रस्ताव बने। कई माह बाद सहमति हो पाई कि राहत-कार्यों (दूध, खाद्यान्न एवं वित्तीय सहायता का वितरण) एवं पुनर्वास—इन दोनों विंग्स के लिए दो अतिरिक्त कलेक्टर, आठ डिप्टी कलेक्टर, दस नायब तहसीलदार, पाँच खाद्य निरीक्षक, राजस्व निरीक्षकों की बजाय पच्चीस पटवारी तथा उनके लिए सचिवालयीय अमला दिया जाए। औपचारिक स्वीकृति तथा पद-स्थापना में और अधिक समय लगा होगा। इस प्रकार गैस त्रासदी जैसे अति गंभीर व संवेदनशील मुद्दे पर भी इतना कम अतिरिक्त अमला देने में इतना अधिक समय लग जाए, यह व्यवस्था की सक्षमता पर प्रश्नचिह्न लगाता है। 29 मई, 1985 वाले अपने पत्र में वित्त विभाग की एक पृच्छा के संदर्भ में मैंने लिखा था कि वित्त विभाग के स्वयं के लेख से यह स्पष्ट था कि नौ गैस-पीड़ित मृतकों के वारिसों को एक से ज्यादा बार और बारह ऐसे मृतकों के वारिसों को, जिनके नाम मृतकों की अधिकृत सूची में थे ही नहीं, दस-दस हजार रुपए प्रति मृतक की दर से अनुग्रह-राशि का फर्जी व गलत भुगतान हुआ। यह सब भुगतान उसी वित्त विभाग के अधीन सीधे कार्य कर रहे अधिकारियों की ओर से हुआ है। यदि इस राशि का उपयोग अतिरिक्त स्टाफ देकर व्यवस्था सुधारने में किया गया होता तो शायद गलत भुगतान नहीं होते और कम अवधि में अधिक अच्छा काम संपन्न हो जाता।

□

आपदा-प्रबंधन के लिए कुछ बिंदु

जब कोई बड़ी आपदा आती है तब सभी लोग भविष्य में होनेवाली आपदाओं के प्रबंधन की बाबत बढ़-चढ़कर बातें करते हैं। गैस त्रासदी के बाद भोपाल में भी आपदा प्रबंधन संस्थान की स्थापना हुई थी, जो अंततोगत्वा गुमनामी में खो गया। अंत में सब ऐसे ही गुमनामी में खो जाते हैं। वर्ष 2001 में 26 जनवरी को गुजरात में भूकंप आया और कहर ढा गया। आधुनिक सुविधाओं के बावजूद भारी संख्या में लोग मारे गए। यदि बचाव का कार्य भूकंप आने के तत्काल बाद सभी नगरों व गाँवों में शुरू करके युद्ध-स्तर पर संपन्न किया जाता तो हजारों लोगों को मौत के मुँह से बचाया जा सकता था। क्या यह संभव नहीं था कि गुजरात के अन्य जिलों तथा देश के अन्य राज्यों को भूकंप-प्रभावित कुछ-कुछ क्षेत्र तुरंत आवंटित करके उनसे बचाव कार्य तत्परता से कराया जाता और आवश्यक मशीनरी तथा स्किल्ड (कुशल) मैनपावर जहाँ-जहाँ था, उसे तुरंत बचाव एवं राहत-कार्य में झोंक दिया जाता? ऐसी आपदाओं में हर क्षण महत्त्वपूर्ण होता है। हकीकत यह है कि हम किसी भी कार्य के प्रति गंभीर नहीं हैं। हम नसीहत लेना ही नहीं चाहते, केवल बढ़-चढ़कर बात करना जानते हैं।

व्यापक पैमाने पर बचाव एवं राहत व पुनर्वास कार्य करने-कराने की परिस्थितियाँ अनेक कारणों से उत्पन्न हो सकती हैं; जैसे—बाढ़, आग, भूकंप, औद्योगिक एवं अन्य बड़ी दुर्घटनाएँ, अकाल, युद्ध के समय बमबारी, व्यापक पैमाने पर दंगे इत्यादि। प्रत्येक त्रासदी में बरबादी का स्वरूप व आकार अलग प्रकार का होता है और उसी के अनुसार बचाव, राहत, पुनर्वास इत्यादि की जरूरत भी विशिष्ट प्रकार की होती है।

त्रासदी के जो भी कारण हों, बचाव और राहत के मुख्य-मुख्य मुद्दे काफी हद तक एक जैसे ही होते हैं और थोड़ा-बहुत अंतर फोकस एवं कार्यान्वयन के तरीकों का होता है। सभी परिस्थितियों में उच्च कोटि की संगठनात्मक योग्यता और तत्परता से साधन जुटाने की क्षमता का होना आवश्यक है। त्वरित निर्णय लेने की

क्षमता के साथ-साथ सही प्राथमिकताएँ तय करना और समय गँवाए बिना योजनाओं का कार्यान्वयन करना आवश्यक होता है।

सामान्यतया जिन साधनों को जुटाना पड़ता है, उनमें से कुछ इस प्रकार हैं—

1. **चिकित्सा**—सर्जिकल/मेडिकल डॉक्टर्स, नर्सेज, दवाइयाँ, एंबुलेंस, चलित अस्पताल, शामियाना या टेंट लगाकर नए-नए चिकित्सा केंद्र इत्यादि। स्थानीय साधन पर्याप्त न होने पर पास के अन्य क्षेत्रों से तुरंत जुटाना। दवाइयों की सभी दुकानों और उन्हें चलानेवालों के घर के पूरे पतों की सहज उपलब्धता, ताकि समय-असमय उनसे संपर्क किया जा सके। वास्तव में अद्यतन मेडिकल डायरेक्टरी जिला प्रशासन व सभी संबंधितों के पास होनी चाहिए।

2. **परिवहन व्यवस्था**—घायलों को अस्पताल लाने, ले जाने, समन्वय कार्य इत्यादि के लिए वाहन व चालक रहना आवश्यक। वाहनों व चालकों के पूरे पते सहित अद्यतन सूची सदैव सभी संबंधितों के पास होनी चाहिए।

3. **भोजन, चाय, दूध, ब्रेड, फल**—हमारे देश में आम जनता इनकी भरपूर व्यवस्था त्रासदी के आरंभिक दिनों में करती है; किंतु वे केवल प्रमुख स्थानों/केंद्रों तक ही पहुँच पाते हैं, अतः जहाँ एक ओर प्रशासन अपने लोगों के माध्यम से इन खाद्य सामग्री को दूर-दराज के क्षेत्रों में भिजवाता है जहाँ इनकी आवश्यकता होती है, वहीं दूसरी ओर प्रशासन को भी स्वयं इन खाद्य सामग्री की व्यवस्था करानी पड़ सकती है, अतः उसकी तैयारी पहले से होनी चाहिए। भारी मात्रा में पूड़ी-सब्जी बनाने में महारत हलवाइयों की जानकारी या सूची उपयोगी होती है। इन कार्यों के लिए स्टाफ अलग से ही पूर्णकालिक तौर पर त्रासदी होते ही लगाया जाना चाहिए। मैंने अपने फूड कंट्रोलर, उनके मातहत सहायक खाद्य अधिकारियों तथा खाद्य निरीक्षकों को इस कार्य में लगाया था।

4. **विशेषज्ञ सहायता**—इंजीनियर्स (सिविल/मैकेनिकल/इलेक्ट्रिकल), फायर ब्रिगेड की उपलब्धता का विवरण, कुछ अच्छे तैराक/गोताखोर, विशेष प्रकार की मशीनें, जैसे मेटल कटर्स, क्रेनें, डंपर/ट्रक, बसें, ट्रैक्टर, साफ-सफाई के लिए नगर निगम/नगरपालिकाओं के साधनों का पूर्ण विवरण इत्यादि।

5. **प्राप्त होनेवाली राहत सामग्री का सुरक्षित स्टोरेज तथा निष्पक्षता व पारदर्शिता के साथ जरूरतमंद लोगों में वितरण**—सुरक्षित भवनों में डबल लॉक में समस्त राहत सामग्री को रखा जाना चाहिए। प्राप्ति व वितरण का पूरा लेखा-जोखा रखा जाना चाहिए। अच्छी छवि के और ईमानदार लोगों से ही यह कार्य कराया जाना चाहिए।

6. **मजिस्ट्रेट्स, सेना व पुलिस** अधिकारियों के पूरे पते व फोन नंबर वगैरह।

7. **महत्त्वपूर्ण व अच्छी छविवाली स्वयंसेवी संस्थाएँ**—विशेष तौर से रेडक्रॉस सोसाइटी का पूरा विवरण, ताकि आवश्यकता पड़ते ही उनसे संपर्क किया जा सके।

8. **समन्वय का कार्य जिला प्रशासन करता है**—आपातकालीन स्थिति में परिस्थितियों से निपटने के लिए उसके पास एक योजना की रूपरेखा हमेशा होनी चाहिए। उसमें पहले से कार्य बँटा होना चाहिए तथा संचालन व समन्वय के लिए पहले से ढाँचा तैयार रखा जाना चाहिए, ताकि आपदा आते ही सभी लोग किसी की प्रतीक्षा किए बिना अपने-अपने कार्य में लग जाएँ। आपदा के समय बचाव राहत कार्य में लगनेवाले लोग भी प्रभावित हो सकते हैं तथा अन्य साधन नष्ट हो सकते हैं, अत: संचालन व समन्वय की ऐसी व्यवस्था बनाई जानी चाहिए कि जो लोग व साधन बचे हैं वे बाहर से अतिरिक्त सहायता आने तक स्थानीय तौर पर ही यथासंभव अतिरिक्त साधन जुटाकर उनका अधिकतम उपयोग करके ज्यादा-से-ज्यादा बचाव-राहत कार्य तनिक भी समय गँवाए बिना कर सकें। सिविल डिफेंस की योजना जिन सिद्धांतों पर बनाई जाती है, लगभग उन्हीं सिद्धांतों पर यह योजना बनाई जा सकती है, अंतर यह है कि इस योजना में पारदर्शिता होनी चहिए। वास्तव में सिविल डिफेंस की योजनाएँ भी शायद आउटडेटेड हो गई हैं। अत: अच्छा यह होगा कि दोनों योजनाओं को एकीकृत रूप में बनाया जाए तथा उसे गोपनीय न रखकर आम जनता में प्रचारित कर दिया जाए। जहाँ-जहाँ आवश्यक हो, लोगों को ट्रेनिंग भी दी जाए, जैसे भिन्न-भिन्न परिस्थितियों में बचाव करने का प्रशिक्षण। इन गतिविधियों से समाज में एक नया अच्छा माहौल बनेगा और बहुत से बेरोजगार लोग, जो रोमांच के लिए गलत कार्यों की ओर मुखातिब होते हैं, वे समाज-सेवा की ओर मुखातिब होंगे। जो भी त्रासदी हो, बचाव-राहत का कार्य तो जनता के सहयोग से ही हो सकता है, प्रशासन तो एक उत्प्रेरक (Catalyst agent) समन्वयक तथा मार्गदर्शक का कार्य करता है : साथ ही जहाँ विशेषज्ञ/विशिष्ट व वित्तीय सहायता जरूरी होती है, उसे उपलब्ध कराता है।

जिला प्रशासन के कंट्रोल रूम में उन सभी विभागों/एजेंसियों के प्रतिनिधि चौबीसों घंटे होने चाहिए, जिनका सीधा संबंध किसी-न-किसी रूप में बचाव और राहत-कार्य से होता है, ताकि समय गँवाए बिना वे अपने-अपने विभाग के संबंधित लोगों से संपर्क करके आवश्यक साधन जुटा सकें। समन्वय करनेवाले अधिकारियों को विशेषज्ञों व आम जनता से सीधा और निकट का संबंध रखना चाहिए। इन्हीं

परामर्शों से क्या करना है, क्या नहीं करना है तथा प्राथमिकताएँ क्या हों, यह तय करने में मदद मिलती है। बचाव एवं राहत-कार्य का मुख्य समन्वयक मौके पर बार-बार देखकर स्थिति का जायजा लेने के बाद ही संचालन का कार्य उत्तम ढंग से कर सकता है : राज्य के सचिवालय में बैठकर तो मात्र नीतियाँ बन सकती हैं तथा वित्तीय स्वीकृतियाँ जारी हो सकती हैं। नीतियाँ भी यदि मैदानी स्थिति को जाने बिना बनीं तो अव्यावहारिक होंगी। अतः सचिवालयवालों को मैदानी प्रमुख से परामर्श करना उपयोगी रहता है। रिमोट कंट्रोल से बचा जाना चाहिए। अधिकार व जिम्मेदारी साथ-साथ रहना चाहिए। दोहरा नियंत्रण खतरनाक है।

काम किए बिना अपनी प्रशंसा मीडिया में देखने/पढ़ने मात्र का शौक जिन्हें है ऐसे लोगों को महत्त्वपूर्ण प्रभार में रखना आपातकालीन स्थिति में आम जनता को धोखा देने के बराबर है। अधिकारियों को और अधिक मैदानी, व्यावहारिक एवं यथार्थवादी बनाने के लिए कम-से-कम चार-पाँच साल तक स्वतंत्र सब डिवीजनों के प्रभार में रखने के बाद ही जिले का स्वतंत्र प्रभार दिया जाना चाहिए। पर्याप्त समय तक कम-से-कम दो-तीन जिलों के स्वतंत्र प्रभार के बाद ही सचिवालय में आम जनता से संबंधित महत्त्वपूर्ण जिम्मेदारियों को सँभालने लायक वे बनते हैं, अन्यथा परीक्षा की घड़ी आने पर कभी-कभी उनसे किसी महत्त्वपूर्ण योगदान की अपेक्षा करना निरर्थक-सा हो जाता है। ऐसे अधिकारियों द्वारा किसी समस्या के समाधान के लिए जो हल निकाला जाता है, उससे समस्या का समाधान होना तो दूर रहा, नई-नई समस्याएँ आती जाती हैं। यह क्रम चलता जाता है, पुरानी समस्याएँ मात्र ओझल होती जाती हैं और आम जनता पीड़ित होती रहती है।

9. जो कुछ हुआ तथा जो हो रहा है उनका पूरा विवरण लिखित में प्रारंभिक क्षणों से ही रखा जाना चाहिए। किसकी कहाँ, कब-कब, के लिए ड्यूटी लगाई गई है तथा उनकी उपस्थिति इत्यादि का विवरण रखने से जिम्मेदारी की भावना और अधिक बलवती होती है। ये सभी अभिलेख बाद में भी बड़े महत्त्वपूर्ण होते हैं। राहत देने की व्यवस्था इतनी पुख्ता होनी चाहिए कि दुरुपयोग की संभावना उसमें कम-से-कम हो, अन्यथा राहत-कार्य भ्रष्ट व लालची लोगों के चंगुल में फँसकर रह जाता है और वास्तविक पीड़ित व्यक्ति तो राहत से दूर होते जाते हैं। 'व्यवस्था' केवल योजना बनाना भर नहीं है, बल्कि उसी भावना से कार्यान्वयन करना भी है।

□□□